# Collins
Guía de
conversación
**Alemán**

*Primera edición: 2001*
*Primera reimpresión: mayo de 2002*
*Segunda reimpresión: enero de 2004*
*Tercera reimpresión: abril de 2004*
*Cuarta reimpresión: diciembre de 2004*
*Quinta reimpresión: julio de 2005*
*Sexta reimpresión: enero de 2006*

HarperCollins Publishers
Westerhill Road, Bishopbriggs, Glasgow G64 2QT,
Great Britain

The HarperCollins website addres is
www.**fire**and**water**.com

Grupo Editorial Random House Mondadori, S. L.
Travessera de Gràcia, 47-19. 08021 Barcelona

ISBN 84-253-3518-3

*dirección*
Jeremy Butterfield

*colaboradores*
Emma Aeppli • Elspeht Anderson • Gerard Breslin
Susan Dunsmore • Val McNulty • Helen Newstead
Jürgen Schneider • Patricia Sorin Hounie
José María Ruiz Vaca

*informática*
Robert McMillan
Murray Ovens

*colección dirigida por*
Lorna Sinclair Knight

*Fotocomposición Davidson Pre-Press, Glasgow*

*Impreso en Vallestec, S. L.*
*Lisboa, 8. Barberà del Vallès (Barcelona)*

D. L.: B. 51.777 - 2005

GR 3 5 1 8 B

# Introducción

La Guía de conversación del alemán de Collins ha sido diseñada para proporcionar un acceso rápido a todo el vocabulario que se necesita en un viaje a Alemania, Austria o Suiza. Consta de tres partes diferenciadas, cada una de ellas marcada con una lengüeta en azul oscuro para que se pueda ir directamente a la parte buscada.

La primera parte, "Puntos básicos", con una lengüeta en la sección superior del borde de las hojas, se ocupa de los aspectos esenciales del alemán, como la pronunciación, la gramática y aquellas frases fundamentales que se usarán en cualquier situación, además de listas de fácil consulta con los distintos temas tratados: El coche, Tiendas, Frutas y frutos secos, Carnes, Pescados y mariscos, Verduras, Bebidas, Colores y Países.

La segunda parte, la "Guía de conversación" propiamente dicha, lleva una lengüeta en el medio del borde de las páginas e incluye todo el vocabulario en orden alfabético para que no haya que buscar en temas diferentes. La transcripción de la pronunciación es muy fácil de leer y está pensada para posibilitar una comunicación en alemán sin complicaciones. La información de cada página se presenta en tres columnas (a la izquierda el español, en el medio la traducción al alemán y a la derecha su pronunciación) para conseguir una mayor claridad.

La última parte, con una lengüeta en la sección inferior del borde de cada página, es un glosario exhaustivo de 4.000 palabras y frases con las que podemos encontrarnos yendo de viaje por Alemania, Austria o Suiza.

En definitiva, en un solo libro se puede disponer de los beneficios de un diccionario y de la simplicidad de una guía de conversación. Esperamos que disfrute usándolo.

# Abreviaturas

| | |
|---|---|
| *adj* | adjetivo |
| *adv* | adverbio |
| *art def* | artículo definido |
| *f* | femenino |
| *f(m)* | sustantivo femenino o masculino |
| *m* | masculino |
| *m(f)* | sustantivo masculino o femenino |
| *nt* | neutro |
| *pl* | plural |
| *prep* | preposición |
| *pron* | pronombre |
| *s* | sustantivo |
| *sf* | sustantivo femenino |
| *sm* | sustantivo masculino |
| *spl* | sustantivo plural |
| *vb* | verbo |

## Marcas registradas

Las marcas que creemos que constituyen marcas registradas las
denominamos como tales. Sin embargo, no debe considerarse que la
presencia o la ausencia de esta designación tenga que ver con la
situación legal de ninguna marca.

# La pronunciación del alemán

Las pronunciaciones que se muestran a continuación son una representación aproximada de los sonidos en alemán. Las descripciones de los sonidos se refieren a las pronunciaciones que aparecen en cursiva tras cada palabra o expresión alemana.

## Vocales y diptongos

| letra | se pronuncia como | transcripción | ejemplo |
|---|---|---|---|
| a | g*a*to | a | K*a*tze, h*a*ben |
| ä | j*e*fe | e | h*ä*tte, W*ä*sche |
| e | t*é*, h*e*rmano | e | g*e*ben, T*ee* |
| | vocal neutra | e | hab*e*n, Blum*e* |
| i | m*i*l, m*i*rar | i | *i*ch, h*i*nter |
| o | s*o*l, *o*ro | o | *o*ben, H*o*tel |
| ö | labios adelantados, algo cerrados pronunciando una *e*; como *eu* en francés | œ | F*ö*n, h*ö*chst |
| u | *u*no, ba*ú*l | u | *u*nter, N*u*deln |
| ü | labios adelantados, algo cerrados pronunciando una *i*; como *u* en francés | ü | *ü*ber, R*ü*cken |
| y | como *ü* | ü | T*y*p |
| ai | *ai*re | ai | M*ai* |
| au | p*au*sa | au | h*au*s |
| äu, eu | *oi*ga | oi | F*eu*er, H*äu*ser |
| ei | p*ai*saje | ai | W*ei*n, Z*ei*t |
| ie | f*i*n, o*í*r | i | h*ie*r |

## Consonantes

| letra | se pronuncia como | transcripción | ejemplo |
|---|---|---|---|
| c | *c*arne | k | *C*afé |
| | | ts | *C*elsius |
| d | *d*onde | d | *d*ie, *D*ame |
| | a final de palabra se asemeja a la *t* | t | Freun*d* |
| g | *g*rande | g | be*g*innen |
| ng | ví*n*culo | ng | bri*ng*en |

# La pronunciación del alemán

| letra | se pronuncia como | transcripción | ejemplo |
|-------|-------------------|---------------|---------|
| h | como sonido inicial se pronuncia aspirada | j | Hotel |
| | entre vocales o tras una vocal no se pronuncia; alarga la vocal que le antecede | | gehen, sehen |
| j | ya | i | Jugend |
| k, ck | carne | k | Katze, Gepäck |
| r | como la r francesa | r | Rand, sprechen |
| | a final de palabra se pronuncia como en inglés here, remember | a | hier, Fieber |
| s | casa | s | Haus, fest |
| | desde, mismo | s | sehen, besuchen |
| sch, ch | chambre (francés) | sh | schön, Champignon |
| ß | casa | s | Fuß, groß |
| ch | jamón | j | ich, machen |
| v | fácil | f | Vier, Vogel |
| w | f sonora | v | Wein |
| z | pizza (italiano) | ts | zehn |

b, f, l, m, n, p, t se pronuncian como en español.
La sílaba tónica se marca con un acento.

# Frases fundamentales

| sí | ja | ▪ *ia* |
|---|---|---|
| no | nein | ▪ *nain* |
| ¡vale! | das ist gut so | ▪ *das ist gut so* |
| por favor | bitte | ▪ *bíte* |
| gracias | danke | ▪ *dánke* |
| de nada | bitte | ▪ *bíte* |
| hola | guten Tag | ▪ *gúten tak* |
| adios | auf Wiedersehen | ▪ *auf vídasen* |
| buenas noches | gute Nacht | ▪ *gúte najt* |
| buenos días | guten Tag | ▪ *gúten tak* |
| buenas tardes | guten Tag | ▪ *gúten tak* |
| disculpe | Entschuldigung | ▪ *entshúldigung* |
| lo siento | Verzeihung | ▪ *fertsáiung* |
| ¿perdón? | wie bitte? | ▪ *vi bíte?* |
| un(a) ... | einen/eine/ein ... | ▪ *áinen/áine/ain ...* |
| un café | einen Kaffee | ▪ *áinen káfe* |
| una cerveza | ein Pils | ▪ *ain Pils* |
| dos cafés | zwei Kaffee | ▪ *tsvai káfe* |
| dos cervezas | zwei Pils | ▪ *tsvai Pils* |
| un café y dos cervezas, por favor | einen Kaffee und zwei Pils, bitte | ▪ *áinen káfe unt tsvai Pils, bíte* |

| me gustaría ... | ich möchte ... | ▪ *ij mœjte ...* |
|---|---|---|
| nos gustaría ... | wir möchten ... | ▪ *vía mœjten ...* |
| me gustaría un helado | ich möchte ein Eis | ▪ *ij mœjte ain áis* |
| nos gustaría visitar ... | wir möchten ... besuchen | ▪ *vía mœjten ... besújen* |
| ¿tiene ...? | haben Sie ...? | ▪ *jáben si ...?* |
| ¿tiene leche? | haben Sie Milch? | ▪ *jáben si milj?* |
| ¿tiene sellos? | haben Sie Briefmarken? | ▪ *jáben si brífmarken?* |
| ¿tiene un mapa? | haben Sie eine Landkarte? | ▪ *jáben si áine lántkarte* |
| ¿tiene queso? | haben Sie Käse? | ▪ *jáben si kése?* |

| ¿cuánto cuesta? | was kostet das? | ▪ *vas kóstet das?* |
|---|---|---|
| ¿cuánto cuesta ...? | was kostet ...? | ▪ *vas kóstet ...?* |
| ¿cuánto cuesta el queso? | was kostet der Käse? | ▪ *vas kóstet déa kése?* |
| ¿cuánto cuesta la habitación? | was kostet das Zimmer? | ▪ *vas kóstet das tsíma?* |

**Puntos básicos**

| | | |
|---|---|---|
| ¿cuánto cuesta un kilo? | was kostet ein Kilo? | ■ vas kóstet ain kílo? |
| ¿cuánto cuesta cada uno(a)? | was kostet es pro Stück? | ■ vas kóstet es pro shtük? |
| ¿dónde está ...? | wo ist ...? | ■ vo ist ...? |
| ¿dónde están ...? | wo sind ...? | ■ vo sint ...? |
| ¿dónde queda la estación? | wo ist der Bahnhof? | ■ vo ist déa bánjof? |
| ¿dónde están los servicios? | wo sind die Toiletten? | ■ vo sint di toaléten? |
| ¿hay ...? | gibt es ...? | ■ guipt es ...? |
| ¿hay un restaurante? | gibt es ein Restaurant? | ■ guipt es ain restauránt? |
| ¿dónde hay una farmacia? | wo gibt es eine Apotheke? | ■ vo guipt es áine apotéke? |
| ¿hay niños? | gibt es Kinder? | ■ guipt es kínda? |
| ¿hay una piscina? | gibt es ein Schwimmbad? | ■ guipt es ain shvímbat? |
| no hay ... | es gibt keinen/keine/kein ... | ■ es guipt káinen/káine/kain ... |
| no hay agua caliente | es gibt kein heißes Wasser | ■ es guipt kain jáises vása |
| no hay toallas | es gibt keine Handtücher | ■ es guipt káine jánttüja |
| necesito ... | ich brauche ... | ■ ij bráuje ... |
| necesito ayuda | ich brauche Hilfe | ■ ij bráuje jílfe |
| necesito un recibo | ich brauche eine Quittung | ■ ij bráuje áine kvítung |
| ¿puedo ...? | kann ich ...? | ■ kan ij ...? |
| ¿podemos ...? | können wir ...? | ■ kœnen vía ...? |
| ¿puedo pagar? | kann ich bezahlen? | ■ kan ij betsálen? |
| ¿podemos entrar? | können wir hineingehen? | ■ kœnen vía hináinguen |
| ¿dónde puedo ...? | wo kann ich ...? | ■ vo kan ij ...? |
| ¿dónde puedo comprar pan? | wo kann ich Brot kaufen? | ■ vo kan ij brot káufen? |
| ¿dónde podemos alquilar bicicletas? | wo können wir Fahrräder leihen? | ■ vo kœnen vía fárreda láien? |
| ¿cuándo? | wann? | ■ van? |
| ¿a qué hora ...? | um wieviel Uhr ...? | ■ um vífil úa ...? |

**Español-Alemán**

**Alemán-Español**

# Frases fundamentales

| | | |
|---|---|---|
| ¿a qué hora es el desayuno? | wann gibt es Frühstück? | ■ *van guipt es frühshtük?* |
| ¿a qué hora es la cena? | wann gibt es Abendessen? | ■ *van guipt es ábentesen?* |
| ¿a qué hora abre? | wann ist geöffnet? | ■ *van ist gueœfnet?* |
| ¿a qué hora cierra? | wann wird geschlossen? | ■ *van virt gueshlósen?* |
| ayer | gestern | ■ *guéstern* |
| hoy | heute | ■ *jóite* |
| mañana | morgen | ■ *mórguen* |
| esta mañana | heute Morgen | ■ *jóite mórguen* |
| esta tarde | heute Nachmittag/Abend | ■ *jóite nájmitak/ábent* |
| esta noche | heute Abend/Nacht | ■ *jóite ábent/najt* |
| ¿está abierto? | ist es geöffnet? | ■ *ist es gueœfnet?* |
| ¿está cerrado? | ist es geschlossen? | ■ *ist es gueshlósen?* |
| ¿cómo está? | wie geht es Ihnen? | ■ *vi guet es ínen?* |
| bien, gracias. ¿Y Ud? | danke, gut. Und Ihnen? | ■ *dánke, gut. Unt ínen?* |
| me llamo ... | mein Name ist ... | ■ *main náme ist ...* |
| ¿cómo se llama? | wie ist Ihr Name? | ■ *vi ist ía náme?* |
| no entiendo | ich verstehe nicht | ■ *ij fershtée nijt* |
| ¿habla español? | sprechen Sie Spanisch? | ■ *shpréjen si shpánish?* |

| | | |
|---|---|---|
| agua con gas | das Mineralwasser mit Kohlensäure | *minerálvasa mit kólensoire* |
| agua mineral | das Mineralwasser | *minerálvasa* |
| agua potable | das Trinkwasser | *trínkvasa* |
| agua sin gas | das Mineralwasser ohne Kohlensäure | *minerálvasa óne kólensoire* |
| alcohol | der Alkohol | *alkojól* |
| alcohólico | alkoholisch | *alkojólish* |
| aperitivo | der Aperitif | *aperitíf* |
| batido | der Milchshake | *míljsheik* |
| bebida refrescante | der Soft Drink | *soft drink* |
| cacao | der Kakao | *kakáo* |
| café | der Kaffee | *káfe* |
| cerveza | das Bier | *bía* |
| cerveza con gaseosa | das Bier mit Limonade | *bía mit limonáde* |
| cerveza de barril | das Fassbier | *fásbia* |
| champán | der Champagner | *shampánia* |
| chocolate caliente | die heiße Schokolade | *jáise shokoláde* |
| clara | das Bier mit Limonade | *bía mit limonáde* |
| coca cola® | die Cola | *kóla* |
| cóctel | der Cocktail | *kóktel* |
| coñac | der Kognak | *kóniak* |
| gaseosa | die Limonade | *limonáde* |
| ginebra | der Gin | *chin* |
| gin-tonic | der Gin Tonic | *chin tónik* |
| infusión de hierbas | der Kräutertee | *króitate* |
| jerez | der Sherry | *shéri* |
| leche | die Milch | *milj* |
| leche desnatada | die Magermilch | *mágamilj* |
| licor | der Likör | *likǿr* |
| licores | die Spirituosen *pl* | *shpirituósen* |
| manzanilla | der Kamillentee | *kamílente* |
| rosado | der Rosé | *rosé* |
| sidra | der Apfelwein | *ápfelvain* |
| sin alcohol | nichtalkoholisch | *níjtalkojólish* |

# Bebidas

| soda | das Soda | ▪ *sóda* |
|------|----------|----------|
| té | der Tee | ▪ *te* |
| tónica | das Tonic | ▪ *tónik* |
| vermut | der Wermut | ▪ *Wermut* |
| vino | der Wein | ▪ *vain* |
| vodka | der Wodka | ▪ *vódka* |
| whisky | der Whisky | ▪ *úiski* |
| zumo | der Fruchtsaft | ▪ *frújt-saft* |
| zumo de naranja | der Orangensaft | ▪ *oránshensaft* |
| zumo de pomelo | der Grapefruitsaft | ▪ *gréipfrutsaft* |
| zumo de tomate | der Tomatensaft | ▪ *tomátensaft* |

Puntos básicos

Español-Alemán

Alemán-Español

Puntos básicos

Español-Alemán

Alemán-Español

| beicon | der Frühstücksschinken | ■ *frúshtüks-shinken* |
|---|---|---|
| carne | das Fleisch | ■ *flaish* |
| carne de vaca | das Rindfleisch | ■ *ríntflaish* |
| carne picada | das Hackfleisch | ■ *jákflaish* |
| cerdo | das Schweinefleisch | ■ *shváineflaish* |
| chuleta | das Kotelett | ■ *kotelét* |
| conejo | das Kaninchen | ■ *kanínjen* |
| cordero | das Hammelfleisch | ■ *jámelflaish* |
| estofado | das Eintopfgericht | ■ *áintopf-gueríjt* |
| faisán | der Fasan | ■ *fasán* |
| fiambres | der Aufschnitt | ■ *áufshnit* |
| filete | das Steak | ■ *shtek* |
| ganso | die Gans | ■ *gans* |
| hamburguesa | der Hamburger | ■ *jámburga* |
| hamburguesa con queso | der Cheeseburger | ■ *chísburga* |
| hígado | die Leber | ■ *léba* |
| jamón | der Schinken | ■ *shínken* |
| muslo | die Keule | ■ *kóile* |
| paté | die Pastete | ■ *pastéte* |
| pato | die Ente | ■ *énte* |
| pavo | der Truthahn | ■ *trútjan* |
| pechuga | die Brust | ■ *brust* |
| pollo | das Hähnchen | ■ *jénjen* |
| riñones | die Nieren *pl* | ■ *níren* |
| salchicha | das Würstchen | ■ *vúrstjen* |
| salchichón | die Hartwurst | ■ *jártvurst* |
| solomillo | das Lendenfilet | ■ *léndenfilé* |
| ternera | das Kalbfleisch | ■ *kálpflaish* |

| acelerador | das Gaspedal | ■ *gáspedal* |
|---|---|---|
| airbag | der Airbag | ■ *érbeg* |
| aire acondicionado | die Klimaanlagung | ■ *klíma-ánlagung* |
| amortiguador | der Stoßdämpfer | ■ *shtósdempfa* |
| anticongelante | der Frostschutz | ■ *fróst-shuts* |
| autobús | der Autobus | ■ *áutobus* |
| automático/a | automatisch | ■ *automátish* |
| baca | der Dachträger | ■ *dáj-trega* |
| batería | die Batterie | ■ *baterí* |
| bujía | die Zündkerze | ■ *tsúntkertse* |
| cables para cargar la batería | das Starthilfekabel | ■ *shtárt-jilfekabel* |
| cadena | die Kette | ■ *kéte* |
| cambio de marchas | der Schaltknüppel | ■ *shált-knüpel* |
| camión | der LKW | ■ *elkavé* |
| carburador | der Vergaser | ■ *fergása* |
| coche | das Auto | ■ *áuto* |
| correa del ventilador | der Keilriemen | ■ *káilrimen* |
| cuentakilómetros | der Geschwindigkeits-messer | ■ *gueshvíndijkaits-mesa* |
| deportivo | der Sportwagen | ■ *shpórtvaguen* |
| descapotable | das Kabriolett | ■ *kabriolét* |
| deshelar | enteisen | ■ *entáisen* |
| embrague | die Kupplung | ■ *kúplung* |
| estación de servicio | die Tankstelle | ■ *tánkshtele* |
| faros | die Scheinwerfer pl | ■ *sháinverfa* |
| filtro de aceite | der Ölfilter | ■ *œlfilta* |
| freno de disco | die Scheibenbremse | ■ *sháibenbremse* |
| frenos | die Bremsen pl | ■ *brémsen* |
| fuga | das Leck | ■ *lek* |
| furgoneta | der Lieferwagen | ■ *lífervaguen* |
| garaje | die Werkstatt | ■ *vérkshtat* |
| gasoil | das Dieselöl | ■ *díselœl* |
| gasolina | das Benzin | ■ *bentsín* |
| gasolinera | die Tankstelle | ■ *tánkshtele* |
| gato | der Wagenheber | ■ *váguenjeba* |

Puntos básicos

| | | |
|---|---|---|
| intermitente | der Blinker | ■ *blínka* |
| lavaparabrisas | der Scheibenwischer | ■ *sháibenvisha* |
| limpiaparabrisas | die Scheibenwaschanlage | ■ *sháibenvashanlague* |
| limusina | die Limousine | ■ *limusíne* |
| líquido de frenos | die Bremsflüssigkeit | ■ *brémsflüsíjkait* |
| maletero | der Kofferraum | ■ *kófaraum* |
| marcha | der gang | ■ *gang* |
| matrícula | die Autonummer | ■ *áutonuma* |
| moto | das Motorrad | ■ *mótorrat* |
| motor | der Motor | ■ *motóa* |
| neumático | der Reifen | ■ *ráifen* |
| parabrisas | die Windschutzscheibe | ■ *vintshuts-shaibe* |
| platinos | die Unterbrecherkontakte *pl* | ■ *úntabrejakontakte* |
| portamaletas | der Gepäckträger | ■ *guepék-trega* |
| presión de los neumáticos | der Reifendruck | ■ *ráifendruk* |
| radiador | der Heizkörper | ■ *jáitskœrpa* |
| retrovisor | der Rückspiegel | ■ *rǔkshpiguel* |
| rueda de repuesto | der Ersatzreifen | ■ *ersátsraifen* |
| salpicadero | das Armaturenbrett | ■ *armatúrenbret* |
| surtidor de gasolina | die Benzinpumpe | ■ *bentsínpumpe* |
| suspensión | die Federung | ■ *féderung* |
| techo solar | das Schiebedach | ■ *shíbedaj* |
| triángulo de avería | das Warndreieck | ■ *várndraiek* |
| tubo de escape | das Auspuffrohr | ■ *áuspufroa* |
| velocímetro | der Tachometer | ■ *tajométa* |
| volante | das Lenkrad | ■ *lénkrat* |

Español-Alemán

Alemán-Español

# Colores

| amarillo | gelb | • *guelp* |
| azul | blau | • *blau* |
| azul marino | marineblau | • *maríneblau* |
| beige | beige | • *besh* |
| blanco | weiß | • *vais* |
| claro | hell | • *jel* |
| color | die Farbe | • *fárbe* |
| dorado | golden | • *gólden* |
| gris | grau | • *grau* |
| marrón | braun | • *braun* |
| morado | violett | • *violét* |
| naranja | orange | • *oránsh* |
| negro | schwarz | • *shvarts* |
| oscuro | dunkel | • *dúnkel* |
| plateado | silbern | • *sílban* |
| rojo | rot | • *rot* |
| rosa | rosa | • *rósa* |
| verde | grün | • *grün* |

| aceitunas | die Oliven *pl* | olíven |
|---|---|---|
| albaricoque | die Aprikose | aprikóse |
| almendra | der Mandel | mándel |
| arándanos | die Heidelbeeren *pl* | jáidelberen |
| avellana | die Haselnuss | jáselnus |
| cacahuete | die Erdnuss | értnus |
| castaña | die Kastanie | kastánie |
| cereza | die Kirsche | kírshe |
| ciruela | die Pflaume | pfláume |
| ciruela pasa | die Backpflaume | bákpflaume |
| coco | die Kokosnuss | kókosnus |
| dátil | die Dattel | dátel |
| frambuesa | die Himbeere | jímbere |
| fresa | die Erdbeere | értbere |
| fruta | das Obst | opst |
| grosellas negras | die schwarzen Johannisbeeren *pl* | shvártsen iojánisberen |
| higo | die Feige | fáigue |
| kiwi | die Kiwi | kívi |
| lima | die Limone | limóne |
| limón | die Zitrone | tsitróne |
| mandarina | die Mandarine | mandaríne |
| manzana | der Apfel | ápfel |
| melocotón | der Pfirsich | pfírsij |
| melón | die Melone | melóne |
| membrillo | die Quitte | kvíte |
| naranja | die Orange | oránshe |
| nectarina | die Nectarine | nektaríne |
| nuez | die Nuss | nus |
| pasa | die Rosine | rosíne |
| pasa de Corinto | die Korinthe | korínte |
| pera | die Birne | bírne |
| piña | die Ananas | ánanas |
| pistacho | die Pistazie | pistátsie |
| plátano | die Banane | banáne |
| pomelo | die Grapefruit | gréipfrut |
| sandía | die Wassermelone | vásamelone |
| uvas | die Trauben *pl* | tráuben |

# Pescados y mariscos

| abadejo | der Schellfisch | ■ *shélfish* |
|---|---|---|
| almeja | die Venusmuschel | ■ *vénus-mushel* |
| anchoa | die Sardelle | ■ *sardéle* |
| arenque | der Hering | ■ *jéring* |
| atún | der Thunfisch | ■ *túnfish* |
| bacalao | der Kabeljau | ■ *kábeliau* |
| boquerón | die Anschovis | ■ *anshóvis* |
| caballa | die Makrele | ■ *makréle* |
| calamar | der Tintenfisch | ■ *tíntenfish* |
| camarón | die Garnele | ■ *garnéle* |
| cangrejo | die Krabbe | ■ *krábe* |
| caviar | der Kaviar | ■ *káviar* |
| gamba | die Garnele | ■ *garnéle* |
| gambas con gabardina | die Scampi | ■ *skámpi* |
| langosta | der Hummer | ■ *júma* |
| lenguado | die Seezunge | ■ *sétsunge* |
| mariscos | die Meeresfrüchte pl | ■ *méresfrüjte* |
| mejillón | die Muschel | ■ *múshel* |
| merluza | der Seehecht | ■ *séjejt* |
| ostra | die Auster | ■ *áusta* |
| pescado | der Fisch | ■ *fish* |
| pez espada | der Schwertfisch | ■ *shvértfish* |
| pulpo | der Tintenfisch | ■ *tíntenfish* |
| salmón | der Lachs | ■ *laks* |
| sardina | die Sardine | ■ *sardíne* |
| trucha | die Forelle | ■ *foréle* |
| vieira | die Jakobsmuschel | ■ *iákops-mushel* |

| | | |
|---|---|---|
| **África** | Afrika | ■ *áfrika* |
| **Alemania** | Deutschland | ■ *dóichland* |
| **América del Norte** | Nordamerika | ■ *nórtamérika* |
| **América del Sur** | Südamerika | ■ *súdamérika* |
| **Asia** | Asien | ■ *ásien* |
| **Australia** | Australien | ■ *austrálien* |
| **Austria** | österreich | ■ *óestaraij* |
| **Bélgica** | Belgien | ■ *bélguien* |
| **Bosnia** | Bosnien | ■ *bósnien* |
| **Brasil** | Brasilien | ■ *brasílien* |
| **Bulgaria** | Bulgarien | ■ *bulgárien* |
| **Canadá** | Kanada | ■ *kánada* |
| **China** | China | ■ *jína* |
| **Dinamarca** | Dänemark | ■ *dénemark* |
| **EE.UU.** | die USA | ■ *u es á* |
| **Egipto** | Ägypten | ■ *egúpten* |
| **Escocia** | Schottland | ■ *shótlant* |
| **España** | Spanien | ■ *shpánien* |
| **Estados Unidos** | die Vereinigten Staaten *pl* | ■ *feráinigten shtáten* |
| **Europa** | Europa | ■ *oirópa* |
| **Finlandia** | Finnland | ■ *fínlant* |
| **Francia** | Frankreich | ■ *fránkraij* |
| **Gran Bretaña** | Großbritannien | ■ *grosbritánien* |
| **Grecia** | Griechenland | ■ *gríjenlant* |
| **Holanda** | Holland | ■ *jóland* |
| **Hungría** | Ungarn | ■ *úngarn* |
| **la India** | Indien | ■ *índien* |
| **Inglaterra** | England | ■ *énglant* |
| **Irlanda** | Irland | ■ *írlant* |
| **Irlanda del Norte** | Nordirland | ■ *nórtirlant* |
| **Israel** | Israel | ■ *ísrael* |
| **Italia** | Italien | ■ *itálien* |
| **Japón** | Japan | ■ *iápan* |
| **Luxemburgo** | Luxemburg | ■ *lúksemburg* |
| **Marruecos** | Marokko | ■ *maróko* |
| **Noruega** | Norwegen | ■ *nórveguen* |
| **Nueva Zelanda** | Neuseeland | ■ *nóisélant* |
| **País de Gales** | Wales | ■ *uéils* |
| **Polonia** | Polen | ■ *pólen* |
| **Portugal** | Portugal | ■ *pórtugal* |
| **Rumania** | Rumänien | ■ *ruménien* |
| **Rusia** | Russland | ■ *rúslant* |
| **Serbia** | Serbien | ■ *sérbien* |
| **Suecia** | Schweden | ■ *shvéden* |
| **Suiza** | die Schweiz | ■ *shváits* |
| **Túnez** | Tunesien | ■ *tunésien* |
| **Turquía** | Türkei | ■ *türkái* |
| **Yugoslavia** | Jugoslawien | ■ *iugoslávien* |

Puntos básicos

Español-Alemán

Alemán-Español

# Tiendas

| boutique | die Boutique | • butík |
|---|---|---|
| cafetería | das Café | • kafé |
| carnicería | die Metzgerei | • metsguerái |
| clínica | die Klinic | • klínik |
| estanco | die Tabakwarenhandlung | • tábakvarenjantlung |
| farmacia | die Apotheke | • apotéke |
| ferretería | die Eisenwarenhandlung | • áisenvarenjantlung |
| floristería | das Blumengeschäft | • blúmenguesheft |
| frutería | das Obstgeschäft | • ópstguesheft |
| grandes almacenes | das Kaufhaus | • káufjaus |
| heladería | die Eisdiele | • áisdile |
| herboristería | ≈ das Reformhaus | • refórmjaus |
| joyería | der Juwelier | • iuvelía |
| kiosco | der Zeitungskiosk | • tsáitungskiosk |
| lavandería automática | der Waschsalon | • váshsalon |
| librería | die Buchhandlung | • búj-jantlung |
| mercado | der Markt | • markt |
| oficina de correos | das Postamt | • póstamt |
| panadería | die Bäckerei | • bekerrái |
| papelería | die Schreibwarenhandlung | • shráipvarenjandlung |
| peluquería | der Friseur | • frisœr |
| perfumería | die Parfümerie | • parfümerí |
| pescadería | das Fischgeschäft | • fishguesheft |
| supermercado | der Supermarkt | • súpamarkt |
| tienda | der Laden | • láden |
| tienda de alimentos naturales | der Bioladen | • bíoladen |
| tienda de animales | die Zoohandlung | • tsójantlung |
| tienda de juguetes | der Spielzeugladen | • shpíltsoikladen |
| tienda de muebles | das Möbelgeschäft | • mœbelguesheft |
| tienda de ropa | das Bekleidungsgeschäft | • bekláidungsguesheft |
| tienda de ultramarinos | der Lebensmittelladen | • lébensmitel-láden |
| tintorería | die chemische Reinigung | • jémishe ráinigung |
| zapatería | das Schuhgeschäft | • shúguesheft |

# Verduras

Puntos básicos

| | | |
|---|---|---|
| aguacate | die Avocado | ▪ *avokádo* |
| ajo | der Knoblauch | ▪ *knóplauj* |
| alcachofa | die Artischocke | ▪ *artishóke* |
| apio | der Stangensellerie | ▪ *shtángensellerí* |
| berenjena | die Aubergine | ▪ *obershíne* |
| brécol | die Brokkoli | ▪ *brókoli* |
| calabacínes | die Zucchini | ▪ *tsukíni* |
| calabaza | der Kürbis | ▪ *kűrbis* |
| cebolla | die Zwiebel | ▪ *tsvíbel* |
| cebollinos | der Schnittlauch | ▪ *shnítlauj* |
| col | der Kohl | ▪ *kol* |
| coles de Bruselas | der Rosenkohl | ▪ *rósenkol* |
| coliflor | der Blumenkohl | ▪ *blúmenkol* |
| escarola | der Endiviensalat | ▪ *endíviensalát* |
| espárragos | der Spargel | ▪ *shpárguel* |
| espinacas | der Spinat | ▪ *shpinát* |
| guisantes | die Erbsen *pl* | ▪ *érpsen* |
| judía | die Bohne | ▪ *bóne* |
| judías verdes | die grünen Bohnen *pl* | ▪ *grűnen bónen* |
| lechuga | der Kopfsalat | ▪ *kópfsalat* |
| nabo | die Rübe | ▪ *rűbe* |
| patata | die Kartoffel | ▪ *kartófel* |
| pepino | die Gurke | ▪ *gúrke* |
| perejil | die Petersilie | ▪ *petersílie* |
| pimiento | die Paprikaschote | ▪ *páprikashote* |
| pimiento rojo | die rote Paprikaschote | ▪ *róte páprikashote* |
| pimiento verde | die grüne Paprikaschote | ▪ *grűne páprikashote* |
| puerro | der Porree | ▪ *póre* |
| rábano | der Rettich | ▪ *rétij* |
| remolacha | die rote Bete | ▪ *róte béte* |
| tomate | die Tomate | ▪ *tomáte* |
| vegetariano(a) | vegetarisch | ▪ *veguetárish* |
| vegetariano(a) estricto(a) | veganisch | ▪ *vegánish* |
| verduras | das Gemüse | ▪ *gueműse* |
| zanahoria | die Karotte | ▪ *Karotte* |

Español-Alemán

Alemán-Español

# Gramática alemana

## SUSTANTIVOS

En alemán todos los sustantivos se escriben con mayúscula.
Existen distintas formas del plural en función del tipo de
sustantivo. Algunas de ellas son:

| *singular* | *plural* |
|---|---|
| **Mann** | **Männer** |
| **Frau** | **Frauen** |
| **Tisch** | **Tische** |

Existen en alemán tres géneros: hay sustantivos masculinos
(*m*), femeninos (*f*) y neutros (*n*). Los artículos determinados
(*el/la*) e indeterminados (*un/una*) son los siguientes:

| | *masculino* | *femenino* | *neutro* |
|---|---|---|---|
| | *el hombre* | *la mujer* | *la luz* |
| *determinado* | **der Mann** | **die Frau** | **das Licht** |
| *indeterminado* | **ein Mann** | **eine Frau** | **ein Licht** |

El plural de las formas **der**, **die**, **das** es siempre **die**:

**die Männer**   **die Frauen**   **die Lichter**

(Las formas **ein** y **eine** no tienen plural).

Las terminaciones de los artículos varían según la función
que tenga el sustantivo dentro de la frase (estas variaciones
se denominan casos de declinación). A modo de introducción:

Si el sustantivo es el sujeto de la oración (es decir, el que
realiza la acción), estará en caso nominativo:

**der Mann steht auf**  el hombre se levanta

Si el sustantivo es complemento directo (es decir, el objeto
de la acción verbal), estará en caso acusativo:

**ich sehe den Mann**  veo al hombre

Si el sustantivo está en caso genitivo (ya que, por ejemplo,
pertenece a algo o a alguien), el artículo cambiará de
terminación:

**das Haus der Frau**  la casa de la mujer

Obsérvese que la terminación de **die** (*Frau*) ha cambiado a
**der**. Lo mismo ocurre con **ein**:

**das Haus einer Frau**  la casa de una mujer

Cuando el sustantivo es complemento indirecto (es decir, que
completa el significado del verbo indicando quién o qué es el
beneficiario de la acción verbal), estará en caso dativo:

**ich gebe es der Frau**  se lo doy a la mujer

La forma **die** (*Frau*) ha cambiado a **der**. Lo mismo ocurre con
**ein**:

**ich gebe es einer Frau**  se lo doy a una mujer

**Puntos básicos**

Otras palabras que se colocan delante del sustantivo tienen terminaciones similares a **der** y **ein**.

Las que funcionan igual que **der** son:

**dieser** (este), **jener** (aquel), **jeder** (cada), **welcher** (cuál).

Las que funcionan igual que **ein** son:

**mein** (mi), **dein** (tu), **Ihr** (su, de Ud/Uds), **sein** (su, de él), **ihr** (su, de ella), **unser** (nuestro), **euer** (vuestro), **ihr** (su, de ellos).

En el apartado de pronombres se ofrece información más detallada.

Estos son los casos de los artículos determinados **der**, **die**, **das**:

|  | masculino | femenino | neutro | plural |
|---|---|---|---|---|
| Nominativo | der Mann | die Frau | das Licht | die Frauen |
| Acusativo | den Mann | die Frau | das Licht | die Frauen |
| Genitivo | des Mannes | der Frau | des Lichtes | der Frauen |
| Dativo | dem Mann | der Frau | dem Licht | den Frauen |

Estos son los casos de los artículos indeterminados **ein**, **eine**:

|  | masculino | femenino | neutro |
|---|---|---|---|
| Nominativo | ein Mann | eine Frau | ein Licht |
| Acusativo | einen Mann | eine Frau | ein Licht |
| Genitivo | eines Mannes | einer Frau | eines Lichtes |
| Dativo | einem Mann | einer Frau | einem Licht |

La palabra **kein** (*ningún*, *ninguna*) tiene las mismas terminaciones que *ein*, y además puede usarse en plural:

| Nominativo | keine Männer |
|---|---|
| Acusativo | keine Männer |
| Genitivo | keiner Männer |
| Dativo | keinen Männern |

## POSESIVOS (MI, TU, SU ...)

Estas palabras tienen las mismas terminaciones que **ein** y **kein**, y concuerdan con el sustantivo al que acompañan en género, número y caso. Por ejemplo, si el sustantivo es masculino plural y está en nominativo, el posesivo también adoptará las formas del masculino, plural y nominativo respectivas (ver formas de **ein**).

**mein Mann kommt** mi marido viene - *Nominativo*
**ich liebe meinen Mann** quiero a mi marido - *Acusativo*
**das Auto meines Mannes** el coche de mi marido - *Genitivo*
**ich gebe es meinem Mann** se lo doy a mi marido - *Dativo*
**meine Kinder kommen** mis hijos vienen - *Nominativo plural*
**ich liebe meine Kinder** quiero a mis hijos - *Acusativo plural*

**Español-Alemán**

**Alemán-Español**

**die Spielsachen meiner Kinder** los juguetes de mis hijos - *Genitivo plural*

**ich gebe es meinen Kindern** se lo doy a mis hijos - *Dativo plural*

Estas terminaciones las tienen también el resto de posesivos:

**dein** (tu), **sein** (su, de él), **ihr** (su, de ella), **unser** (nuestro), **euer** (vuestro), **Ihr** (su, de Ud/Uds), **ihr** (su, de ellos/ellas)

## ADJETIVOS

Cuando un adjetivo se coloca delante del sustantivo, su terminación cambia de la misma forma que **der** y **ein**, al igual que los posesivos; es decir, en función del género (masculino, femenino o neutro), del número (singular, plural) y de su función en la oración (sujeto, complemento, etc.).

A continuación, unos ejemplos con el adjetivo **klug** (inteligente, listo):

| | *masculino* | *femenino* |
|---|---|---|
| *Nominativo* | **der kluge Mann** | **die kluge Frau** |
| | **ein kluger Mann** | **eine kluge Frau** |
| *Acusativo* | **den klugen Mann** | **die kluge Frau** |
| | **einen klugen Mann** | **eine kluge frau** |
| *Genitivo* | **des klugen Mannes** | **der klugen Frau** |
| | **eines klugen Mannes** | **einer klugen Frau** |
| *Dativo* | **dem klugen Mann** | **der klugen Frau** |
| | **einem klugen Mann** | **einer klugen Frau** |

| | *neutro* | *plural* |
|---|---|---|
| *Nominativo* | **das kluge Kind** | **die klugen Männer** |
| | **ein kluges Kind** | **kluge Frauen** |
| *Acusativo* | **das kluge Kind** | **die klugen Männer** |
| | **ein kluges Kind** | **kluge Frauen** |
| *Genitivo* | **des klugen Kindes** | **der klugen Männer** |
| | **eines klugen Kindes** | **kluger Frauen** |
| *Dativo* | **dem klugen Kind** | **den klugen Männern** |
| | **einem klugen Kind** | **klugen Frauen** |

Cuando el adjetivo va detrás del verbo, no se concuerda:

**der Mann ist klug**
**die Frau ist klug**
**das Kind ist klug**
**die Kinder sind klug**

## PRONOMBRES

| *sujeto* | | *complemento directo* | |
|---|---|---|---|
| yo | **ich** | me | **mich** |
| tú | **du** | te | **dich** |

**Puntos básicos**

| | | | | |
|---|---|---|---|---|
| él | **er** | lo (le) | **ihn** |
| ella | **sie** | la | **sie** |
| ello | **es** | lo | **es** |
| nosotros(as) | **wir** | nos | **uns** |
| vosotros(as) | **ihr** | os | **euch** |
| Ud(s) | **Sie** | le(s) | **Sie** |
| ellos(as) | **sie** | los (las) | **sie** |

Obsérvese que la forma **Sie** (escrita con mayúscula) es el *usted* y *ustedes* español.

La forma **es** alemana queda muchas veces sin traducir en el español.

Los pronombres de complemento indirecto son:

| | | | | |
|---|---|---|---|---|
| (*a mí*) me | **mir** | (*a nosotros/-as*) nos | **uns** |
| (*a ti*) te | **dir** | (*a vosotros/-as*) os | **euch** |
| (*a él*) le | **ihm** | (*a Ud/Uds*) le(s) | **Ihnen** |
| (*a ella*) le | **ihr** | (*a ellos/-as*) les | **ihnen** |
| (*a ello/eso*) lo | **ihm** | | |

## VERBOS

**Español-Alemán**

En alemán existen dos tipos de conjugación: la conjugación débil (verbos regulares) y la conjugación fuerte (verbos irregulares).

| | *conj. débil* | *conj. fuerte* |
|---|---|---|
| | SPIELEN | HELFEN |
| | *jugar* | *ayudar* |
| ich | **spiele** | **helfe** |
| du | **spielst** | **hilfst** |
| er/sie/es | **spielt** | **hilft** |
| wir | **spielen** | **helfen** |
| ihr | **spielt** | **helft** |
| Sie | **spielen** | **helfen** |
| sie | **spielen** | **helfen** |

Otros ejemplos de conjugación fuerte (verbos irregulares) son:

**Alemán-Español**

| | SEIN | HABEN |
|---|---|---|
| | *ser, estar* | *tener, haber* |
| ich | **bin** | **habe** |
| du | **bist** | **hast** |
| er/sie/es | **ist** | **hat** |
| wir | **sind** | **haben** |
| ihr | **seid** | **habt** |
| Sie | **sind** | **haben** |
| sie | **sind** | **haben** |

# Gramática alemana

Para construir la negación de un verbo, habrá que poner la partícula nicht:

**ich verstehe nicht** no entiendo
**das funktioniert nicht** no funciona

## FORMAS DEL PASADO

Estas son las formas verbales del pasado más usadas. El español tiene más formas del pasado que el alemán, por lo que éstas últimas pueden traducirse al español de distinta manera, según el contexto:

| | |
|---|---|
| **ich war** | fui, era; estuve, estaba |
| **wir waren** | fuimos, éramos; estuvimos, estábamos |
| **Sie waren** | (Ud/Uds) fue/fueron, era/eran; estuvo/estuvieron, estaba/estaban |
| **ich hatte** | tuve, tenía |
| **wir hatten** | tuvimos, teníamos |
| **Sie hatten** | (Ud/Uds) tuvo/tuvieron, tenía/tenían |
| **ich/er/sie/es spielte** | jugué/jugó, jugaba |
| **Sie spielten** | (Ud/Uds) jugó/jugaron, jugaba/jugaban |
| **wir spielten** | jugamos, jugábamos |
| **sie spielten** | jugaron, jugaban |
| **ich/er/sie/es half** | ayudé/ayudó |
| **Sie halfen** | (Ud/Uds) ayudó/ayudaron, ayudaba/ayudaban |
| **wir halfen** | ayudamos, ayudábamos |
| **sie halfen** | ayudaron, ayudaban |

Otra forma para el pasado corresponde al *he ...-ado/-ido* español (pret. perfecto). Se construye con **haben**; sin embargo, con verbos que expresan movimiento/cambio de estado se construye con **sein**:

| | |
|---|---|
| **ich habe gespielt** | he jugado |
| **ich habe geholfen** | he ayudado |
| **ich bin gefahren** | he viajado |

Como en español, el presente se usa a menudo en alemán para expresar futuro:

**ich schicke ein Fax** voy a mandar un fax
**ich schreibe einen Brief** voy a escribir una carta

Puntos básicos

Español-Alemán

Alemán-Español

| | | |
|---|---|---|
| **a** *(situación)* | bei | ▪ *bai* |
| *(dirección)* | nach | ▪ *naj* |
| ▸ a la mesa | bei Tisch | ▪ *bai tish* |
| ▸ voy a Munich | ich fahre nach München | ▪ *ij fáre naj múnjen* |
| ▸ a la semana | pro Woche | ▪ *pro vóje* |
| ▸ a la sombra | im Schatten | ▪ *im sháten* |
| **abadejo** | der Schellfisch | ▪ *shélfish* |
| **abadía** | die Abtei | ▪ *aptái* |
| **abajo** | unten | ▪ *únten* |
| **abanico** | der Fächer | ▪ *féja* |
| **abeja** | die Biene | ▪ *bíne* |
| **abierto(a)** | offen | ▪ *ófen* |
| ▸ ¿está abierto al público el castillo? | ist das Schloss/ die Burg für die Öffentlichkeit zugänglich? | ▪ *ist das shlos/di burk für di œfentlijkait tsúguenglij?* |
| **abogado(a)** | der Rechtsanwalt die Rechtsanwältin | ▪ *réjtsanvalt* ▪ *réjtsanveltin* |
| **abono** | die Zeitkarte | ▪ *tsáitkarte* |
| **abrebotellas** | der Flaschenöffner | ▪ *fláshenœfna* |
| **abrelatas** | der Dosenöffner | ▪ *dósenœfna* |
| **abrigo** | der Mantel | ▪ *mántel* |
| **abril** | der April | ▪ *apríl* |
| **abrir** | öffnen | ▪ *œfnen* |
| ▸ no puedo abrir la ventana | ich kann das Fenster nicht öffnen | ▪ *ij kan das fénsta nijt œfnen* |
| ▸ ¿a qué hora abre el museo? | um wie viel Uhr öffnet das Museum? | ▪ *um vi fil úa œfnet das muséum?* |
| **abuela** | die Großmutter | ▪ *grósmuta* |
| **abuelo** | der Großvater | ▪ *grósfata* |
| **aburrido(a)** | langweilig | ▪ *lángvailij* |
| ▸ estoy aburrido | ich habe Langeweile | ▪ *ij jábe lánguevaile* |
| **acabar** | fertig werden | ▪ *fértig vérden* |

▶ acabo de llegar | ich bin gerade angekommen | ■ *ij bin gueráde ánguekomen*

**acampar** | campen | ■ *kámpen*
▶ ¿podemos acampar aquí? | dürfen wir hier campen? | ■ *dűrfen vía jía kámpen?*

**acantilado** | die Klippe | ■ *klípe*

**acceso** *(a lugar)* | der Zugang | ■ *tsúgang*
*(de ira)* | der Anfall | ■ *ánfal*

**accidente** | der Unfall | ■ *únfal*
▶ ha habido un accidente | ein Unfall ist passiert | ■ *ain únfal ist pasírt*
▶ he tenido un accidente | ich habe einen Unfall gehabt | ■ *ij jábe áinen únfal guejábt*

**aceite** | das Öl | ■ *œl*

**aceitunas** | die Oliven *(pl)* | ■ *olíven*

**acento** | der Akzent | ■ *aktsént*

**aceptar** | akzeptieren | ■ *aktseptíren*

**acera** | der Fußweg | ■ *fúsvek*

**acerca de** | über | ■ *űba*

**acordarse de** | sich erinnern | ■ *sij erínern*
▶ no me acuerdo | ich erinnere mich nicht | ■ *ij erínere mij nijt*

**acostarse** | schlafen gehen | ■ *shláfen guéen*

**acostumbrado(a)** | gewohnt | ■ *guevónt*
▶ (no) estoy acostumbrado a eso | ich bin (nicht) daran gewohnt | ■ *ij bin (nijt) darán guevónt*

**actividades** | die Veranstaltungen *(pl)* | ■ *feránshtaltungen*
▶ ¿qué actividades deportivas ofrecen aquí? | welche Sportmöglichkeiten gibt es hier? | ■ *vélje shpórtmœglijkaiten guipt es jía?*
▶ ¿qué actividades tienen dentro/ al aire libre? | was kann man hier drinnen/im Freien unternehmen? | ■ *vas kan man jía drínen/im fráien untanémen?*
▶ ¿tienen actividades para los niños? | gibt es hier Veranstaltungen für Kinder? | ■ *guipt es jía feránshtaltungen für kínda?*

**actuación** | die Vorstellung | ■ *fórshtelung*
▶ ¿a qué hora empieza la actuación? | wann beginnt die Vorstellung? | ■ *van beguínt die fórshtelung?*

**acuerdo**

| | | |
|---|---|---|
| ▶ de acuerdo | einverstanden | ▪ *áinfershtanden* |
| **adaptador** | der Adapter | ▪ *adápta* |
| **adelantado** | | |
| ▶ creo que mi reloj está adelantado | ich glaube, meine Uhr geht vor | ▪ *ij gláube máine úa guet fóa* |
| ▶ por adelantado | im Voraus | ▪ *im fóraus* |
| ▶ ¿le pago por adelantado? | muss ich im Voraus zahlen? | ▪ *mus ij im fóraus tsálen?* |
| **¡adelante!** | herein! | ▪ *jeráin* |
| **además** | außerdem | ▪ *áuserdem* |
| ▶ además de | sowie | ▪ *soví* |
| **adicional** | zusätzlich | ▪ *tsúsetslij* |
| **adiós** | auf Wiedersehen | ▪ *auf vídersen* |
| **adonde** | wohin | ▪ *vojín* |
| **aduana** | der Zoll | ▪ *tsol* |
| **adulto(a)** | der/die Erwachsene | ▪ *erváksene* |
| **aerobic** | das Aerobic | ▪ *eróbik* |
| **aerolínea** | die Fluggesellschaft | ▪ *fluggesélshaft* |
| **aeropuerto** | der Flughafen | ▪ *flúkjafen* |
| ▶ al aeropuerto, por favor | zum Flughafen, bitte! | ▪ *tsum flúkjafen bite* |
| **afeitarse** | sich rasieren | ▪ *sij rasíren* |
| **afortunado(a)** | glücklich | ▪ *glúklij* |
| **afuera** | draußen | ▪ *dráusen* |
| ▶ las afueras | die Umgebung | ▪ *di úmguebung* |
| **agencia** | die Agentur | ▪ *aguentúa* |
| ▶ agencia de viajes | das Reisebüro | ▪ *ráisebüro* |
| **agenda** | der Terminkalender | ▪ *termínkalenda* |
| **agente** | der Agent | ▪ *aguént* |
| **agitado(a)** | stürmisch | ▪ *shtúrmish* |
| ▶ ¿está el mar agitado hoy? | ist die See heute stürmisch? | ▪ *ist di se jóite shtúrmish?* |
| **agosto** | der August | ▪ *augúst* |
| **agradable** | angenehm | ▪ *ánguenem* |
| **agradecer** | | |
| ▶ te lo agradezco | ich danke dir dafür | ▪ *ij dánke día dafúr* |

| agua | das Wasser | ▪ *vása* |
|---|---|---|
| ► no hay agua caliente | es gibt kein heißes Wasser | ▪ *es guipt kain jáises vása* |
| ► agua destilada | das destillierte Wasser | ▪ *destilírte vása* |
| ► agua mineral | das Mineralwasser | ▪ *minerálvasa* |
| ► agua potable | das Trinkwasser | ▪ *trínkvasa* |
| aguacate | die Avocado | ▪ *avokádo* |
| aguja | die Nadel | ▪ *nádel* |
| ► ¿tiene aguja e hilo? | haben Sie Nadel und Faden? | ▪ *jáben si nádel unt fáden?* |
| agujero | das Loch | ▪ *loj* |
| ► tengo un agujero en el zapato | in meinem Schuh ist ein Loch | ▪ *in máinem shu ist ain loj* |
| ahí | dort | ▪ *dort* |
| ► por ahí | dort entlang | ▪ *dort entláng* |
| ahogarse | ertrinken | ▪ *ertrínken* |
| ► ¡alguien se está ahogando! | hier ertrinkt jemand! | ▪ *jía ertrínkt iémand* |
| ahora | jetzt | ▪ *ietst* |
| ► ¿puede hacerlo ahora? | können Sie es gleich machen? | ▪ *kœnen si es glaij májen?* |
| ahumado(a) | geräuchert | ▪ *gueróijert* |
| aire | | |
| ► aire acondicionado | die Klimaanlage | ▪ *klíma-anlague* |
| ► el aire acondicionado no funciona | die Klimaanlage funktioniert nicht | ▪ *di klíma-anlague funktsionírt nijt* |
| ► aire fresco | frische Luft | ▪ *fríshe luft* |
| ► ¿cuáles son las actividades al aire libre? | was kann man im Freien unternehmen? | ▪ *vas kan man im fráien unternémen?* |

| ajedrez | das Schach | ▪ *shaj* |
|---|---|---|
| ► jugar al ajedrez | Schach spielen | ▪ *shaj shpílen* |
| ajo | der Knoblauch | ▪ *knóplauj* |
| a la carta | à la carte | ▪ *a la cart* |
| ala delta | der Sportdrachen | ▪ *shpórtdrajen* |
| ► me gustaría ir a volar en ala delta | ich möchte Drachenfliegen gehen | ▪ *ij mœjte drájenfliguen guéen* |
| alarma | der Alarm | ▪ *alárm* |

| | | |
|---|---|---|
| albaricoque | die Aprikose | ■ *aprikóse* |
| albergue | die Herberge | ■ *jérbergue* |
| ▶ albergue juvenil | die Jugendherberge | ■ *iúguentjerbergue* |
| ▶ ¿hay un albergue juvenil? | gibt es hier eine Jugendherberge? | ■ *guipt es jía áine iúguentjerbergue?* |
| alcachofa | die Artischocke | ■ *artishóke* |
| alcalde | der Bürgermeister | ■ *bǘrgamaista* |
| alcaldesa | die Bürgermeisterin | ■ *bǘrgamaisterin* |
| alcohol | der Alkohol | ■ *alkojól* |
| ▶ sin alcohol | alkoholfrei | ■ *alkojólfrai* |
| ▶ ¿qué bebidas sin alcohol tiene? | was für alkoholfreie Getränke haben Sie? | ■ *vas für alkojólfraie guetrénke jáben si?* |
| alcohólico(a) | alkoholisch | ■ *alkojólish* |
| aldea | das Dorf | ■ *dorf* |
| alegre | froh | ■ *fro* |
| alemán(ana) | deutsch | ■ *doich* |
| ▶ no hablo alemán | ich spreche kein Deutsch | ■ *ij shpréje kain doich* |
| Alemania | Deutschland | ■ *dóichland* |
| alergia | die Allergie | ■ *alerguí* |
| alérgico(a) a | allergisch gegen | ■ *alérguish guéguen* |
| ▶ soy alérgico a la penicilina | ich bin gegen Penizillin allergisch | ■ *ij bin guéguen penitsilín alérguish* |
| aletas | die Schwimmflossen (pl) | ■ *shvímflosen* |
| alfiler | die Stecknadel | ■ *shtéknadel* |
| alfombra | der Teppich | ■ *tépij* |
| algo | etwas | ■ *étvas* |
| algodón | die Baumwolle | ■ *báumvole* |
| ▶ algodón hidrófilo | die Watte | ■ *váte* |
| alguien | irgendjemand | ■ *írguent-iémant* |
| alguno(a) | irgendein(e) | ■ *írguentain(e)* |
| algunos(as) | einige | ■ *áinigue* |
| alicates | die Zange | ■ *tsángue* |
| alimentación | | |
| ▶ ¿dónde está la sección de alimentación? | wo ist die Lebensmittelabteilung? | ■ *vo ist di lébensmitelabtáilung?* |

| | | |
|---|---|---|
| **alimento** | das Essen | ■ *ésen* |
| **aliño** | die Salatsoße | ■ *salátsose* |
| **allá** | dort | ■ *dort* |
| **allí** | dort | ■ *dort* |
| ► **allí arriba** | dort oben | ■ *dort óben* |
| **almacén** | | |
| ► **grandes almacenes** | das Kaufhaus | ■ *káufjaus* |
| **almendra** | die Mandel | ■ *mándel* |
| **almohada** | das Kopfkissen | ■ *kópfkisen* |
| ► **¿podría darme otra almohada?** | könnten Sie mir noch ein Kopfkissen geben? | ■ *kœnten si mía noj ain kópfkisen guében?* |
| **almuerzo** | das Mittagessen | ■ *mítakesen* |
| ► **almuerzo frío** | das Lunchpaket | ■ *lánchpakét* |
| **alojamiento** | die Unterkunft | ■ *únterkunft* |
| ► **necesito alojamiento durante tres noches** | ich brauche eine Unterkunft für drei Nächte | ■ *ij bráuje áine únterkunft für drai néjte* |
| ► **alojamiento y desayuno** | das Zimmer mit Frühstück | ■ *tsíma mit frúshtük* |

ⓘ Aunque la mayoría de los hoteles ofrecen el mismo tipo de servicios, su clasificación es algo complicada. Además de los hoteles, el alojamiento puede estar señalizado como "Gasthaus", "Gasthof", "Pension", "Fremdenzimmer" y "Zimmer frei".

| | | |
|---|---|---|
| **alojarse** | wohnen | ■ *vónen* |
| ► **me alojo en un hotel** | ich wohne in einem Hotel | ■ *ij vóne in áinem jotél* |
| ► **¿dónde se aloja?** | wo wohnen Sie? | ■ *vo vónen si?* |
| **alpinismo** | das Bergsteigen | ■ *bérkshtaiguen* |
| **alquilar** | mieten | ■ *míten* |
| ► **quiero alquilar un coche** | ich möchte ein Auto mieten | ■ *ij mœjte ain áuto míten* |
| ► **desearía alquilar una habitación/ un chalet** | ich möchte ein Zimmer/Ferienhaus mieten | ■ *ij mœjte ain tsíma/férienjaus míten* |
| **alquiler** *(precio)* | der Mietpreis | ■ *mítprais* |
| **alto(a)** | | |
| *(monte, nivel, edificio)* | hoch | ■ *joj* |
| *(persona)* | groß | ■ *gros* |

# anestesia

| | | |
|---|---|---|
| ▸ 200 metros de alto | 200 Meter hoch | ▪ *tsvai húndat méta joj* |
| ▸ ¡alto! | halt! | ▪ *jalt!* |
| **altura** | | |
| ▸ ¿qué altura tiene? | wie hoch ist es? | ▪ *vi joj ist es?* |
| ▸ tiene dos metros de altura | es ist zwei Meter hoch | ▪ *es ist zwai méta joj* |
| **alud** | die Lawine | ▪ *lavíne* |
| ▸ ¿hay peligro de aludes? | besteht Lawinengefahr? | ▪ *beshtét lavínenguefar?* |
| **amable** | nett | ▪ *net* |
| ▸ es muy amable de su parte | das ist sehr nett von Ihnen | ▪ *das ist séa net fon ínen* |
| **ama de casa** | die Hausfrau | ▪ *jáusfrau* |
| **amargo(a)** | bitter | ▪ *bíta* |
| **amarillo(a)** | gelb | ▪ *guelp* |
| **ambos(as)** | beide | ▪ *báide* |
| **ambulancia** | der Krankenwagen | ▪ *kránkenvaguen* |
| ▸ llame a una ambulancia | rufen Sie einen Krankenwagen | ▪ *rúfen si áinen kránkenvaguen* |
| **ambulatorio** | die Ambulanz | ▪ *ambulánts* |
| **americana** | das Jackett | ▪ *shakét* |
| **americano(a)** | amerikanisch | ▪ *amerikánish* |
| **amigo(a)** | der Freund | ▪ *froint* |
| | die Freundin | ▪ *fróindin* |
| **amor** | die Liebe | ▪ *líbe* |
| ▸ hacer el amor con alguien | mit jemandem schlafen | ▪ *mit iémandem shláfen* |
| **amortiguador** | der Stoßdämpfer | ▪ *shtósdempfa* |
| **ampolla** | die Blase | ▪ *bláse* |
| **ancho(a)** | breit | ▪ *brait* |
| **anchoa** | die Sardelle | ▪ *sardéle* |
| **andar** | gehen | ▪ *guéen* |
| **andén** | der Bahnsteig | ▪ *bánstaik* |
| ▸ ¿cuál es el andén para el tren a ...? | von welchem Bahnsteig fährt der Zug nach ... ab? | ▪ *fon véljem bánstaik fert déa tsuk naj ... ap?* |
| **anestesia** | die Narkose | ▪ *narkóse* |

| anguila | der Aal | ■ *al* |
| anillo | der Ring | ■ *ring* |
| animal | das Tier | ■ *tía* |
| anoche | gestern Abend | ■ *guéstern ábent* |
| anorak | der Anorak | ■ *ánorak* |
| ante | das Wildleder | ■ *vílt-leda* |
| anteayer | vorgestern | ■ *fórguestern* |
| antelación | | |
| ► con antelación | im Voraus | ■ *im fóraus* |
| ► ¿tengo que hacer las reservas con antelación? | muss ich im Voraus buchen? | ■ *mus ij im fóraus bújen?* |
| antes | früher | ■ *frúa* |
| ► preferiría un vuelo que saliera antes | ich möchte lieber einen früheren Flug nehmen | ■ *ij mœjte áinen frúeren fluk némen* |
| ► antes de | vor | ■ *fóa* |
| antibiótico | das Antibiotikum | ■ *antibiótikum* |
| anticonceptivo | das Verhütungsmittel | ■ *ferjútungsmitel* |
| anticongelante | der Frostschutz | ■ *fróst-shuts* |
| antídoto | das Gegenmittel | ■ *guéguenmitel* |
| antigüedades | die Antiquitäten *(pl)* | ■ *antikvitéten* |
| antiguo(a) | alt | ■ *alt* |
| antihistamínico | das Antihistamin | ■ *antijistamín* |
| antiséptico | das Antiseptikum | ■ *antiséptikum* |
| anular | stornieren | ■ *shtorníren* |
| anuncio | | |
| *(en TV, prensa etc)* | der Werbespot | ■ *vérbespot* |
| *(letrero)* | das Schild | ■ *shilt* |
| año | das Jahr | ■ *iar* |
| ► el año pasado | letztes Jahr | ■ *létstes iar* |
| ► el año que viene | nächstes Jahr | ■ *nékstes iar* |
| ► ¿cuántos años tiene? | wie alt sind Sie? | ■ *vi alt sint si?* |
| ► Año Nuevo | das neue Jahr | ■ *das nóie iar* |
| ► ¡feliz Año Nuevo! | ein gesundes Neues Jahr! | ■ *ain guesúndes nóies iar!* |
| apagado(a) | aus | ■ *aus* |

| | | |
|---|---|---|
| ▶ las luces están apagadas | das Licht ist aus | ■ *das lijt ist aus* |

**apagar**

| | | |
|---|---|---|
| ▶ no puedo apagar la calefacción | ich kann die Heizung nicht abstellen | ■ *ij kan di jáitsung nijt ápshtelen* |
| ▶ ¿puedo apagar la luz/radio? | kann ich das Licht/ Radio ausmachen? | ■ *kan ij das lijt/ rádio áusmajen?* |

**aparcamiento** — der Parkplatz — ■ *párkplats*

| | | |
|---|---|---|
| ▶ ¿hay un aparcamiento por aquí cerca? | gibt es einen Parkplatz in der Nähe? | ■ *guipt es áinen párkplats in déa née?* |

**aparcar** — parken — ■ *párken*

| | | |
|---|---|---|
| ▶ ¿dónde puedo aparcar? | wo kann ich parken? | ■ *vo kan ij párken?* |
| ▶ ¿podemos aparcar la caravana/ roulotte allí? | können wir unseren Wohnwagen dort hinstellen? | ■ *kœnen vía únseren vónvaguen dort jínshtelen?* |
| ▶ ¿se puede aparcar aquí? | darf ich hier parken? | ■ *darf ij jía párken?* |

> ⓘ La mayoría de los aparcamientos suelen ser de pago en casi todas las ciudades, con un sistema parecido al de la zona azul (Parkschein), es decir, hay que sacar un ticket y ponerlo en un lugar visible del coche.

**apartado de Correos** — das Postfach — ■ *póstfaj*

**apartamento** — das Appartement — ■ *apart(e)mán*

| | | |
|---|---|---|
| ▶ hemos reservado un apartamento a nombre de ... | wir haben ein Appartement auf den Namen ... gebucht | ■ *vía jáben ain apart(e)mán auf den námen ... guebújt* |

**aparthotel** — das Aparthotel — ■ *apártjotél*

**apeadero** — der Haltepunkt — ■ *jáltepunkt*

**apellido** — der Nachname — ■ *nájname*

**aperitivo** — der Aperitif — ■ *aperitif*

| | | |
|---|---|---|
| ▶ ¿nos trae un aperitivo? | bringen Sie uns bitte einen Aperitif | ■ *bríngen si uns bíte áinen aperitif* |

**apio** — der Sellerie — ■ *séleri*

**aprender** — lernen — ■ *lérnen*

**apuro**

| | | |
|---|---|---|
| ▶ estoy en un apuro | ich habe ein Problem | ■ *ij jábe ain problém* |

| aquel(la) | der/die/das | *déa/di/das* |
|---|---|---|
| ▶ aquél(la) | der/die/das dort | *déa/di/das dort* |
| aquello | das | *das* |
| aquellos(as) | die | *di* |
| ▶ aquéllos(as) | die dort | *di dort* |
| aquí | hier | *jía* |
| ▶ por aquí | | |
| (dirección) | hier entlang | *jía entláng* |
| (lugar) | hier in der Nähe | *jía in déa née* |
| arándanos | die Heidelbeere (pl) | *jáidelbere* |
| árbitro | der Schiedsrichter | *shítsrijta* |
| árbol | der Baum | *baum* |
| arco iris | der Regenbogen | *réguenboguen* |
| ardor de estómago | die Magenverstimmung | *máguenfershtimung* |
| área | | |
| ▶ área de descanso | der Rastplatz | *rástplats* |
| ▶ área de servicio | die Tankstelle (mit Raststätte) | *tánk-shtele (mit rást-shtete)* |
| arena | der Sand | *sant* |
| ▶ una playa de arena | ein Sandstrand | *ain sant shtrant* |
| arenoso(a) | sandig | *sándij* |
| arenque | der Hering | *jéring* |
| argot | der Slang | *slang* |
| arma | die Waffe | *váfe* |
| armario | der Schrank | *shrank* |
| arquitecto | der Architekt | *arjiték* |
| arreglar | reparieren | *reparíren* |
| ▶ ¿dónde me pueden arreglar esto? | wo kann ich das reparieren lassen? | *vo kan ij das reparíren lásen?* |
| ▶ ¿puede arreglar esto? | können Sie das reparieren? | *kœnen si das reparíren?* |
| arriba (estado) | oben | *óben* |
| (movimiento) | nach oben | *naj óben* |
| (de encima) | darüber | *darúba* |
| arroz | der Reis | *rais* |
| arte | die Kunst | *kunst* |
| artesanía | das Kunsthandwerk | *kúnstjandverk* |

| | | |
|---|---|---|
| **artista** | der Künstler | ▪ *kűnstla* |
| **asa** | der Griff | ▪ *grif* |
| ▶ se ha caído el asa | der Griff ist abgegangen | ▪ *déa grif ist ápguegangen* |
| **asado(a)** | gebraten | ▪ *guebráten* |
| **ascensor** | der Lift | ▪ *lift* |
| ▶ ¿hay ascensor en el edificio? | gibt es in dem Gebäude einen Lift? | ▪ *guipt es in dem guebóide áinen lift?* |
| **asegurar** | versichern | ▪ *fersíjern* |
| ▶ ¿puedo asegurar mi equipaje? | kann ich mein Gepäck versichern? | ▪ *kan ij main guepék fersíjern?* |
| **aseos** | die Toiletten *(pl)* | ▪ *toaléten* |
| **así** | so | ▪ *so* |
| **asiento** | der Platz | ▪ *plats* |
| ▶ tengo reservado un asiento | ich habe einen Platz reserviert | ▪ *ij jábe áinen plats reservírt* |
| ▶ tomen asiento, por favor | bitte setzen Sie sich | ▪ *bíte sétsen si sij* |
| ▶ ¿está libre este asiento? | ist dieser Platz frei? | ▪ *ist dísa plats frai?* |
| **asma** | das Asthma | ▪ *ástma* |
| ▶ padezco de asma | ich habe Asthma | ▪ *ij jábe ástma* |
| **aspiradora** | der Staubsauger | ▪ *shtáupsauga* |
| **aspirina** | das Aspirin | ▪ *aspirín* |
| ▶ aspirina efervescente | das lösliche Aspirin | ▪ *das lœslije aspirín* |
| **atajo** | die Abkürzung | ▪ *ábkürtsung* |
| **ataque** *(de celos, ira)* | der Anfall | ▪ *ánfal* |
| ▶ ataque cardíaco | der Herzanfall | ▪ *hértsanfal* |
| **atascarse** | | |
| ▶ los mandos se han atascado | die Steuerung hat blockiert | ▪ *di shtóierung jat blokírt* |
| ▶ el cajón está atascado | die Schublade klemmt | ▪ *di shúplade klemt* |
| ▶ el desagüe está atascado | der Abfluss ist verstopft | ▪ *déa ápflus ist fershtópft* |
| **atasco** | der Stau | ▪ *shtau* |
| ▶ ¿a qué se debe este atasco? | was ist der Grund für den Stau? | ▪ *vas ist déa grunt für den shtau?* |

| aterrizaje | die Landung | ▪ *lándung* |
|---|---|---|
| atestado(a) | überfüllt | ▪ *übafült* |
| atracar | überfallen | ▪ *übafálen* |
| atrás | hinten | ▪ *jínten* |
| ▸ hacia atrás | zurück | ▪ *tsurúk* |
| atrasado | | |
| ▸ creo que mi reloj va atrasado | ich glaube, meine Uhr geht nach | ▪ *ij gláube máine úa guet naj* |
| atravesar | überqueren | ▪ *übakvéren* |
| atropellar | überfahren | ▪ *übafáren* |
| atún | der Tunfisch | ▪ *túnfish* |
| aún | noch | ▪ *noj* |
| aunque | obwohl | ▪ *opvól* |
| auriculares | die Kopfhörer *(pl)* | ▪ *kópfjœra* |
| Austria | Österreich | ▪ *œstaraïj* |
| austriaco(a) | österreichisch | ▪ *œstaraïjish* |
| auténtico(a) | echt | ▪ *ejt* |
| autobús | der Bus | ▪ *bus* |
| ▸ ¿a qué hora llega el autobús? | wann kommt der Bus an? | ▪ *van komt déa bus an?* |
| ▸ ¿a qué hora sale el autobús? | wann fährt der Bus ab? | ▪ *van fert déa bus ap?* |
| ▸ ¿a qué hora sale el último autobús? | wann fährt der letzte Bus? | ▪ *van fert déa létste bus?* |
| ▸ ¿con qué frecuencia pasan los autobuses para el centro? | wie oft fahren Busse ins Zentrum? | ▪ *vi oft fáren búse ins tséntrum?* |
| ▸ ¿dónde se coge el autobús para el centro? | wo fährt der Bus in die Stadt ab? | ▪ *vo fert déa bus in di shtat ap?* |
| ▸ ¿dónde se coge el autobús para la catedral? | wo fährt der Bus zum Dom ab? | ▪ *vo fert déa bus tsum dom ap?* |
| ▸ ¿qué autobús tengo que coger para ir al museo? | mit welchem Bus komme ich zum Museum? | ▪ *mit véljem bus kóme ij tsum muséum?* |
| ▸ ¿este autobús va a ...? | fährt dieser Bus nach ...? | ▪ *fert dísa bus naj ...?* |
| autocar | der (Reise)bus | ▪ *(ráise)bus* |

| | | |
|---|---|---|
| ▶ ¿a qué hora sale el autocar por la mañana? | wann fährt der Bus morgens ab? | ▪ van fert déa bus morguens ap? |
| autolavado | die Waschstraße | ▪ vásh-shtrase |
| automático(a) | automatisch | ▪ automátish |
| autopista | die Autobahn | ▪ áutoban |
| ▶ ¿esta autopista es de peaje? | wird auf dieser Autobahn eine Maut erhoben? | ▪ vírt auf dísa áutoban áine maut erjóben? |
| ▶ ¿por dónde tengo que ir para coger la autopista? | wie komme ich zur Autobahn? | ▪ vi kome ij tsúa áutoban? |
| autoservicio | die Selbstbedienung | ▪ selpst-bedínung |
| autostop | | |
| ▶ hacer autostop | trampen | ▪ trémpen |
| autovía | die Schnellstraße | ▪ shnélshtrase |
| auxilio | die Hilfe | ▪ jílfe |
| avalancha | die Lawine | ▪ lavíne |
| avellana | die Haselnuss | ▪ jáselnus |
| avenida | die Allee | ▪ alé |
| avería | die Panne | ▪ páne |
| averiado(a) | kaputt | ▪ kapút |
| averiarse | | |
| ▶ se me ha averiado el coche | mein Auto hat eine Panne | ▪ main áuto jat áine páne |
| avión | das Flugzeug | ▪ fluk-tsoik |
| ▶ mi avión sale a las ... | mein Flug geht um ... | ▪ main fluk guet um ... |
| ▶ he perdido el avión | ich habe meinen Flug verpasst | ▪ ij jábe máinen fluk ferpást |
| ▶ por avión | per Luftpost | ▪ péa lúftpost |
| aviso *(letrero)* *(advertencia)* | das Schild die Warnung | ▪ shilt ▪ várnung |
| avispa | die Wespe | ▪ véspe |
| ayer | gestern | ▪ guéstern |
| ayuda | die Hilfe | ▪ jílfe |
| ▶ vaya a buscar ayuda, ¡deprisa! | holen Sie schnell Hilfe! | ▪ jólen si shnel jílfe! |
| ayudar | helfen | ▪ jélfen |

Puntos básicos

Español-Alemán

Alemán-Español

| | | |
|---|---|---|
| ayuntamiento | das Rathaus | ▪ *rátjaus* |
| azafata | die Stewardess | ▪ *stiúardes* |
| azúcar | der Zucker | ▪ *tsúka* |
| azul | blau | ▪ *blau* |
| ► azul marino | marineblau | ▪ *maríneblau* |
| baca | der Dachgepäckträger | ▪ *dájguepektrega* |
| bacalao | der Kabeljau | ▪ *kábeliau* |
| bádminton | das Badminton | ▪ *bétminton* |
| bahía | die Bucht | ▪ *bujt* |
| bailar | tanzen | ▪ *tántsen* |
| baile | der Tanz | ▪ *tants* |
| bajar (volumen, radio) | leiser stellen | ▪ *láisa shtélen* |
| (descender) | heruntergehen | ▪ *jerúntaguéen* |
| ► bajarse | aussteigen | ▪ *áus-shtaiguen* |
| ► ¿dónde tengo que bajarme? | wo muss ich aussteigen? | ▪ *vo mus ij áus-shtaiguen?* |
| ► ¿puede decirme dónde tengo que bajarme? | sagen Sie mir bitte, wo ich aussteigen muss | ▪ *ságuen si mía bíte vo ij áus-shtáiguen mus* |
| bajo(a) | niedrig | ▪ *nídrij* |
| balcón | der Balkon | ▪ *balkón* |
| ► ¿tienen una habitación con balcón? | haben Sie ein Zimmer mit Balkon? | ▪ *jáben si ain tsíma mit balkón?* |
| balneario | der Kurort | ▪ *kúa-ort* |
| balón | der Ball | ▪ *bal* |
| baloncesto | der Basketball | ▪ *básketbal* |
| banco | die Bank | ▪ *bank* |
| ► ¿hay un banco por aquí cerca? | gibt es eine Bank in der Nähe? | ▪ *guipt es áine bank in déa née?* |
| banda (de música) | die Band | ▪ *bent* |
| (cinta) | das Band | ▪ *bant* |
| bandeja | das Tablett | ▪ *tablét* |
| bandera | die Fahne | ▪ *fáne* |
| bañador (de mujer) | der Badeanzug | ▪ *bádeantsuk* |
| (de hombre) | die Badehose | ▪ *bádejose* |
| bañarse | | |
| ► vamos a bañarnos | wollen wir baden gehen? | ▪ *vólen vía báden guéen?* |

| | | |
|---|---|---|
| **bañera** | die Badewanne | ▪ *bádevane* |
| **baño** | das Bad | ▪ *bat* |
| ▶ darse un baño | ein Bad nehmen | ▪ *ain bat némen* |
| **bar** | die Bar | ▪ *bar* |

> ⓘ En muchos de los locales conocidos como Brauhäuser y Weinstuben, a pesar de estar especializados en servir cerveza y vino respectivamente, también se sirven comidas. Existen fábricas de cerveza por todo el país, siempre sujetas a un rígido control de calidad. De manera simplificada, los vinos se pueden clasificar entre los de mesa (Tafelwein) y los de denominación de origen (Qualitätswein).

| | | |
|---|---|---|
| **barato(a)** | billig | ▪ *bílij* |
| **barca** | das Boot | ▪ *bot* |
| ▶ ¿podemos alquilar una barca? | können wir ein Boot ausleihen? | ▪ *kœnen vía ain bot áuslaien?* |
| **barco** (pequeño) | das Boot | ▪ *bot* |
| (grande) | das Schiff | ▪ *shif* |
| **barra** | der Tresen | ▪ *trésen* |
| ▶ barra de labios | der Lippenstift | ▪ *lípenshtift* |
| **barriga** | der Magen, | ▪ *máguen* |
| **barrio** | das Viertel | ▪ *fírtel* |
| ▶ barrio chino | das Rotlichtviertel | ▪ *rótlijt-fírtel* |
| **base** (lo fundamental) | die Grundlage | ▪ *grúntlague* |
| (parte inferior) | die Basis | ▪ *básis* |
| **bastante** (con s) | genug | ▪ *guenúk* |
| (con adj) | ziemlich | ▪ *tsímlij* |
| ▶ ¿tienes bastante dinero? | hast du genug Geld? | ▪ *jast du guenúk guelt?* |
| ▶ es bastante caro/cara | es ist ziemlich teuer | ▪ *es ist tsímlij tóia* |
| **basura** | der Abfall | ▪ *ápfal* |

> ⓘ Alemania fue el primer país en contar con un sistema de reciclaje organizado de basuras y actualmente se pueden encontrar contenedores para vidrio, papel, latas etc, por todos los rincones del país.

| | | |
|---|---|---|
| **batería** | die Batterie | ▪ *baterí* |
| **baúl** | der (große) Koffer | ▪ *(gróse) kófa* |
| **bebé** | das Baby | ▪ *bé(i)bi* |

| beber | trinken | ■ *trínken* |
|---|---|---|
| ► ¿qué quiere beber? | was möchten Sie trinken? | ■ *vás mœjten si trínken?* |
| ► ¿quiere beber algo? | möchten Sie etwas trinken? | ■ *mœjten si étvas trínken?* |
| bebida | das Getränk | ■ *guetrénk* |
| ► una bebida fría/caliente | ein kaltes/heißes Getränk | ■ *ain káltes/jáises guetrénk* |
| beicon | der Schinkenspeck | ■ *shínken-shpek* |
| béisbol | der Baseball | ■ *béisbol* |
| berenjena | die Aubergine | ■ *obershíne* |
| besar | küssen | ■ *kűsen* |
| beso | der Kuss | ■ *kus* |
| betún | die Schuhcreme | ■ *shúkreme* |
| biberón | die Saugflasche | ■ *sáukflashe* |
| biblioteca | die Bibliothek | ■ *biblioték* |
| bicicleta | das Fahrrad | ■ *fárrat* |
| ► nos gustaría pasear en bicicleta | wir möchten Rad fahren | ■ *vía mœjten rat fáren* |

(i) La bicicleta es un medio de transporte muy popular en Alemania. Numerosas carreteras locales tienen sus propios carriles para ellas y la mayoría de las ciudades tiene carriles-bici, así como "Radwanderwege", que son rutas de paseo especialmente diseñadas para los ciclistas.

| bien | gut | ■ *gut* |
|---|---|---|
| ► los frenos no van bien | die Bremsen funktionieren nicht richtig | ■ *di brémsen funktsioníren nijt ríjtij* |
| ► no está bien | ihm/ihr geht's nicht gut | ■ *im/ía guets nijt gut* |
| ► no sabe muy bien | es schmeckt nicht sehr gut | ■ *es shmekt nijt séa gut* |
| ► nos lo estamos pasando bien | wir amüsieren uns gut | ■ *vía amüsíren uns gut* |
| ► sí, eso está muy bien | ja, das ist sehr schön | ■ *ia, das ist séa shœn* |
| bienvenido(a) | willkommen | ■ *vilkómen* |
| bifurcación | die Kreuzung | ■ *króitsung* |
| bikini | der Bikini | ■ *bikíni* |
| bilingüe | zweisprachig | ■ *tsváishprajij* |
| billar | das Billard | ■ *biliárt* |

| billete *(entrada)* | die Karte | ■ *kárte* |
|---|---|---|
| *(moneda)* | der Schein | ■ *shain* |
| ▶ un billete de ida | eine einfache Fahrkarte | ■ *áine áinfaje fárkarte* |
| ▶ un billete de ida y vuelta | eine Rückfahrkarte | ■ *áine rűkfarkarte* |
| ▶ ¿me puede cambiar este billete? | können Sie mir diesen Schein wechseln? | ■ *kœnen si mía dísen shain véjseln?* |
| bistec | das Steak | ■ *shtek* |
| bisutería | der Modeschmuck | ■ *módeshmuk* |
| blanco(a) | weiß | ■ *vais* |
| ▶ vino blanco | der Weißwein | ■ *váisvain* |
| blando(a) | weich | ■ *vaij* |
| bloc | der Notizblock | ■ *notítsblok* |
| bloque de pisos | der Wohnblock | ■ *vónblok* |
| blusa | die Bluse | ■ *blúse* |
| boca | der Mund | ■ *munt* |
| bocacalle | | |
| ▶ la segunda bocacalle a la derecha | die zweite Straße rechts | ■ *di tsváite shtráse rejts* |
| bocadillo | das Sandwich | ■ *séndvich* |
| ▶ ¿qué bocadillos tiene? | was für Sandwichs haben Sie? | ■ *vas für séndvichs jáben si?* |
| boda | die Hochzeit | ■ *jójtsait* |
| ▶ hemos venido a una boda | wir sind zu einer Hochzeit gekommen | ■ *vía sint tsu áina jójtsait guekómen* |
| bodega | die Weinhandlung | ■ *váinjandlung* |
| bola | die Kugel | ■ *kúguel* |
| bolígrafo | der Kugelschreiber | ■ *kúguel-shráiba* |
| ▶ ¿tiene un bolígrafo para prestarme? | können Sie mir einen Kugelschreiber leihen? | ■ *kœnen si mía áinen kúguel-shráiba láien?* |
| bollo | das (süße) Brötchen | ■ *(sűse) brœtjen* |
| bolsa *(de viaje)* | die Reisetasche | ■ *ráisetashe* |
| *(de compra)* | die Tragetasche | ■ *tráguetashe* |
| ▶ ¿me da una bolsa, por favor? | könnte ich bitte eine Tragetasche bekommen? | ■ *kœnte ij bíte áine tráguetashe bekómen?* |
| ▶ bolsa de aseo | die Toilettentasche | ■ *tvalétentashe* |

Puntos básicos

| | | |
|---|---|---|
| **bolso** *(de mano)* | die Handtasche | ▪ *jándtashe* |
| *(de viaje)* | die Reisetasche | ▪ *ráisetashe* |
| ▶ me han robado el bolso | meine Handtasche ist gestohlen worden | ▪ *máine jándtashe ist gueshtólen vórden* |
| **bomba** | die Bombe | ▪ *bómbe* |
| **bombero(a)** | der Feuerwehrmann | ▪ *fóiaveaman* |
| | die Feuerwehrfrau | ▪ *fóiaveafrau* |
| ▶ (cuerpo de) bomberos | die Feuerwehr | ▪ *fóiavea* |
| ▶ coche de bomberos | das Feuerwehrauto | ▪ *fóiavea-áuto* |
| **bombilla** | die Glühbirne | ▪ *glűbirne* |
| **bombona** | | |
| ▶ una bombona de butano | eine Gasflasche | ▪ *gásflashe* |
| **bombones** | die Pralinen | ▪ *pralínen* |
| **bonito(a)** | | |
| *(día, costumbre)* | schön | ▪ *shœn* |
| *(cara, nombre)* | hübsch | ▪ *jüpsh* |
| **bonobús** | die Mehrfahrtenkarte (für den Bus) | ▪ *méafartenkarte (für den bus)* |
| **borracho(a)** | betrunken | ▪ *betrúnken* |
| **bosque** | der Wald | ▪ *valt* |
| **bota** | der Stiefel | ▪ *shtífel* |
| **bote**[1] *(tarro)* | die Dose | ▪ *dóse* |
| **bote**[2] *(barca)* | das Schlauchboot | ▪ *shláujbot* |
| ▶ bote salvavidas | das Rettungsboot | ▪ *rétungsbot* |
| **botella** | die Flasche | ▪ *fláshe* |
| ▶ una botella de agua mineral, por favor | eine Flasche Mineralwasser, bitte | ▪ *áine fláshe minerálvasa bite* |
| **botiquín** | der Verbandskasten | ▪ *férbantskasten* |
| **botón** | der Knopf | ▪ *knopf* |
| **bragas** | der Slip | ▪ *slip* |
| **brazo** | der Arm | ▪ *arm* |
| **brécol** | die Brokkoli | ▪ *brókoli* |
| **bricolaje** | das Basteln | ▪ *básteln* |
| **brillante** | leuchtend | ▪ *lóijtent* |

Español-Alemán

Alemán-Español

| | | |
|---|---|---|
| **broche** | die Brosche | ■ *bróshe* |
| **broma** | der Witz | ■ *vits* |
| **bronceado** | das Bräune | ■ *bróine* |
| **bronceador** | das Sonnenöl | ■ *sónenœl* |
| **broncearse** | sich sonnen | ■ *sij sónen* |
| **brújula** | der Kompass | ■ *kómpas* |
| **bucear** | tauchen | ■ *táujen* |
| ► vamos a bucear | wollen wir tauchen gehen? | ■ *vólen vía táujen guéen?* |
| **bueno(a)** | gut | ■ *gut* |
| ► ¿va a hacer buen tiempo? | wird das Wetter schön? | ■ *vírt das véta shœn?* |
| **bufanda** | der Schal | ■ *shal* |
| **bujía** | die Zündkerze | ■ *tsűntkertse* |
| **burro** | der Esel | ■ *ésel* |
| **buscar** | suchen | ■ *sújen* |
| ► buscamos hotel/ apartamento | wir suchen ein Hotel/ ein Appartement | ■ *vía sújen ain jotél/ ain apart(e)mán* |
| **butaca** | der Platz | ■ *plats* |
| ► querríamos reservar dos butacas para esta noche | wir möchten zwei Karten für heute Abend reservieren | ■ *vía mœjten tsvai kárten für jóite ábent reservíren* |
| **butano** | das Butangas | ■ *bután-gas* |
| **buzón** | der Briefkasten | ■ *brífkasten* |
| **caballa** | die Makrele | ■ *makréle* |
| **caballero** | der Herr | ■ *jer* |
| ► Caballeros | Herren | ■ *jéren* |
| **caballo** | das Pferd | ■ *pfert* |
| **cabaña** | die Hütte | ■ *jűte* |
| **cabaret** | das Varieté | ■ *varieté* |
| ► ¿dónde podemos ir a ver un cabaret? | wo gibt es hier ein Varieté? | ■ *vo guipt es jía ain varieté?* |
| **cabeza** | der Kopf | ■ *kopf* |
| ► me duele la cabeza | ich habe Kopfschmerzen | ■ *ij jábe kópf-shmertsen* |
| **cabina telefónica** | die Telefonzelle | ■ *telefóntsele* |
| **cable** | die Leitung | ■ *láitung* |
| **cacahuetes** | die Erdnüsse | ■ *értnüse* |

Puntos básicos

Español-Alemán

Alemán-Español

| | | |
|---|---|---|
| cacao | der Kakao | *kakáo* |
| cacerola | die Kasserolle | *kaseróle* |
| cactus | der Kaktus | *káktus* |
| cada | jede(r, s) | *iéde(r, s)* |
| ▸ cada año | jedes Jahr | *iédes iár* |
| ▸ cada día | täglich | *téklij* |
| cadena | die Kette | *kéte* |
| ▸ ¿hacen falta cadenas? | brauche ich Schneeketten? | *bráuje ij shnéketen?* |
| caducado(a) | | |
| (comida, pasaporte etc) | abgelaufen | *ápguelaufen* |
| (tecnología, ideas) | unmodern | *únmodern* |
| caducar | ablaufen | *áplaufen* |
| caer | fallen | *fálen* |
| caerse | hinfallen | *jínfalen* |
| café (lugar) | das Café | *kafé* |
| (bebida) | der Kaffee | *káfe* |
| ▸ café con leche | der Kaffee mit Milch | *káfe mit milj* |
| ▸ café descafeinado | der koffeinfreie Kaffee | *kofeínfraie káfe* |
| ▸ café instantáneo | der lösliche Kaffee | *lœslije káfe* |
| ▸ café solo | der schwarze Kaffee | *shvártse káfe* |

> (i) Son muy frecuentes las cafeterías donde se puede tomar café y una amplia variedad de dulces y pasteles. El café suele servirse solo, acompañado de una jarrita con nata.

| | | |
|---|---|---|
| cafetera | die Kaffeekanne | *káfekane* |
| cafetería | die Snackbar | *snákbar* |
| caja (en tienda) | die Kasse | *káse* |
| (recipiente) | die Kiste | *kíste* |
| ▸ caja fuerte | der Safe | *seif* |
| ▸ por favor, ponga esto en la caja fuerte del hotel | bitte legen Sie das in den Hotelsafe | *bíte léguen si das in den jotélseif* |
| cajero(a) | der Kassierer die Kassiererin | *kasíra kasírerin* |
| ▸ cajero automático | der Geldautomat | *guéltautomat* |
| calabacín | die Zucchini | *tsukíni* |
| calambre | der Krampf | *krampf* |
| ▸ me ha dado un calambre (en la pierna) | ich habe einen Krampf (im Bein) | *ij jábe áinen krampf (im bain)* |

| calcetines | die Socken | ■ sóken |
|---|---|---|
| calculadora | der Rechner | ■ réjna |
| calefacción | die Heizung | ■ jáitsung |
| ► no puedo apagar/ encender la calefacción | ich kann die Heizung nicht abstellen/ anstellen | ■ ij kan di jáitsung nijt ápshtelen/ ánshtelen |
| calendario | der Kalender | ■ kalénda |
| calentador | das Heizgerät | ■ jáitsgueret |
| ► calentador de agua | der Boiler | ■ bóila |
| ► el calentador no funciona | das Heizgerät funktioniert nicht | ■ das jáitsgueret funktsionírt nijt |
| calidad | die Qualität | ■ kvalitét |
| cálido(a) | warm | ■ varm |
| caliente | heiß | ■ jais |
| callar | schweigen | ■ shváiguen |
| calle | die Straße | ■ shtráse |
| ► coja la segunda/ tercera calle a la izquierda/derecha | biegen Sie in die zweite/dritte Straße links/rechts ein | ■ bíguen si in di tsváite/dríte shtráse links/rejts ain |
| callejero (mapa) | das Straßenverzeichnis | ■ shtrásenfertsaijnis |
| callos | die Kaldaunen (pl) | ■ kaldáunen |
| calmante | das Beruhigungsmittel | ■ berúigungsmitel |
| calor | | |
| ► hace mucho calor | es ist heiß | ■ es ist jais |
| ► tengo calor | mir ist heiß | ■ mía ist jais |
| calzoncillos | der Slip | ■ slip |
| cama | das Bett | ■ bet |
| ► cama elástica | das Trampolin | ■ trámpolin |
| ► cama doble | das Doppelbett | ■ dópelbet |
| ► cama individual | das Einzelbett | ■ áintselbet |
| ► cama plegable | die Campingliege | ■ kámpingligue |
| cámara | die Kamera | ■ kámera |
| ► cámara de vídeo | die Videokamera | ■ vídeokámera |
| camarera | | |
| (de bar, restaurante) | die Kellnerin | ■ kélnerin |
| (de hotel) | das Zimmermädchen | ■ tsímametjen |
| ► ¿cuándo viene la camarera? | wann kommt das Zimmermädchen? | ■ van komt das tsímametjen? |

| | | |
|---|---|---|
| **camarero** | der Kellner | ■ *kélna* |
| **camarón** | die Garnele | ■ *garnéle* |
| **camarote** | die Kabine | ■ *kabíne* |
| ▶ un camarote de primera/segunda clase | eine Kabine erster/zweiter Klasse | ■ *áine kabíne érsta/tsváita kláse* |
| **cambiar** *(modificar)* | ändern | ■ *éndern* |
| *(intercambiar)* | (um)tauschen | ■ *(úm)táushen* |
| ▶ quiero cambiar pesetas en marcos alemanes | ich möchte Peseten in D-Mark tauschen | ■ *ij mœjte peséten in démark táushen* |
| ▶ ¿dónde se puede cambiar dinero? | wo kann ich Geld wechseln? | ■ *vo kan ij guelt vékseln?* |
| ▶ ¿me cambia 100 marcos? | können Sie mir einen Hundertmarkschein wechseln? | ■ *kœnen si mía áinen júndertmark-shain vékseln?* |
| ▶ ¿dónde nos cambiamos? | wo können wir uns umziehen? | ■ *vo kœnen vía uns úmtsien?* |
| ▶ ¿dónde puedo cambiar al niño? | wo kann ich das Baby wickeln? | ■ *vo kan ij das bé(i)bi víkeln?* |
| ▶ ¿dónde tengo que cambiar? | wo muss ich umsteigen? | ■ *vo mus ij úmshtaiguen?* |
| ▶ por favor, ¿podría cambiar esto? | kann ich das bitte umtauschen? | ■ *kan ij das bite úmtaushen?* |
| ▶ ¿puedo cambiar la reserva? | kann ich umbuchen? | ■ *kan ij úmbujen?* |
| ▶ ¿va a cambiar el tiempo? | gibt es einen Wetterumschwung? | ■ *guipt es áinen véta-úmshvung?* |
| **cambio** *(dinero suelto)* | das Kleingeld | ■ *kláinguelt* |
| *(de moneda)* | das Wechselgeld | ■ *vékselguelt* |
| *(en coche)* | das Getriebe | ■ *guetríbe* |
| *(oficina de cambio)* | die Wechselstube | ■ *vékselshtube* |
| ▶ lo siento, no tengo cambio | ich kann leider nicht rausgeben | ■ *ij kan láida nijt ráusgueben* |

ⓘ Se puede cambiar dinero y cheques de viajes en casi todos los bancos y oficinas de cambio, llamadas "Wechselstuben".

| | | |
|---|---|---|
| **camino** *(ruta)* | der Weg | ■ *vek* |
| *(sendero)* | der Pfad | ■ *pfat* |
| ▶ ¿a dónde lleva este camino? | wohin führt dieser Weg? | ■ *vojín fürt dísa vek?* |
| **camión** | der Lastwagen | ■ *lástvaguen* |

| camisa | das Hemd | ▪ *jemt* |
|---|---|---|
| camiseta *(interior)* | das Unterhemd | ▪ *úntajemt* |
| *(exterior)* | das T-shirt | ▪ *ti-shirt* |
| camisón | das Nachthemd | ▪ *nájt-jemt* |
| cámping | der Campingplatz | ▪ *kámping-plats* |
| ▶ estamos buscando un cámping | wir suchen einen Campingplatz | ▪ *vía sújen áinen kámping-plats* |

> ⓘ El servicio y las condiciones de los cámpings suelen ser muy buenos. Es ilegal acampar en terrenos públicos no autorizados, pero se puede acampar en terrenos privados, siempre que se cuente con el permiso del propietario.

| campo *(no ciudad)* | das Land | ▪ *lant* |
|---|---|---|
| *(de cultivo, de juego)* | das Feld | ▪ *felt* |
| ▶ ¿hay algún campo de golf por aquí | gibt es hier in der Nähe einen Golfplatz? | ▪ *guipt es jía in déa née áinen gólfplats?* |
| canal | der Kanal | ▪ *kanál* |
| cancelar | stornieren | ▪ *shtorníren* |
| ▶ quiero cancelar la reserva | ich möchte meine Reservierung stornieren | ▪ *ij mǿjte máine reservírung shtorníren* |
| canción | das Lied | ▪ *lit* |
| cangrejo | die Krabbe | ▪ *krábe* |
| canguro | der Babysitter | ▪ *bé(i)bisita* |
| canoa | das Kanu | ▪ *kánu* |
| cansado(a) *(agotado)* | müde | ▪ *mǿde* |
| *(agotador)* | anstrengend | ▪ *ánshtrengent* |
| ▶ estoy cansado | ich bin müde | ▪ *ij bin mǿde* |
| cantar | singen | ▪ *síngen* |
| cantimplora | die Trinkflasche | ▪ *trínkflashe* |
| caña | | |
| ▶ una caña, por favor | ein Bier (vom Fass), bitte | ▪ *áin bía (fom fas) bíte* |
| ▶ caña de pescar | die Angelrute | ▪ *ángelrute* |
| capilla | die Kapelle | ▪ *kapéle* |
| capital | die Hauptstadt | ▪ *jáupt-shtat* |
| capitán | der Kapitän | ▪ *kapitén* |
| cara | das Gesicht | ▪ *guesíjt* |
| caramelos | die Süßigkeiten | ▪ *sǿsijkaiten* |

| caravana *(remolque)* | der Wohnwagen | ■ vónvaguen |
| ► ¿podemos aparcar la caravana aquí? | können wir unseren Wohnwagen hier hinstellen? | ■ kœnen vía únseren vónvaguen jía jínshtelen? |
| carburador | der Vergaser | ■ fergása |
| carburante | der Kraftstoff | ■ kráft-shtof |
| cárcel | das Gefängnis | ■ gueféngnis |
| cargar | | |
| ► cárguelo a la cuenta de la habitación | bitte setzen Sie es auf meine Rechnung | ■ bíte sétsen si es auf máine réjnung |
| carnaval | der Karneval | ■ kárneval |
| carne | das Fleisch | ■ flaish |
| ► no como carne | ich esse kein Fleisch | ■ ij ese kain flaish |
| ► carne picada | das Hackfleisch | ■ jákflaish |
| carnet | | |
| ► carnet de conducir | der Führerschein | ■ fűrershain |
| ► el número de mi carnet de conducir es ... | meine Führerscheinnummer ist ... | ■ máine fűrershain núma ist ... |
| ► carnet de identidad | der Personalausweis | ■ personálausvais |
| carnicería | die Fleischerei | ■ flaisherái |
| carnicero | der Fleischer | ■ fláisha |
| caro(a) | teuer | ■ tóia |
| ► quiero algo más caro | ich möchte gern etwas Teureres | ■ ij mœjte guern étvas tóireres |
| ► es demasiado caro | es ist zu teuer | ■ es ist tsu tóia |
| carrete | der Film | ■ film |
| ► necesito un carrete en color/en blanco y negro para esta cámara | ich brauche einen Farbfilm/Schwarzweißfilm für diese Kamera | ■ ij bráuje áinen fárpfilm/shvártsvaisfilm für díse kámera |
| ► el carrete se ha atascado | der Film klemmt | ■ déa film klemt |
| ► ¿puede revelar este carrete? | können Sie diesen Film entwickeln? | ■ kœnen si dísen film entvíkeln? |
| carretera | die (Land)straße | ■ (lánt)shtráse |
| ► ¿cuál es la carretera de ...? | welche Straße führt nach ...? | ■ vélje shtráse fürt naj ...? |
| ► ¿cuándo estará despejada la carretera? | wann wird die Straße frei sein? | ■ van virt di shtráse frai sain? |

| | | |
|---|---|---|
| ► ¿está bloqueada por la nieve la carretera a ...? | ist die Straße nach ... eingeschneit? | ■ *ist di shtráse naj ... áingueshnait?* |
| carril | die (Fahr)spur | ■ *(fár)shpúa* |
| carrito | der Kofferkuli | ■ *kófakuli* |
| ► ¿hay carritos para el equipaje? | gibt es hier Kofferkulis? | ■ *guipt es jía kófakulis?* |
| carta *(de naipes)* | die Karte | ■ *kárte* |
| *(en restaurante)* | die Speisekarte | ■ *shpáisekarte* |
| *(misiva)* | der Brief | ■ *brif* |
| ► ¿nos trae la carta? | könnten wir bitte die Karte haben? | ■ *kœnten vía bíte di kárte jáben?* |
| ► ¿nos trae la carta de vinos, por favor? | können wir bitte die Weinkarte haben? | ■ *kœnten vía bíte di váinkarte jáben?* |
| ► ¿hay alguna carta para mí? | ist Post für mich da? | ■ *ist post für mij da?* |
| ► ¿qué franqueo llevan las cartas para España? | wie viel kostet ein Brief nach Spanien? | ■ *vi fil kóstet ain brif naj shpánien?* |
| ► carta verde | die grüne Karte | ■ *grüne kárte* |
| ► cartas | die (Spiel)karten *(pl)* | ■ *shpílkarten* |
| cartera *(maletín)* | die Aktentasche | ■ *áktentashe* |
| *(billetera)* | die Brieftasche | ■ *bríftashe* |
| cartero(a) | der Briefträger | ■ *bríftrega* |
| | die Briefträgerin | ■ *bríftreguerin* |
| cartón | die Pappe | ■ *pápe* |
| ► un cartón de cigarrillos | eine Stange Zigaretten | ■ *áine shtánge tsigaréten* |
| casa *(hogar)* | das Zuhause | ■ *tsujáuse* |
| *(edificio)* | das Haus | ■ *jaus* |
| ► me voy a casa mañana/el martes | ich fahre morgen/ am Dienstag nach Hause | ■ *ij fáre mórguen/ am dínstak naj jáuse* |
| ► quiero irme a casa | ich will nach Hause | ■ *ij vil naj jáuse* |
| ► ¿cuándo te vas a casa? | wann fährst du nach Hause? | ■ *van ferst du naj jáuse?* |
| ► en casa *(dentro)* | zu Hause innen | ■ *tsu jáuse ínen* |
| casado(a) | verheiratet | ■ *ferjáiratet* |
| casarse | heiraten | ■ *jáiraten* |
| cascada | der Wasserfall | ■ *vásafall* |

**Puntos básicos**

| | | |
|---|---|---|
| casco | der Helm | ■ *jélm* |
| ► casco protector | der Schutzhelm | ■ *shútsjelm* |
| ► casco antiguo | die Altstadt | ■ *ált-shtat* |
| casero(a) | hausgemacht | ■ *jáusguemajt* |
| casete *(cinta)* | die Kassette | ■ *kaséte* |
| *(aparato)* | der Kassettenrekorder | ■ *kaséten-rekórda* |
| casi | fast | ■ *fast* |
| casino | das Kasino | ■ *kasíno* |
| castaña | die Kastanie | ■ *kastánie* |
| castillo | die Burg | ■ *burk* |
| ► ¿está abierto al público el castillo? | ist die Burg für die Öffentlichkeit zugänglich? | ■ *ist di burk für di œfentlijkait tsúguenglij?* |
| catarro | die Erkältung | ■ *erkéltung* |
| ► pillar un catarro | sich erkälten | ■ *sij erkélten* |
| catedral | der Dom | ■ *dom* |
| ► por favor, ¿por dónde se va a la catedral? | entschuldigen Sie bitte, wie komme ich zum Dom? | ■ *entshúldiguen si bíte, vi kóme ij tsum dom?* |
| católico(a) | katholisch | ■ *katólish* |
| catorce | vierzehn | ■ *fírtsen* |
| caviar | der Kaviar | ■ *káviar* |
| caza | die Jagd | ■ *iakt* |
| cazadora | die Jacke | ■ *iáke* |
| cebolla | die Zwiebel | ■ *tsvíbel* |

**Español-Alemán**

| | | |
|---|---|---|
| ceder | | |
| ► no cedió el paso | er hat die Vorfahrt nicht beachtet | ■ *éa jat di fórfart nijt beájtet* |
| ceja | die Augenbraue | ■ *áuguenbraue* |
| celo | das Klebeband | ■ *klébebant* |
| cementerio | der Friedhof | ■ *frítjof* |
| cena | das Abendessen | ■ *ábent-ésen* |
| cenar | zu Abend essen | ■ *tsu ábent ésen* |
| cenicero | der Aschenbecher | ■ *áshenbeja* |
| ► ¿me trae un cenicero? | kann ich bitte einen Aschenbecher haben? | ■ *kan ij bíte áinen áshenbeja jáben?* |
| centenario | das hundertjährige Jubiläum | ■ *júndat-iérigue iubiléum* |

**Alemán-Español**

| centímetro | der Zentimeter | ■ tsentiméta |
| central | Zentral- | ■ tsentrál |
| centralita | die Zentrale | ■ tsentrále |
| centro | das Zentrum | ■ tséntrum |
| ▶ ¿a qué distancia estamos del centro? | wie weit sind wir vom Zentrum? | ■ vì vait sint vía fom tséntrum? |
| ▶ centro comercial | das Einkaufszentrum | ■ áinkaufs-tséntrum |
| ▶ centro turístico | der Urlaubsort | ■ úrlaupsort |
| ▶ centro ciudad | das Stadtzentrum | ■ shtát-tsentrum |
| cepillo | Bürste | ■ bǘrste |
| ▶ cepillo (para el pelo) | die Haarbürste | ■ járbürste |
| ▶ cepillo para los zapatos | die Schuhbürste | ■ shúbürste |
| ▶ cepillo de dientes | die Zahnbürste | ■ tsánbürste |
| cera | das Wachs | ■ vaks |
| cerámica | die Keramik | ■ kerámik |
| cerca | in der Nähe | ■ in déa née |
| ▶ cerca del banco/ hotel | in der Nähe der Bank/ des Hotels | ■ in déa née déa bank/des jotéls |
| cercanías | die Umgebung | ■ umguébung |
| ▶ trenes de cercanías | die Nahverkehrszüge | ■ náferkers-tsüge |
| cercano(a) | nahe | ■ náe |
| cerdo (carne) (animal) | das Schweinefleisch das Schwein | ■ shváineflaish ■ shvain |
| cereales | die Getreideflocken | ■ guetráidefloken |
| cereza | die Kirsche | ■ kírshe |
| cerillas | die Streichhölzer (pl) | ■ shtráij-jœltsa |
| cero | null | ■ nul |
| cerrado(a) | geschlossen | ■ gueshlósen |
| cerradura | das Schloss | ■ shlos |
| ▶ la cerradura está rota | das Schloss ist kaputt | ■ das shlos ist kapút |
| cerrar | schließen | ■ shlísen |
| ▶ la puerta no se cierra | die Tür schließt nicht | ■ di tǘa shlist nijt |
| ▶ tenga la puerta cerrada con llave | halten Sie die Tür verschlossen | ■ jálten si di tǘa fershlósen |

| | | |
|---|---|---|
| ► ¿a qué hora cierran? | wann schließen Sie? | ▪ van shlísen si? |
| certificado(a) sm adj | die Bescheinigung eingeschrieben | ▪ besháinigung ▪ áingueshriben |
| ► carta certificada | das Einschreiben | ▪ áinshraiben |
| cerveza | das Bier | ▪ bía |
| césped | der Rasen | ▪ rásen |
| cesta | der Korb | ▪ korp |
| chaleco | die Weste | ▪ véste |
| ► chaleco salvavidas | die Schwimmweste | ▪ shvímveste |
| champán | der Champagner | ▪ shampánia |
| champiñon | der Champignon | ▪ shámpinion |
| champú | das Shampoo | ▪ shampú |
| chándal | der Jogginganzug | ▪ chóguing-ántsuk |
| chaqueta | die Jacke | ▪ iáke |

| | | |
|---|---|---|
| cheque | der Scheck | ▪ shek |
| ► quiero cobrar un cheque, por favor | ich möchte einen Scheck einlösen, bitte | ▪ ij mœjte áinen shek áinlœsen bíte |
| ► ¿puedo pagar con un cheque? | kann ich mit Scheck zahlen? | ▪ kan ij mit shek tsálen? |
| ► ¿aceptan cheques de viaje? | nehmen Sie Reiseschecks an? | ▪ néhmen si ráisesheks an? |
| ► quiero cambiar estos cheques de viaje | ich möchte gern diese Reiseschecks einlösen | ▪ ij mœjte guern díse ráisesheks áinlœsen |
| ► ¿puedo cambiar mis cheques de viaje aquí? | kann ich hier meine Reiseschecks einlösen? | ▪ kan ij jía máine ráisesheks áinlœsen? |
| chica | das Mädchen | ▪ métjen |
| chicle | der Kaugummi | ▪ káugumi |
| chico | der Junge | ▪ iúnge |
| chimenea (fogón) (en tejado) | der Kamin der Schornstein | ▪ kamín ▪ shórn-shtain |
| chiste | der Witz | ▪ vits |

| | | |
|---|---|---|
| chocar | | |
| ► he chocado con el coche | ich habe gerade einen Autounfall gehabt | ▪ ij jábe gueráde áinen áutounfal guejábt |
| chocolate | die Schokolade | ▪ shokoláde |
| ► una tableta de chocolate | eine Tafel Schokolade | ▪ áine táfel shokoláde |

| | | |
|---|---|---|
| chubasco | der Schauer | ▪ *sháua* |
| chubasquero | der Regenhaut | ▪ *réguenjaut* |
| chuleta | das Kotelett | ▪ *kotelét* |
| ► una chuleta de cerdo/cordero | ein Schweinskotelett/ Lämmkotelett | ▪ *ain shváinskotelet/ lámkotelet* |
| chupete | der Schnuller | ▪ *shnúla* |
| cicatriz | die Narbe | ▪ *nárbe* |
| ciclismo | das Radfahren | ▪ *rádfaren* |
| ciclista | der Radfahrer die Radfahrerin | ▪ *rátfara* ▪ *rátfarerin* |
| ciego(a) | blind | ▪ *blint* |
| cielo | der Himmel | ▪ *jímel* |
| cien(to) | hundert | ▪ *júndat* |
| ► unas cien personas | etwa hundert Personen | ▪ *étva júndat persónen* |
| cierto(a) | sicher | ▪ *síja* |
| ► cierta gente | bestimmte Leute | ▪ *beshtímte lóite* |
| cigarrillo | die Zigarette | ▪ *tsigaréte* |
| ► un paquete de cigarrillos | eine Schachtel Zigaretten | ▪ *áine shájtel tsigaréten* |
| cigarro | die Zigarre | ▪ *tsigáre* |
| cima | der Gipfel | ▪ *guípfel* |
| cinco | fünf | ▪ *fünf* |
| cincuenta | fünfzig | ▪ *fűnftsij* |
| cine | das Kino | ▪ *kíno* |
| ► ¿qué ponen en el cine? | was läuft im Kino? | ▪ *vas loift im kíno?* |
| cinta *(video)* | das Band | ▪ *bant* |
| ► cinta adhesiva | das Klebeband | ▪ *klébebant* |
| ► necesito cinta adhesiva | ich brauche etwas Klebeband | ▪ *ij bráuje étvas klébebant* |
| cintura | die Taille | ▪ *tálie* |
| cinturón | der Gürtel | ▪ *gűrtel* |
| ► cinturón de seguridad | der Sicherheitsgurt | ▪ *síjerjaits-gurt* |
| cinturón- monedero | die Gürteltasche | ▪ *gűrteltashe* |
| circo | der Zirkus | ▪ *tsírkus* |

| circulación | der Verkehr | ferkéa |
| circunvalación | | |
| ► carretera de circunvalación | die Umgehungsstraße | úmgueungs-shtrase |
| ciruela | die Pflaume | pfláume |
| ► ciruelas pasas | die Backpflaumen | bák-pflaumen |
| cirugía | die Chirurgie | jirurguí |
| cisterna | | |
| ► la cisterna del wáter no funciona | der Spülkasten funktioniert nicht | déa shpúlkasten funktsionírt nijt |
| cita (encuentro privado) | die Verabredung | ferápredung |
| (encuentro oficial) | der Termin | termín |
| ► tengo una cita con ... | ich habe einen Termin mit ... | ij jábe áinen termín mit ... |
| ► ¿podría darme cita, por favor? | können Sie mir bitte einen Termin geben? | kœnen si mía bíte áinen termín guében? |
| ciudad | die Stadt | shtat |
| claro(a) | hell | jel |
| ► azul/verde claro | hellblau/hellgrün | jélblau/jélgrün |
| ► ¡claro! | natürlich! | natúrlij! |
| clase (tipo) | die Art | art |
| (lección) | die Unterrichtsstunde | únterijts-stúnde |
| (avion, tren) | die Klasse | kláse |
| ► ¿organizan clases de esquí? | arrangieren Sie Skiunterricht? | aranshíren si shíunterijt? |
| ► clase turista | die Touristenklasse | turístenklase |
| ► primera clase | erste Klasse | érste kláse |
| clavo (de metal) | der Nagel | náguel |
| (especia) | die Gewürznelke | guevúrtsnelke |
| cliente | der Kunde | kúnde |
| | die Kundin | kúndin |
| clima | das Klima | klíma |
| climatizado(a) | klimatisiert | klimatisírt |
| clínica | die Klinik | klínik |
| club | der Club | klup |
| ► un club nocturno | ein Nachtklub | ain nájtklub |
| cobrador | der Schaffner | sháfna |
| cobrar (cheque) | einlösen | áinlœsen |

| | | |
|---|---|---|
| ▶ ¿puedo cobrar un cheque? | kann ich einen Scheck einlösen? | ■ *kan ij áinen shek áinlœsen?* |
| ▶ me han cobrado de más | man hat mir zu viel berechnet | ■ *man jat mía tsu fil beréjnet* |
| ▶ ¿cobran por el servicio? | gibt es einen Bedienzuschlag? | ■ *guipt es áinen bedíntsushlak?* |
| **cobro** | | |
| ▶ quiero llamar a cobro revertido | ich möchte ein R-Gespräch anmelden | ■ *ij mœjte áin érgueshprej ánmelden* |
| **Coca-Cola®** | die (Coca-)Cola® | ■ *(kóka-)kóla* |
| **cocer** | kochen | ■ *kójen* |
| **coche** | das Auto | ■ *áuto* |
| ▶ me han forzado la cerradura del coche | mein Auto ist aufgebrochen worden | ■ *main áuto ist áufguebrojen vórden* |
| ▶ quiero alquilar un coche | ich möchte ein Auto mieten | ■ *ij mœjte ain áuto míten* |
| ▶ se me ha averiado el coche | mein Auto hat eine Panne | ■ *main áuto jat áine páne* |
| **coche-cama** | der Schlafwagen | ■ *shláfvaguen* |
| **coche-comedor** | der Speisewagen | ■ *shpáisevaguen* |
| **cocido(a)** | gekocht | ■ *guekójt* |
| **cocina** *(aparato)* | der Herd | ■ *jert* |
| *(cuarto)* | die Küche | ■ *kǘje* |
| ▶ ¿cómo funciona la cocina? | wie funktioniert der Herd? | ■ *vi funktsionírt déa jert?* |
| **cocinar** | kochen | ■ *kójen* |
| **coco** | die Kokosnuss | ■ *kókosnus* |
| **cóctel** | der Cocktail | ■ *kóktel* |
| **código** *(de señales)* | der Code | ■ *kóde* |
| *(jurídico)* | das Gesetzbuch | ■ *guesétsbuj* |
| ▶ el Código Civil | das Bürgerliche Gesetzbuch | ■ *bǘrguerlije guesétsbuj* |
| ▶ código de circulación | die Straßen- verkehrsordnung | ■ *shtrásen- ferkérsordnung* |
| ▶ código postal | die Postleitzahl | ■ *póstlait-tsal* |
| **codo** | der Ellbogen | ■ *élboguen* |
| **coger** | nehmen | ■ *némen* |
| ▶ ¿dónde se coge el transbordador para ...? | wo können wir die Fähre nach ... nehmen? | ■ *vo kœnen vía di fére naj ... néhmen?* |

**Puntos básicos**

| | | |
|---|---|---|
| ► ¡coge si quieres! | bedien dich! | ● *bedín dij* |
| cojín | das Kissen | ● *kísen* |
| cojo(a) | wacklig | ● *váklij* |
| col | der Kohl | ● *kol* |
| cola (pegamento) | der Leim | ● *laim* |
| (fila) | die Schlange | ● *shlánge* |
| ► ¿es usted el último de la cola? | sind Sie der letzte in der Schlange? | ● *sint si déa létste in déa shlánge?* |
| colada | die Wäsche | ● *véshe* |
| colador | das Sieb | ● *sip* |
| colchón | die Matratze | ● *matrátse* |
| ► colchón inflable/ neumático | die Luftmatratze | ● *lúftmatratse* |
| colegio (escuela) | die Schule | ● *shúle* |
| coliflor | der Blumenkohl | ● *blúmenkol* |
| colina | der Hügel | ● *júguel* |
| colirio | die Augentropfen (pl) | ● *áuguentropfen* |
| colisionar | zusammenstoßen | ● *tsusámen-shtosen* |
| colitis | die Dickdarment- zündung | ● *díkdarmentsündung* |
| collar | die Halskette | ● *jálskete* |

**Español-Alemán**

| | | |
|---|---|---|
| colonia | | |
| ► (agua de) colonia | das Kölnischwasser | ● *kœlnish-vása* |
| color | die Farbe | ● *fárbe* |
| ► no me gusta el color | mir gefällt die Farbe nicht | ● *mía guefélt di fárbe nijt* |
| ► ¿lo tiene en otro color? | haben Sie es in einer anderen Farbe? | ● *jáben si es in áina ánderen fárbe?* |
| ► necesito un carrete en color para esta cámara | ich brauche einen Farbfilm für diese Kamera | ● *ij bráuje áinen fárpfilm für díse kámera* |
| ► una televisión en color | ein Farbfernseher | ● *ain fárp-fernsea* |
| ► color naranja | orange | ● *oránsh* |
| columna (arquitectura) | die Säule | ● *sóile* |
| ► columna vertebral | die Wirbelsäule | ● *vírbelsoile* |
| combinación | die Verbindung | ● *ferbíndung* |
| ► perdí la combinación | ich habe meinen Anschluss verpasst | ● *ij jábe máinen ánshlus ferpást* |

**Alemán-Español**

| combustible | der Kraftstoff | ■ kráft-shtof |
| comedor | das Esszimmer | ■ és-tsíma |
| comenzar | beginnen | ■ beguínen |
| comer | essen | ■ ésen |
| ➤ no como carne | ich esse kein Fleisch | ■ ij ése kain flaish |
| ➤ ¿dónde puedo dar de comer al niño? | wo kann ich das Baby füttern? | ■ vo kan ij das bé(i)bi fútern? |
| ➤ ¿quiere algo de comer? | möchten Sie etwas essen? | ■ mœjten si étvas ésen? |
| comida (almuerzo) (acción) | das Mittagessen das Essen | ■ mítakesen ■ ésen |
| ➤ ¿qué hay de comida? | was gibt es zum Mittagessen? | ■ vas guipt es tsum mítakesen? |
| ➤ comida rápida | das Fast Food | ■ fast fut |
| comisaría | | |
| ➤ ¿dónde está la comisaría (de policía)? | wo ist das Polizeirevier? | ■ vo ist das politsáirevia? |
| comisión | die Provision | ■ provisión |
| ➤ ¿cuánto se llevan de comisión? | wie viel Provision nehmen Sie? | ■ vi fil provisión némen si? |
| como | wie | ■ vi |
| ➤ como usted | wie Sie | ■ vi si |
| cómo | wie | ■ vi |
| ➤ ¿a cómo está la peseta? | wie ist der Wechselkurs der Pesete? | ■ vi ist déa vékselkurs déa peséte? |
| ➤ ¿cómo se dice ...? | wie heißt ...? | ■ vi jáist ...? |
| ➤ ¿cómo te encuentras ahora? | wie fühlst du dich jetzt? | ■ vi fülst du dij ietst? |
| cómodo(a) | bequem | ■ bekvém |
| compact (disc) | die CD | ■ tsedé |
| compañía | die Gesellschaft | ■ guesélshaft |
| ➤ compañía aérea | die Fluggesellschaft | ■ flúkgueselshaft |
| compartimento | das Abteil | ■ aptáil |
| compartir | teilen | ■ táilen |
| ➤ podemos compartir un taxi | wir könnten uns ein Taxi teilen | ■ vía kœnten uns ain táksi táilen |
| completo(a) | komplett | ■ komplét |

## compra

| | | |
|---|---|---|
| ► ir de compras | einkaufen gehen | ■ *áinkaufen guéen* |
| **comprar** | kaufen | ■ *káufen* |
| ► ¿dónde se compran las entradas? | wo kann ich die Karten kaufen? | ■ *vo kan ij di kárten káufen?* |
| ► ¿dónde se pueden comprar postales? | wo kann ich Ansichtskarten kaufen? | ■ *vo kan ij ánsijtskarten káufen?* |
| **comprender** | verstehen | ■ *fershtéen* |
| **compresas** | die Damenbinden | ■ *dámenbinden* |
| **comprobante** | die Quittung | ■ *kvítung* |
| **comunicar** | | |
| ► está comunicando | es ist besetzt | ■ *es ist beséts* |
| **Comunidad Europea** | die Europäische Gemeinschaft | ■ *oiropéishe guemáinshaft* |
| **comunión** | die Kommunion | ■ *komunión* |
| **con** | mit | ■ *mit* |
| ► con filtro | Filter- | ■ *fílta* |
| ► con hielo | eisgekühlt | ■ *áisguekült* |
| **concierto** | das Konzert | ■ *kontsért* |
| **concurso** | der Wettbewerb | ■ *vétbeverp* |
| **condón** | das Kondom | ■ *kondóm* |
| ► un paquete de condones | eine Packung Kondome | ■ *áine pákung kondóme* |
| **conducir** | fahren | ■ *fáren* |
| ► conducía demasiado deprisa | er/sie fuhr zu schnell | ■ *éa/si fúa tsu shnel* |

ⓘ Es obligatorio llevar el cinturón de seguridad tanto en los asientos delanteros como en los traseros y los menores de 12 años deben viajar en el asiento trasero, provistos de unos asientos adaptados a su edad. La policía puede poner una multa por infringir las normas de tráfico.

Los límites de velocidad son de 50km/h en los núcleos de población y de 100km/h en las carreteras secundarias. No existe un límite específico para las autopistas (Autobahnen) aunque se recomienda circular a un máximo de 130km/h y en algunos tramos se debe ir a una velocidad limitada.

| **conductor(a)** | der Fahrer | ■ *fára* |
| | die Fahrerin | ■ *fárerin* |
| **conectar** | verbinden | ■ *ferbínden* |

| | | |
|---|---|---|
| **conejo** | das Kaninchen | ▪ *kanínjen* |
| **conferencia** | die Konferenz | ▪ *konferénts* |
| **confesión** | die Konfession | ▪ *konfesión* |
| **confirmar** | bestätigen | ▪ *beshtétiguen* |
| **congelado(a)** | gefroren | ▪ *guefróren* |
| **congelador** | die Tiefkühltruhe | ▪ *tífkültrue* |
| **conmigo** | mit mir | ▪ *mit mía* |
| **conocer** | kennen | ▪ *kénen* |
| ▸ ¿conoces a José? | kennst du José? | ▪ *kenst du josé?* |
| **consigna** | die Gepäckaufbe-wahrung | ▪ *guepék-aufbevárung* |
| ▸ consigna automática | das (Gepäck-) schließfach | ▪ *(guepék)shlísfaj* |
| ▸ ¿hay consignas automáticas para el equipaje? | gibt es hier Gepäckschließfächer? | ▪ *guipt es jía guepék-shlisféja?* |
| **consulado** | das Konsulat | ▪ *konsulát* |
| ▸ ¿dónde está el Consulado español? | wo ist das spanische Konsulat? | ▪ *vo ist das shpánishe konsulát?* |
| **contacto** | | |
| ▸ ¿dónde puedo ponerme en con-tacto con usted? | wo kann ich Sie erreichen? | ▪ *vo kan ij si eráijen?* |
| **contado** | | |
| ▸ al contado | bar | ▪ *bar* |
| **contador** | der Zähler | ▪ *tséla* |
| ▸ por favor, ¿tiene cambio para el contador? | haben Sie Kleingeld für den Zähler? | ▪ *jáben si kláinguelt für den tséla?* |
| ▸ el contador está roto | der Zähler ist kaputt | ▪ *déa tséla ist kapút* |
| **contagioso(a)** | ansteckend | ▪ *ánshtekent* |
| **contaminado(a)** | verschmutzt | ▪ *fershmútst* |
| **contar** *(hacer cuentas)* | zählen | ▪ *tsélen* |
| *(narrar)* | erzählen | ▪ *ertsélen* |
| **contener** | beinhalten | ▪ *beínjalten* |
| **contento(a)** | zufrieden | ▪ *tsufríden* |
| ▸ no estoy contento con ... | ich bin mit ... nicht zufrieden | ▪ *ij bin mit ... nijt tsufríden* |

| contestar | | |
|---|---|---|
| ▶ no contestan | es geht niemand ran | *es guet nímant ran* |
| contra | gegen | *guéguen* |
| contrato | der Vertrag | *fertrák* |
| control *(eléctrico)* | die Steuerung | *shtóierung* |
| *(de seguridad)* | die Kontrolle | *kontróle* |
| controlar *(eléctrico)* | steuern | *shtóiern* |
| *(por seguridad)* | kontrollieren | *kontrolíren* |
| coñac | der Kognak | *kóniak* |
| ▶ tráigame un coñac | ich hätte gern einen Kognak | *ij jéte guern áinen kóniak* |
| copa | das Glas | *glas* |
| copia | die Kopie | *kopí* |
| ▶ cuatro copias, por favor | vier Kopien, bitte | *fía kopíen bite* |
| ▶ quiero hacer una copia de este documento | ich möchte dieses Dokument kopieren | *ij mœjte díses dokumént kopíren* |
| copiar | kopieren | *kopíren* |
| corazón | das Herz | *jerts* |
| ▶ padezco del corazón | ich bin herzkrank | *ij bin jértskrank* |
| corbata | die Krawatte | *kraváte* |
| cordero *(carne)* | das Lammfleisch | *lámflaish* |
| cordones | die Schnürsenkel | *shnǘrsenkel* |
| correa | der Riemen | *rímen* |
| correcto(a) | korrekt | *korékt* |
| correo | die Post | *post* |
| ▶ correo aéreo | die Luftpost | *lúftpost* |
| ▶ correo electrónico | die E-Mail | *ímeil* |
| ▶ correo urgente | die Eilzustellung | *áil-tsushtelung* |
| correos | das Postamt | *póstamt* |

ⓘ El horario de atención al público de las principales oficinas es de 08:00 a 18:00 de lunes a viernes y de 08:00 a 12:00 los sábados.

| correr | | |
|---|---|---|
| ▶ ir a correr | joggen gehen | *tshóguen guéen* |
| corriente *(de agua)* | die Strömung | *shtrœmung* |
| *(de aire)* | der Durchzug | *dúrjtsuk* |

| | | |
|---|---|---|
| ▶ ¿hay corrientes fuertes? | gibt es hier starke Strömungen? | ■ *guipt es jía shtárke shtrǿmungen?* |
| **cortar** | schneiden | ■ *shnáiden* |
| ▶ se ha cortado | er/sie hat sich geschnitten | ■ *éa/si jat sij gueshníten* |
| **cortaúñas** | die Nagelzwicker | ■ *náagueltsvika* |
| **corte** | der Schnitt | ■ *shnit* |
| ▶ corte y secado a mano, por favor | einmal Schneiden und Föhnen, bitte | ■ *áinmal shnáiden unt fǿnen bite* |
| **cortisona** | das Kortison | ■ *kortisón* |
| **corto(a)** | kurz | ■ *kurts* |
| **cosa** | das Ding | ■ *ding* |
| **cosméticos** | die Kosmetika | ■ *kosmétika* |
| **costa** | die Küste | ■ *kǘste* |
| **costar** | kosten | ■ *kósten* |
| ▶ cuesta demasiado | es kostet zu viel | ■ *es kóstet tsu vil* |
| **creer** | glauben | ■ *gláuben* |
| ▶ creo que sí | ich glaube schon | ■ *ij gláube shon* |
| **crema** | die Creme | ■ *krem* |
| ▶ crema facial | die Gesichtscreme | ■ *guesíjtskrem* |
| ▶ crema limpiadora | die Reinigungscreme | ■ *ráinigungskrem* |
| **cremallera** | der Reißverschluss | ■ *ráisfershlus* |
| **cristal** | das Glas | ■ *glas* |
| **cristiano(a)** | christlich | ■ *krístlij* |
| **croissant** | das Hörnchen | ■ *jǿrnjen* |
| **croqueta** | die Krokette | ■ *krokéte* |
| **cruce** | die Kreuzung | ■ *krǿitsung* |
| **crucero** | die Kreuzfahrt | ■ *krǿitsfart* |
| **crudo(a)** | roh | ■ *ro* |
| **cruz** | das Kreuz | ■ *kroits* |
| ▶ Cruz Roja | das Rote Kreuz | ■ *róte kroits* |
| **cruzar** | überqueren | ■ *übakvéren* |
| **cuadro** | das Bild | ■ *bilt* |
| **cuál** | welche(r, s) | ■ *vélje(r, s)* |
| **cualquier** | jede(r, s) | ■ *iéde(r, s)* |
| **cualquiera** | | |
| ▶ cualquiera de los dos | jede(r, s) von den beiden | ■ *iéde(r, s) fon den báiden* |

Puntos básicos

| cuando | wenn | ■ ven |
| | als | ■ als |
| ▶ avíseme cuando llegue el Sr. ... | sagen Sie mir bitte Bescheid, wenn Herr ... kommt | ■ ságuen si mía bíte besháit ven jér ... komt |
| ▶ cuando estuve en Berlín ... | als ich in Berlin war ... | ■ als ij in berlín var ... |
| ¿cuándo? | wann? | ■ van? |
| cuanto | | |
| ▶ en cuanto sea posible | so bald wie möglich | ■ so balt vi mǽglij |
| cuánto | | |
| ▶ ¿cuánto cuesta el trayecto hasta el centro? | wie viel kostet eine Fahrt ins Stadtzentrum? | ■ vi fil kóstet áine fart ins shtáttsentrum? |
| cuarenta | vierzig | ■ fírtsij |
| cuarentena | die Quarantäne | ■ karanténe |
| cuarto¹ (partitivo) | das Viertel | ■ fírtel |
| ▶ las diez menos cuarto | Viertel vor zehn | ■ fírtel fóa tsen |
| ▶ las tres y cuarto | Viertel nach drei | ■ fírtel naj drai |
| cuarto² | das Zimmer | ■ tsíma |
| ▶ cuarto de baño | das Badezimmer | ■ bádetsima |
| cuatro | vier | ■ fia |
| cubierta | das Deck | ■ dek |
| ▶ ¿podemos salir a cubierta? | können wir an Deck gehen? | ■ kǿnen vía an dek guéen? |
| cubierto(a) | | |
| ▶ piscina cubierta | die Schwimmhalle | ■ shvímjale |
| ▶ tenis en pista cubierta | die Tennishalle | ■ ténisjale |

Español-Alemán

| cubiertos | das Besteck | ■ beshték |
| cubito de hielo | der Eiswürfel | ■ áisvürfel |
| cubo | der Eimer | ■ áima |
| ▶ cubo de la basura | der Mülleimer | ■ mǘlaima |
| cucaracha | die Kakerlake | ■ kakaláke |
| cuchara | der Löffel | ■ lǿfel |
| cucharilla | der Teelöffel | ■ télœfel |
| cuchillo | das Messer | ■ mésa |

Alemán-Español

| | | |
|---|---|---|
| **cuello** | der Hals | ■ *jals* |
| **cuenta** | die Rechnung | ■ *réjnung* |
| ▶ **la cuenta, por favor** | die Rechnung bitte | ■ *di réjnung bíte* |
| ▶ **cuenta corriente** | das Girokonto | ■ *shírokonto* |
| **cuerda** | das Seil | ■ *sail* |
| **cuero** | das Leder | ■ *léda* |
| **cuerpo** | der Körper | ■ *kœrpa* |
| **cueva** | die Höhle | ■ *jœle* |
| **¡cuidado!** | Vorsicht! | ■ *fórsijt!* |
| **cuidadoso(a)** | vorsichtig | ■ *fórsijtij* |
| **cuidar** | aufpassen auf | ■ *áufpasen auf* |
| ▶ **necesito a alguien que me cuide a los niños esta noche** | ich brauche jemanden, der sich heute Abend um die Kinder kümmert | ■ *ij bráuje iémanden déa sij jóite ábent um di kínda kűmert* |
| **culo** | der Hintern | ■ *jíntern* |
| **culpa** | die Schuld | ■ *shult* |
| ▶ **no fue culpa mía** | das war nicht meine Schuld | ■ *das var nijt máine shult* |
| **cumpleaños** | der Geburtstag | ■ *guebúrtstak* |
| **cuna** | das Kinderbett | ■ *kíndabet* |
| ▶ **¿tienen una cuna para el niño?** | haben Sie ein Kinderbett für das Baby? | ■ *jáben si ain kíndabet für das bé(i)bi?* |
| **cuñada** | die Schwägerin | ■ *shvéguerin* |
| **cuñado** | der Schwager | ■ *shvága* |
| **cura** *sm* | der Priester | ■ *prísta* |
| **curarse** | gesund werden | ■ *guesúnt vérden* |
| **curioso(a)** *(extraño)* | kurios | ■ *kuriós* |
| **curva** | die Kurve | ■ *kúrve* |
| **damas** *(juego)* | Dame | ■ *dáme* |
| **daño** | | |
| ▶ **se ha hecho daño** | er hat sich verletzt | ■ *éa jat sij ferlétst* |
| ▶ **se ha hecho daño en la pierna/el brazo** | er hat sich am Bein/ Arm verletzt | ■ *éa jat sij am bain/arm ferlétst* |
| **dar** | geben | ■ *guében* |
| **de** *(procedencia)* | aus | ■ *aus* |
|    *(pertenencia)* | von | ■ *fon* |

Puntos básicos

Español-Alemán

Alemán-Español

| debajo | unter | ▪ *únta* |
|---|---|---|
| ► debajo de | unter | ▪ *únta* |
| deber | schulden | ▪ *shúlden* |
| ► ¿qué le debo? | was schulde ich Ihnen? | ▪ *vas shúlde ij ínen?* |
| ► le debo ... | ich schulde Ihnen ... | ▪ *ij shúlde ínen ...* |
| ► debe de haber un error | da muss ein Irrtum vorliegen | ▪ *da mus ain írtum fórliguen* |
| débil | schwach | ▪ *shvaj* |
| décimo(a) | zehnte(r, s) | ▪ *tsénte(r, s)* |
| decir | sagen | ▪ *ságuen* |
| ► decir a alguien | jemandem sagen | ▪ *iémandem ságuen* |
| ► querer decir | bedeuten | ▪ *bedóiten* |
| ► ¿qué quiere decir esto? | was bedeutet das? | ▪ *vas bedóitet das?* |
| ► ¿diga? | hallo | ▪ *jaló* |
| declarar | erklären | ▪ *erkléren* |
| ► no tengo nada que declarar | ich habe nichts zu verzollen | ▪ *ij jábe nijts tsu fertsólen* |
| dedo | der Finger | ▪ *finga* |
| ► dedo del pie | die Fußzehe | ▪ *fús-tse* |
| dejar *(abandonar)* | verlassen | ▪ *ferlásen* |
| *(colocar horizontalmente)* | legen | ▪ *léguen* |
| *(colocar de pie)* | stellen | ▪ *shtélen* |
| ► me dejé las bolsas en el taxi | ich habe meine Taschen im Taxi gelassen | ▪ *ij jábe máine táshen im táksi guelásen* |
| ► me dejé las llaves en el coche | ich habe die Schlüssel im Auto gelassen | ▪ *ij jábe di shlúsel im áuto guelásen* |
| ► me han dejado atrás | ich bin zurückgelassen worden | ▪ *ij bin tsurúk-guelasen vórden* |
| ► déjelo ahí, por favor | stellen Sie es bitte dort drüben hin | ▪ *shtélen si es bíte dort drúben jin* |
| ► déjeme aquí, por favor | lassen Sie mich bitte hier aussteigen | ▪ *lásen si mij bíte hia áusshtaiguen* |
| delante | vorn | ▪ *forn* |
| ► delante de | vor | ▪ *fóa* |
| deletrear | buchstabieren | ▪ *bujshtabíren* |
| delgado(a) | dünn | ▪ *dün* |
| delicioso(a) | köstlich | ▪ *kǽstlij* |

**Puntos básicos**

**demás**
- los demás — die anderen — *di ánderen*

**demasiado**
- eso es demasiado — das ist zu viel — *das ist tsu fil*
- es demasiado grande — es ist zu groß — *es ist tsu gros*

**dentadura postiza** — das Gebiss — *guebís*
- necesito que me arreglen la dentadura postiza — mein Gebiss muss repariert werden — *main guebís mus reparírt vérden*

**dentífrico** — die Zahncreme — *tsánkreme*

**dentista** — der Zahnarzt — *tsánarts*
- necesito que me vea (urgentemente) el dentista — ich muss (dringend) zum Zahnarzt — *ij mus (dríngent) tsum tsánarts*

**dentro** — innen — *ínen*
- dentro de media hora — in einer halben Stunde — *in áina jálben shtúnde*

**departamento**
*(de empresa)* — die Abteilung — *aptáilung*
*(de tren)* — das Abteil — *aptáil*

**depender** — abhängen — *ápjengen*
- depende de ti — wie du möchtest — *vi du mœjtest*

**dependiente(a)** — der Verkäufer — *ferkóifa*
          die Verkäuferin — *ferkóiferin*

**deporte** — der Sport — *shport*

**deportista** — der Sportler — *shpórtla*
          die Sportlerin — *shpórtlerin*

**derecha** *sf*
- a la derecha — rechts — *rejts*

**derecho(a)** *adj* — rechte(r, s) — *réjte(r, s)*

**desalojar** — räumen — *róimen*
- ¿cuándo tengo que desalojar la habitación? — wann muss ich das Zimmer räumen? — *van mus ij das tsíma róimen?*

**desaparecer**
- mi hijo ha desaparecido — mein Sohn ist verschwunden — *main son ist fershvúnden*

**desarrollar** — entwickeln — *entvíkeln*

**desayuno** — das Frühstück — *frúshtük*

**Español-Alemán**

**Alemán-Español**

| | | |
|---|---|---|
| ▶ ¿a qué hora es el desayuno? | wann gibt es Frühstück? | ■ *van guipt es frúshtük?* |
| ▶ ¿pueden traernos el desayuno a la habitación? | können wir in unserem Zimmer frühstücken? | ■ *kœnen vía in únserem tsíma frúshtüken?* |
| ▶ desayuno incluido | einschließlich Frühstück | ■ *áinshlislij frúshtük* |

(i) El desayuno suele consistir en tostadas o bollos con mermelada y queso y/o embutidos.

| | | |
|---|---|---|
| descansar | ausruhen | ■ *áusruen* |
| descanso | die Pause | ■ *páuse* |
| descongelar | abtauen | ■ *áptauen* |
| descuento | der Rabatt | ■ *rabát* |
| ▶ ¿hay descuento para estudiantes? | gibt es eine Studentenermäßigung? | ■ *guipt es áine shtúdéntenermesigung?* |
| ▶ ¿hacen descuento si se paga en efectivo? | gibt es einen Barzahlerrabatt? | ■ *guipt es áinen bártsala-rabat?* |
| desde *(tiempo)* | seit | ■ *sait* |
| *(lugar)* | von | ■ *fon* |
| ▶ desde ayer | seit gestern | ■ *sait guéstern* |
| ▶ desde que he llegado a Francfort | seit meiner Ankunft in Frankfurt | ■ *sait máina ánkunft in fránkfurt* |
| ▶ desde luego | natürlich | ■ *natúrlij* |
| desembarcar | von Bord gehen | ■ *fon bort guéen* |
| deshacer *(maletas)* | auspacken | ■ *áuspaken* |
| ▶ tengo que deshacer las maletas | ich muss auspacken | ■ *ij mus áuspaken* |

| | | |
|---|---|---|
| deshelar | tauen | ■ *táuen* |
| desierto | die Wüste | ■ *vúste* |
| desinfectante | das Desinfektionsmittel | ■ *desinfektsiónsmitel* |
| desmaquillador | der Make-up-Entferner | ■ *méikap-entférna* |
| desmayarse | ohnmächtig werden | ■ *ónmejtij vérden* |
| ▶ se ha desmayado | er/sie ist ohnmächtig geworden | ■ *éa/si ist ónmejtij guevórden* |
| desnudo(a) | nackt | ■ *nakt* |
| desodorante | das Deodorant | ■ *deodoránt* |

| despacho | das Büro | ▪ büró |
| despacio | | |
| ► por favor, hable despacio | bitte sprechen Sie langsam | ▪ bíte shpréjen si lángsam |
| despedida | der Abschied | ▪ ápshit |
| despedirse | sich verabschieden | ▪ sij ferápshiden |
| desperfectos | der Schaden | ▪ sháden |
| despertador | der Wecker | ▪ véka |
| despertar | wecken | ▪ véken |
| ► por favor, despiérteme a las ocho en punto | wecken Sie mich bitte um acht | ▪ véken si mij bíte um ajt |
| despertarse | aufwachen | ▪ áufvajen |
| después | danach | ▪ danáj |
| ► después del desayuno | nach dem Frühstück | ▪ naj dem frűshtük |
| destinatario | der Empfänger | ▪ empfénga |
| destino (de viaje) | das Reiseziel | ▪ ráisetsil |
| destornillador | der Schraubenzieher | ▪ shráubentsia |
| desvío | die Umleitung | ▪ úmlaitung |
| ► ¿hay algún desvío? | gibt es eine Umleitung? | ▪ guipt es áine úmlaitung? |
| detalles | die Details (pl) | ▪ detáis |
| detergente | das Reinigungsmittel | ▪ ráinigungsmitel |
| detrás | hinter | ▪ jínta |
| ► detrás de la casa | hinter dem Haus | ▪ jínta dem jaus |
| devolver | zurückgeben | ▪ tsurűkgueben |
| ► quiero que me devuelvan el dinero | ich möchte mein Geld zurück | ▪ ij mœjte main guelt tsurűk |
| día | der Tag | ▪ tak |
| ► ¿a qué día estamos? | der Wievielte ist heute? | ▪ déa vífilte ist jóite? |
| ► día festivo | der gesetzliche Feiertag | ▪ guesétslije fáiatak |
| ► día laborable | der Werktag | ▪ vérktak |
| ► ¡buenos días! | guten Tag! | ▪ gúten tak |
| diabetes | Diabetes | ▪ diabétes |
| diabético(a) | der Diabetiker die Diabetikerin | ▪ diabétika ▪ diabétikerin |

| | | |
|---|---|---|
| dialecto | der Dialekt | ∎ dialékt |
| diamante | der Diamant | ∎ diamánt |
| diapositiva | das Dia | ∎ día |
| diariamente | täglich | ∎ téklij |
| diarrea | der Durchfall | ∎ dúrjfal |
| ► necesito algo para cortar la diarrea | ich brauche etwas gegen Durchfall | ∎ ij bráuje étvas guéguen dúrjfal |
| diccionario | das Wörterbuch | ∎ vǿrterbuj |
| diciembre | der Dezember | ∎ detsémba |
| diecinueve | neunzehn | ∎ nóintsen |
| dieciocho | achtzehn | ∎ ájtsen |
| dieciséis | sechzehn | ∎ séjtsen |
| diecisiete | siebzehn | ∎ síptsen |
| diente | der Zahn | ∎ tsan |
| ► me he roto un diente | mir ist ein Zahn abgebrochen | ∎ mía ist ain tsan ápguebrojen |
| dieta | die Diät | ∎ diét |
| ► estoy a dieta | ich mache eine Diät | ∎ ij máje áine diét |
| diez | zehn | ∎ tsen |
| diferente | verschieden | ∎ fershíden |
| difícil | schwierig | ∎ shvírij |
| dínamo | der Dynamo | ∎ dǘnamo |
| dinero | das Geld | ∎ guelt |
| ► me he quedado sin dinero | ich habe kein Geld mehr | ∎ ij jábe kain guelt méa |
| ► no tengo dinero | ich habe kein Geld | ∎ ij jábe kain guelt |
| ► no tengo dinero en efectivo | ich habe kein Bargeld | ∎ ij jábe kain bárguelt |

| | | |
|---|---|---|
| ► ¿puede hacer los trámites para que manden dinero urgentemente? | können Sie dringend Geld überweisen lassen? | ∎ kœnen si dríngent guelt übaváisen lásen? |
| ► ¿puede prestarme algo de dinero? | können Sie mir etwas Geld leihen? | ∎ kœnen si mía étvas guelt láien? |
| ► ¿puedo sacar dinero con mi tarjeta de crédito? | kann ich mit meiner Kreditkarte Bargeld bekommen? | ∎ kan ij mit máina kreditkarte bárguelt bekómen? |
| Dios | der Gott | ∎ got |
| dirección | die Adresse | ∎ adrése |

| | | |
|---|---|---|
| ► llévame a esta dirección | bringen Sie mich bitte zu dieser Adresse | ▪ *bríngen si mij bíte zu dísa adrése* |
| ► mi dirección es ... | meine Anschrift lautet ... | ▪ *máine ánshrift láutet* |
| ► ¿podría escribirme la dirección, por favor? | können Sie die Adresse bitte aufschreiben? | ▪ *kœnen si di adrése bite aufshráiben?* |
| ► dirección prohibida | Einfahrt verboten | ▪ *áinfart ferbóten* |
| **directo(a)** | direkt | ▪ *dirékt* |
| ► ¿es este tren directo? | fährt der Zug durch? | ▪ *fert déa tsug durj?* |
| **director(a)** | der Direktor die Direktorin | ▪ *diréktor* ▪ *direktórin* |
| ► director(a) de banco | der/die Bankdirektor(in) | ▪ *bánkdirektor(in)* |
| ► director(a) de hotel | der/die Hoteldirektor(in) | ▪ *jotéldirektor(in)* |
| **discoteca** | die Disko | ▪ *dísko* |
| **disculpa** | | |
| ► quisiera pedirle disculpas | ich möchte mich entschuldigen | ▪ *ij mœjte mij entshúldiguen* |
| **disculpe** | Entschuldigung | ▪ *entshúldigung* |
| **disfrutar** | genießen | ▪ *guenísen* |
| **distancia** | | |
| ► ¿a qué distancia está ...? | wie weit ist es nach ...? | ▪ *vi vait ist es naj ...?* |
| **distinto(a)** | verschieden | ▪ *fershíden* |
| ► quiero algo distinto | ich hätte gern etwas anderes | ▪ *ij jéte guern étvas ánderes* |
| **diversión** | die Unterhaltung | ▪ *untajáltung* |
| **divertido(a)** | unterhaltsam | ▪ *untajáltsam* |
| **divertirse** | | |
| ► ¡que te diviertas! | viel Spaß! | ▪ *fil shpas!* |
| **dividir** | teilen | ▪ *táilen* |
| **divisa** | die Devisen *(pl)* | ▪ *devísen* |
| **divorciado(a)** | geschieden | ▪ *gueshíden* |
| **DNI** | der Personalausweis | ▪ *personálausvais* |
| **doble** | Doppel- | ▪ *dópel* |
| ► quisiera una habitación doble | haben Sie Doppelzimmer? | ▪ *jáben si dópeltsima?* |

| | | |
|---|---|---|
| **doce** | zwölf | ▪ *tsvœlf* |
| **docena** | das Dutzend | ▪ *dútsent* |
| **doctor(a)** | der Arzt | ▪ *artst* |
| | die Ärztin | ▪ *értstin* |
| **documento** | das Dokument | ▪ *dokumént* |
| **doler** | schmerzen | ▪ *shmértsen* |
| ▸ me duele el estómago | ich habe Magenschmerzen | ▪ *ij jábe máguenshmertsen* |
| ▸ me duele la cabeza | ich habe Kopfschmerzen | ▪ *ij jábe kópfshmertsen* |
| ▸ me duele la espalda | mir tut der Rücken weh | ▪ *mía tut déa rűken ve* |
| ▸ me duele la garganta | ich habe Halsschmerzen | ▪ *ij jábe jáls-shmertsen* |
| ▸ me duelen los pies | meine Füße tun weh | ▪ *máine fúse tun ve* |
| **dolor** | der Schmerz | ▪ *shmerts* |
| ▸ quiero algo para el dolor de cabeza | ich möchte etwas gegen Kopfschmerzen | ▪ *ij mœjte étvas guéguen kópf-shmertsen* |
| ▸ quiero algo para el dolor de muelas | ich möchte etwas gegen Zahnschmerzen | ▪ *ij mœjte étvas guéguen tsán-shmertsen* |
| ▸ tengo un dolor aquí/en el pecho | ich habe hier/in der Brust Schmerzen | ▪ *ij jábe jía/in déa brust shmértsen* |
| ▸ tengo dolor de oído | ich habe Ohren-schmerzen | ▪ *ij jábe óren-shmertsen* |
| **doloroso(a)** | schmerzhaft | ▪ *shmértsjaft* |
| **domicilio** *(dirección)* | die Heimatadresse | ▪ *jáimatadrese* |
| **domingo** | der Sonntag | ▪ *sóntak* |
| **¿dónde?** | wo? | ▪ *vo?* |
| ▸ ¿por dónde se va a ...? | wie kommt man zu ...? | ▪ *vi komt man tsu ...?* |
| ▸ ¿de dónde es? | woher kommen Sie? | ▪ *vojéa komen si?* |
| ▸ ¿dónde está la salida? | wo ist der Ausgang? | ▪ *vo ist déa áusgang?* |
| **dormir** | schlafen | ▪ *shláfen* |
| ▸ no puedo dormir con el ruido/calor | ich kann bei dem Lärm/der Hitze nicht schlafen | ▪ *ij kan bai dem lerm/déa jítse nijt shláfen* |
| **dormitorio** | das Schlafzimmer | ▪ *shláftsima* |
| **dos** | zwei | ▪ *tsvai* |

| | | |
|---|---|---|
| ▶ dos veces | zweimal | ▪ *tsváimal* |
| **ducha** | die Dusche | ▪ *dúshe* |
| ▶ quisiera una habitación con ducha | ich hätte gern ein Zimmer mit Dusche | ▪ *ij jéte guern ain tsíma mit dúshe* |
| ▶ ¿cómo funciona la ducha? | wie funktioniert die Dusche? | ▪ *vi funktsionírt di dúshe?* |
| **duchar** | | |
| ▶ me gustaría ducharme | ich möchte gern duschen | ▪ *ij mœjte guern dúshen* |
| **duda** | der Zweifel | ▪ *tsváifel* |
| **dudar** | zweifeln | ▪ *tsváifeln* |
| **dueño(a)** | der Besitzer | ▪ *besítsa* |
| | die Besitzerin | ▪ *besítserin* |
| ▶ ¿podría hablar con el dueño, por favor? | könnte ich bitte mit dem Besitzer sprechen? | ▪ *kœnte ij bíte mit dem besítsa shpréjen?* |
| **dulce** | süß | ▪ *süs* |
| **duna** | die Düne | ▪ *dúne* |
| **duodécimo(a)** | zwölfte(r, s) | ▪ *tsvœlfte(r, s)* |
| **durante** | während | ▪ *vérent* |
| ▶ durante mucho tiempo | lange Zeit | ▪ *lánge tsait* |
| **durar** | dauern | ▪ *dáuern* |
| ▶ ¿cuánto dura el concierto? | wie lange dauert das Konzert? | ▪ *vi lánge dáuert das kontsért?* |
| **duro(a)** *(resistente)* | hart | ▪ *jart* |
| *(carne)* | zäh | ▪ *tse* |
| **echar** | | |
| ▶ ¿dónde puedo echar al correo estas postales? | wo kann ich diese Karten aufgeben? | ▪ *vo kan ij díse kárten áufgueben?* |
| ▶ echo de menos mi casa | ich habe Heimweh | ▪ *ij jábe jáimve* |
| **economía** | die Wirtschaft | ▪ *vírtshaft* |
| **edad** | das Alter | ▪ *álta* |
| ▶ personas de la tercera edad | die Senioren | ▪ *senióren* |
| **edificio** | das Gebäude | ▪ *guebóide* |
| **edredón** | die Bettdecke | ▪ *bétdeke* |

| edulcorante | der Süßstoff | ■ *sǘs-shtof* |
| EE. UU. | die USA (pl) | ■ *u es a* |
| ejemplo | das Beispiel | ■ *báishpil* |
| ▸ por ejemplo | zum Beispiel | ■ *tsum báishpil* |
| él | er | ■ *éa* |
| ▸ me lo dijo él | er sagte es mir | ■ *éa sakte es mía* |
| ▸ se lo di a él | ich gab es ihm | ■ *ij gap es im* |
| elástico | die Gummilitze | ■ *gúmilitse* |
| electricidad | der Strom | ■ *shtrom* |
| ▸ ¿se incluye el coste de la electricidad en el alquiler? | sind die Stromkosten in der Miete enthalten? | ■ *sint di shtrómkosten in déa míte entjálten?* |
| electricista | der Elektriker | ■ *eléktrika* |
| eléctrico(a) | elektrisch | ■ *eléktrish* |
| elegante | elegant | ■ *elegánt* |
| elegir | wählen | ■ *vélen* |
| ella | sie | ■ *si* |
| ▸ me lo dijo ella | sie sagte es mir | ■ *si sákte es mía* |
| ▸ se lo di a ella | ich gab es ihr | ■ *ij gap es ía* |
| ello | es | ■ *es* |
| ellos(as) | sie | ■ *si* |
| ▸ me lo dijeron ellos(as) | sie sagten mir | ■ *si sákten mía* |
| ▸ se lo dije a ellos(as) | ich sagte ihnen | ■ *ij sákte ínen* |
| embajada | die Botschaft | ■ *bótshaft* |
| embajador(a) | der Botschafter die Botschafterin | ■ *bótshafta* ■ *bótshafterin* |
| embarazada | schwanger | ■ *shvánga* |
| embarcar | an Bord gehen | ■ *an bort guéen* |
| embarque | das Einsteigen | ■ *áinstaiguen* |
| ▸ tarjeta de embarque | die Bordkarte | ■ *bórtkarte* |
| emergencia | der Notfall | ■ *nótfal* |
| emisora | der Sender | ■ *sénda* |
| empaste | die Füllung | ■ *fǘlung* |
| ▸ se me ha caído un empaste | ich habe eine Füllung verloren | ■ *ij jábe áine fǘlung ferlóren* |

| ► ¿puede hacerme un empaste provisional? | können Sie den Zahn provisorisch füllen? | ■ kœnen si den tsan provisórish fůlen? |
|---|---|---|
| **empezar** | anfangen | ■ ánfangen |
| ► ¿cuándo empieza la película/el espectáculo? | wann fängt der Film/ die Vorstellung an? | ■ van fengt déa film/ di fórshtelung an? |
| **empresa** | die Firma | ■ firma |
| **empujar** *(puerta)* | drücken | ■ drúken |
| *(coche)* | schieben | ■ shíben |
| ► se me ha averiado el coche, ¿puede empujarlo? | mein Wagen ist liegen geblieben, können Sie mich anschieben? | ■ main váguen ist líguen gueblíben, kœnen si mij ánshiben? |
| **en** | in | ■ in |
| ► en avión | mit dem Flugzeug | ■ mit dem flúktsoik |
| ► en el cuarto piso | im vierten Stock | ■ im firten shtok |
| ► escrito en español | in Spanisch geschrieben | ■ in shpánish gueshríben |
| **encantado(a)** | | |
| ► encantado de haberle conocido | nett, Sie kennen gelernt zu haben | ■ net sie kénen guelérnt tsu jáben |
| **encantar** | | |
| ► me encanta el marisco | ich esse gern Meeresfrüchte | ■ ij ése guern méresfrüjte |
| ► me encanta nadar | ich schwimme gern | ■ ij shvíme guern |
| **encendedor** | das Feuerzeug | ■ fóiatsoik |
| **encender** | | |
| ► no puedo encender la calefacción | ich kann die Heizung nicht anstellen | ■ ij kan di jáitsung nijt ánshtelen |
| ► ¿puedo encender la luz/radio? | kann ich das Licht/ Radio einschalten? | ■ kan ij das lijt/rádio áinshalten? |
| **encendido(a)** *adj* | eingeschaltet | ■ áingueshaltet |
| *sm* | die Zündung | ■ tsúndung |
| **enchufe** *(en cable)* | der Stecker | ■ shtéka |
| *(en pared)* | die Steckdose | ■ shtékdose |
| ► ¿dónde está el enchufe para la máquina de afeitar? | wo gibt es eine Steckdose für meinen Rasierapparat? | ■ vo guipt es áine shtékdose für máinen rasíraparat? |
| ► enchufe múltiple | der Adapter | ■ adápta |

| encía | das Zahnfleisch | ■ *tsánflaish* |
| ► me sangran/ duelen las encías | mein Zahnfleisch blutet/tut weh | ■ *main tsánflaish blútet/tut ve* |
| encima | | |
| ► encima de la mesa | auf dem Tisch | ■ *auf dem tish* |
| ► encima de la casa | über dem Haus | ■ *űba dem jaus* |
| ► no llevo dinero encima | ich habe kein Geld bei mir | ■ *ij jábe kain guelt bai mía* |
| encontrar | finden | ■ *finden* |
| ► ¿te encuentras bien? | geht es dir gut? | ■ *guet es día gut?* |
| enero | der Januar | ■ *iánuar* |
| enfadado(a) | ärgerlich | ■ *érgalij* |
| enfermedad | die Krankheit | ■ *kránkjait* |
| enfermero | der Krankenpfleger | ■ *kránken-pfléga* |
| enfermera | die Krankenschwester | ■ *kránkenshvesta* |
| enfermo(a) | krank | ■ *krank* |
| enfrente de | gegenüber | ■ *guueguenűba* |
| ► enfrente del hotel | gegenüber dem Hotel | ■ *guueguenűba dem jotél* |
| ¡enhorabuena! | herzlichen Glückwunsch! | ■ *jértslijen glűkvunsh!* |
| enlace | die Verbindung | ■ *ferbíndung* |
| ensalada | der Salat | ■ *salát* |
| ► una ensalada mixta | ein gemischter Salat | ■ *ain guemíshta salát* |
| enseñar *(mostrar)* | zeigen | ■ *tsáiguen* |
| *(instruir)* | lehren | ■ *léren* |
| ► ¿podría enseñarnos el apartamento? | könnten Sie uns bitte das Zimmer zeigen? | ■ *kœnten si uns bíte das tsíma tsáiguen?* |
| entender | verstehen | ■ *fershtéen* |
| ► no entiendo lo que dice | ich verstehe nicht, was Sie sagen | ■ *ij fershtée nijt, vas si ságuen* |
| entero(a) | vollständig | ■ *fólshtendij* |
| entonces | dann | ■ *dan* |
| entrada *(lugar)* | der Eingang | ■ *áingang* |
| *(precio)* | der Eintritt | ■ *áintrit* |
| *(billete)* | die Karte | ■ *kárte* |

| | | |
|---|---|---|
| ► ¿cuánto cuesta la entrada? | wie viel kostet der Eintritt? | ■ *vi fil kóstet déa áintrit?* |
| ► ¿puedo sacar las entradas aquí? | kann ich die Karten hier kaufen? | ■ *kan ij di kárten jía káufen?* |
| ► dos entradas para la ópera/el teatro | zwei Karten für die Oper/das Theater | ■ *tsvai kárten für di ópa/das teáta* |
| entrar | (hinein)gehen | ■ *(jinéin)guéen* |
| ► entrar en *(vehículo)* | einsteigen in | ■ *áinshtaiguen in* |
| entre | zwischen | ■ *tsvíshen* |
| entremeses | die Vorspeise | ■ *fórshpaise* |
| enviar | schicken | ■ *shíken* |
| envío certificado | das Einschreiben | ■ *áinshraiben* |
| envolver | einpacken | ■ *áinpaken* |
| ► ¿podría envolvér-melo, por favor? | könnten Sie es mir bitte einpacken? | ■ *kǿnten si es mía bíte áinpaken?* |
| epidemia | die Epidemie | ■ *epidemí* |
| epiléptico(a) | epileptisch | ■ *epiléptish* |
| equipaje | das Gepäck | ■ *guepék* |
| ► mande a alguien que recoja mi equipaje, por favor | schicken Sie bitte jemanden für mein Gepäck | ■ *shíken si bíte iémanden für main guepék* |
| ► nuestro equipaje no ha llegado | unser Gepäck ist nicht angekommen | ■ *únsa guepék ist nijt ánguekomen* |
| ► ¿dónde tengo que facturar el equipaje? | wo muss ich mein Gepäck aufgeben? | ■ *vo mus ij main guepék áufgueben?* |
| ► ¿me pueden subir el equipaje? | können Sie mir bitte das Gepäck nach oben bringen? | ■ *kǿnen si mía bíte das guepék naj óben bríngen?* |
| ► he mandado el equipaje con antelación | ich habe mein Gepäck vorausgeschickt | ■ *ij jábe main guepék foráusgueshikt* |
| ► equipaje de mano | das Handgepäck | ■ *jándguepek* |
| equipo *(de cosas)* *(de personas)* | die Ausrüstung die Mannschaft | ■ *áusrüstung* ■ *mánshaft* |
| ► ¿podemos alquilar el equipo? | können wir die Ausrüstung mieten? | ■ *kǿnen vía di áusrüstung míten?* |
| equitación | das Reiten | ■ *ráiten* |
| equivocado(a) | falsch | ■ *falsh* |

Puntos básicos

### equivocarse

| | | |
|---|---|---|
| ▶ se ha equivocado en el cambio | Sie haben mir falsch herausgegeben | ▪ si jáben mía falsh jeráusguegueben |
| ▶ lo siento, se ha equivocado de número | tut mir Leid, Sie sind falsch verbunden | ▪ tut mía láit, si sint falsh ferbúnden |
| eres | ver ser | |
| error | der Fehler | ▪ féla |
| es | ver ser | |
| escala | die Zwischenlandung | ▪ tsvíshenlandung |
| ▶ hacer escala | zwischenlanden | ▪ tsvíshenlanden |
| ▶ el avión hace escala en Múnich | das Flugzeug landet in München zwischen | ▪ das flúktsoik lándet in mǘnjen tsvíshen |
| escalar | | |
| ▶ vamos a escalar | gehen wir bergsteigen | ▪ guéen vía bérkshtaiguen |
| escalera | die Treppe | ▪ trépe |
| ▶ escalera de incendios | die Feuertreppe | ▪ fóiatrepe |
| ▶ escalera mecánica | die Rolltreppe | ▪ róltrepe |
| escaparate | das Schaufenster | ▪ sháufensta |
| ▶ en el escaparate | im Schaufenster | ▪ im sháufensta |
| escarpado(a) | steil | ▪ shtail |
| escoba | der Besen | ▪ bésen |
| escribir | schreiben | ▪ shráiben |
| ▶ ¿cómo se escribe? | wie schreibt man das? | ▪ vi shraibt man das? |
| ▶ ¿podría escribirlo, por favor? | können Sie das bitte aufschreiben? | ▪ kœnen si das bite áufshraiben? |
| escritor(a) | der Schriftsteller die Schriftstellerin | ▪ shríftshtela ▪ shríftshtelerin |
| escuchar | hören | ▪ jœren |
| escuela | die Schule | ▪ shúle |
| escultura | die Skulptur | ▪ skulptúa |
| ese(a) | der/die/das | ▪ déa/di/das |
| ése(a) | der/die/das dort | ▪ déa/di/das dort |
| eso | das | ▪ das |
| esos(as) | die | ▪ di |
| ésos(as) | die dort | ▪ di dort |

Español-Alemán

Alemán-Español

| espacio | der Platz | ■ plats |
|---|---|---|
| espalda | der Rücken | ■ rúken |
| ▶ me he hecho daño en la espalda | ich habe mir den Rücken verletzt | ■ ij jábe mía den rúken ferlétst |
| ▶ tengo la espalda mal | ich habe ein Rückenleiden | ■ ij jábe ain rúkenlaiden |
| España | Spanien | ■ shpánien |
| ▶ ¿ha estado alguna vez en España? | sind Sie schon einmal in Spanien gewesen? | ■ sint si shon áinmal in shpánien guevésen? |
| español(a) | spanisch | ■ shpánish |
| ▶ soy español(a) | ich bin Spanier(in) | ■ ij bin shpánia (shpánierin) |
| ▶ ¿habla usted español? | sprechen Sie Spanisch? | ■ shpréjen si shpánish? |
| ▶ ¿tienen libros/ periódicos españoles? | haben Sie spanische Bücher/Zeitungen? | ■ jáben si shpánishe búja/tsáitungen? |
| esparadrapo | das Pflaster | ■ pflásta |
| espárragos | der Spargel | ■ shpárguel |
| especial | speziell | ■ shpetsiél |
| ▶ ¿tienen menú especial para niños? | haben Sie spezielle Kindergerichte? | ■ jáben si shpetsiéle kindaguerijte? |
| especialidad | die Spezialität | ■ shpetsialitét |
| ▶ ¿cuál es la especialidad de la zona? | was ist die hiesige Spezialität? | ■ vas ist di jísigue shpetsialitét? |
| ▶ ¿cuál es la especialidad del chef? | was ist die Spezialität des Hauses? | ■ vas ist di shpetsialitét des jáuses? |
| ▶ ¿hay alguna especialidad local? | gibt es eine Spezialität dieser Gegend? | ■ guipt es áine shpetsialitét dísa guéguent? |
| especialmente | besonders | ■ besónders |
| especie | | |
| ▶ una especie de capilla | eine Art Kapelle | ■ áine art kapéle |
| espectáculo | | |
| (de variedades) | die Show | ■ shou |
| (de teatro, cine) | die Vorstellung | ■ fórshtelung |

| espejo | der Spiegel | ▪ *shpíguel* |
|---|---|---|
| **esperar** *(con paciencia)* | warten | ▪ *várten* |
| *(con ilusión)* | hoffen | ▪ *jófen* |
| ► ¿puede esperar aquí unos minutos? | können Sie hier bitte ein paar Minuten warten? | ▪ *kœnen si jía bíte ain par minúten várten?* |
| ► espéreme, por favor | bitte warten Sie auf mich | ▪ *bíte várten si auf mij* |
| ► espere un segundo | einen Moment bitte! | ▪ *áinen momént bíte* |
| ► espero que sí/no | ich hoffe es/nicht | ▪ *ij jófe es/nijt* |
| **espina** *(de planta)* | der Dorn | ▪ *dorn* |
| *(de pescado)* | die Gräte | ▪ *gréte* |
| **espinacas** | der Spinat | ▪ *shpinát* |
| **esponja** | der Schwamm | ▪ *shvam* |
| **esposa** | die (Ehe)frau | ▪ *(ée)frau* |
| **esposo** | der (Ehe)mann | ▪ *(ée)man* |
| **espuma de afeitar** | der Rasierschaum | ▪ *rasíashaum* |
| **espumoso(a)** | | |
| ► vino espumoso | Schaumwein | ▪ *sháumvain* |
| **esquí** *(tabla)* | der Ski | ▪ *shi* |
| *(actividad)* | das Skilaufen | ▪ *shílaufen* |
| ► ¿podemos alquilar esquís aquí? | können wir hier Skier leihen? | ▪ *kœnen vía jía shía láien?* |
| ► esquí acuático | das Wasserski | ▪ *vásashi* |
| ► ¿se puede hacer esquí acuático aquí? | kann man hier Wasserski fahren? | ▪ *kan man jía vásashi fáren?* |
| ► ¿se puede hacer esquí de fondo? | ist hier Langlauf möglich? | ▪ *ist jía lánglauf mœglij?* |
| **esquiador(a)** | der Skiläufer | ▪ *shíloifa* |
| | die Skiläuferin | ▪ *shíloiferin* |
| **esquiar** | Ski laufen | ▪ *shi láufen* |
| ► me gustaría ir a esquiar | ich möchte Ski laufen | ▪ *ij mœjte shi láufen* |
| **esquina** | die Ecke | ▪ *éke* |
| ► está a la vuelta de la esquina | es ist um die Ecke | ▪ *es ist um di éke* |
| **está** | *ver* estar | |
| **estación** | der Bahnhof | ▪ *bánjof* |
| *(del año)* | die Jahreszeit | ▪ *iárestsait* |

| | | |
|---|---|---|
| ▸ a la estación, por favor | zum Bahnhof bitte | ▪ *tsum bánjof bíte* |
| ▸ ¿dónde está la estación central? | wo ist der Hauptbahnhof? | ▪ *vo ist déa jáuptbanjof?* |
| ▸ estación terminal | die Endstation | ▪ *ént-shtatsión* |
| ▸ estación de metro | die U-Bahnstation | ▪ *úban-shtatsión* |
| ▸ estación de autobuses | der Busbahnhof | ▪ *búsbanjof* |
| ▸ estación de servicio | die Tankstelle | ▪ *tánkshtele* |
| estadio | das Stadion | ▪ *shtádion* |
| ▸ estadio de fútbol | das Fußballstadion | ▪ *fúsbalshtadion* |
| Estados Unidos | die Vereinigten Staaten *(pl)* | ▪ *feráinigten shtáten* |
| estáis, estamos, están | *ver* estar | |
| estanco | der Tabakladen | ▪ *tábakladen* |
| estanque | der Teich | ▪ *taij* |
| estantería | das Regal | ▪ *regál* |
| estar | sein | ▪ *sain* |
| ▸ estoy | ich bin | ▪ *ij bin* |
| ▸ estoy cansado(a) | ich bin müde | ▪ *ij bin múde* |
| ▸ estoy listo(a) | ich bin fertig | ▪ *ij bin fértij* |
| ▸ estoy lleno(a) | ich bin satt | ▪ *ij bin sat* |
| ▸ estoy mareado(a) | mir ist übel | ▪ *mía ist úbel* |
| ▸ estás | du bist | ▪ *du bist* |
| ▸ está *(él/ella/ello)* *(usted)* | er/sie/es ist Sie sind | ▪ *éa/si/es ist* ▪ *si sint* |
| ▸ la leche está en el frigorífico | die Milch ist im Kühlschrank | ▪ *di milj ist im kúlshrank* |
| ▸ la puerta está atascada | die Tür klemmt | ▪ *di túa klemt* |
| ▸ está lloviendo | es regnet | ▪ *es régnet* |
| ▸ está nevando | es schneit | ▪ *es shnait* |
| ▸ está nublado | es ist bewölkt | ▪ *es ist bevœlkt* |
| ▸ estamos | wir sind | ▪ *vía sint* |
| ▸ estáis | ihr seid | ▪ *ía sait* |
| ▸ están *(ellos/ellas)* *(ustedes)* | sie sind Sie sind | ▪ *sì sint* ▪ *si sint* |
| este *sm* | der Osten | ▪ *ósten* |

| | | |
|---|---|---|
| este(a) *adj* | diese(r, s) | díse(r, s) |
| ► este año | dieses Jahr | díses iar |
| ► esta noche | heute Abend | jóite ábent |
| ► esta vez | diesmal | dísmal |
| éste(a) | der/die/das hier | déa/di/das jía |
| esto | dies | dis |
| estofado | das Eintopfgericht | áintopf-gueríjt |
| estómago | der Magen | máguen |
| ► tengo el estóma-go revuelto | ich habe eine Magenverstimmung | ij jábe áine máguenferstimung |
| estornudar | niesen | nísen |
| estos(as) | diese | díse |
| éstos(as) | die dort | di dort |
| estoy | *ver* estar | |
| estrecho(a) | eng | eng |
| estreñido(a) | | |
| ► estoy estreñido | ich habe Verstopfung | ij jábe fershtópfung |
| estreñimiento | die Verstopfung | fershtópfung |
| estudiante | der/die Student(in) | shtudént(in) |
| estudiar *(en la escuela)* | lernen | lérnen |
| *(en la universidad)* | studieren | shtudíren |
| estupendo(a) | | |
| ► hace un día estupendo | es ist ein herrlicher Tag | es ist ain jérlija tak |
| etiqueta | das Etikett | etikét |
| *(de equipaje)* | der Kofferanhänger | kófa-anjénga |
| euro | der Euro | óiro |
| Eurocheque | der Euroscheck | óiroshek |
| Europa | Europa | oirópa |
| europeo(a) *adj* | europäisch | oiropéish |
| exacto(a) | genau | guenáu |
| examen | die Prüfung | prúfung |
| excelente | ausgezeichnet | áusguetsaijnet |
| excepto | außer | áusa |
| exceso | | |
| ► exceso de equi-paje | das Übergewicht | úbaguevijt |

| | | |
|---|---|---|
| ▶ me multaron por exceso de velocidad | ich habe einen Strafzettel für zu schnelles Fahren bekommen | ▪ *ij jábe áinen shtráf-tsetel für tsu shnéles fáren bekómen* |
| **excursión** | der Ausflug | ▪ *áusfluk* |
| ▶ ¿qué excursiones hay? | welche Ausflüge gibt es? | ▪ *vélje áusflügue guipt es?* |
| ▶ ¿organizan excursiones a ...? | veranstalten Sie Ausflüge nach ...? | ▪ *feránshtalten si áusflügue naj ...?* |
| ▶ ¿hay excursiones turísticas? | werden hier Rund-fahrten angeboten? | ▪ *vérden jía rúnt-farten ángueboten?* |
| ▶ la excursión empieza sobre las ... | die Tour beginnt gegen ... | ▪ *di túa beguínt guéguen ...* |
| ▶ ¿cuánto tiempo dura la excursión? | wie lange dauert die Rundfahrt? | ▪ *vi lánge dáuert di rúntfart?* |
| ▶ ¿hay excursiones en barco por el río/lago? | gibt es hier Schiffs-fahrten auf dem Fluss/See? | ▪ *guipt es jía shífsfarten auf dem flus/se?* |
| ▶ nos gustaría hacer excursiones a caballo | wir möchten gern reiten | ▪ *vía mœjten guern ráiten* |
| **experto(a)** | der Experte die Expertin | ▪ *ekspérte* ▪ *ekspértin* |
| **explicar** | erklären | ▪ *erkléren* |
| **exposición** | die Ausstellung | ▪ *áusshtelung* |
| **exterior** | Außen- | ▪ *áusen* |
| **extintor** | der Feuerlöscher | ▪ *fóialœsha* |
| **extranjero(a)** | ausländisch | ▪ *ausléndish* |
| ▶ estar en el extranjero | im Ausland sein | ▪ *im áuslant sain* |
| ▶ ir al extranjero | ins Ausland fahren | ▪ *ins áuslant fáren* |
| **fábrica** | die Fabrik | ▪ *fabrík* |
| ▶ trabajo en una fábrica | ich arbeite in einer Fabrik | ▪ *ij árbaite in áina fabrík* |
| **fácil** | leicht | ▪ *laijt* |
| **factor** | | |
| ▶ loción broncea-dora con factor 8/15 | eine Sonnencreme mit Lichtschutzfaktor acht/fünfzehn | ▪ *áine sónenkreme mit líjtshutsfaktoa ajt/fünftsen* |

| factura | die Rechnung | ▪ *réjnung* |
| ▶ ¿me da una factura detallada? | kann ich eine ausführliche Rechnung haben? | ▪ *kan ij áine ausfúrlije réjnung jáben?* |
| facturar | einchecken | ▪ *áintsheken* |
| ▶ quiero facturar, por favor | ich möchte bitte einchecken | ▪ *ij mœjte bíte áintsheken* |
| ▶ ¿cuándo tengo que facturar? | wann muss ich einchecken? | ▪ *van mus ij áintsheken?* |
| ▶ ¿dónde tengo que facturar el equipaje? | wo muss ich mein Gepäck aufgeben? | ▪ *vo mus ij main guepék áufgueben?* |
| ▶ ¿dónde tengo que facturar para el vuelo a ...? | wo muss ich für den Flug nach ... einchecken? | ▪ *vo mus ij für den fluk naj ... áintsheken?* |
| faisán | der Fasan | ▪ *fasán* |
| falda | der Rock | ▪ *rok* |
| falta | | |
| ▶ me hace falta ... | ich brauche ... | ▪ *ij bráuje ...* |
| familia | die Familie | ▪ *famílie* |
| famoso(a) | berühmt | ▪ *berúmt* |
| farmacia | die Apotheke | ▪ *apotéke* |
| ▶ farmacia de guardia | die Dienst habende Apotheke | ▪ *dínst jábende apotéke* |

> ⓘ Los cosméticos y artículos para el baño se venden en las "Drogerien", mientras que en las "Apoteken" se venden medicinas.

| faros | die Scheinwerfer *(pl)* | ▪ *sháinverfa* |
| favor | | |
| ▶ por favor | bitte | ▪ *bíte* |
| ▶ sí, por favor | ja bitte | ▪ *ia bíte* |
| favorito(a) | Lieblings- | ▪ *líplings* |
| ▶ ¿cuál es su bebida favorita? | was trinken Sie am liebsten? | ▪ *vas trínken si am lípsten?* |
| fax | das Fax | ▪ *faks* |
| ▶ ¿cuál es el número de fax? | wie ist die Faxnummer? | ▪ *vi ist di fáksnuma?* |
| ▶ ¿puedo enviar un fax desde aquí? | kann ich von hier aus ein Fax senden? | ▪ *kan ij fon jía aus ain faks sénden?* |
| febrero | der Februar | ▪ *fébruar* |

| | | |
|---|---|---|
| **fecha** | das Datum | ▪ *dátum* |
| ► **fecha de caducidad** | das Verfallsdatum | ▪ *ferfálsdatum* |
| **¡felicidades!** | herzlichen Glückwunsch! | ▪ *jértslijen glúkvunsh* |
| **feliz** | glücklich | ▪ *glúklij* |
| ► **¡feliz Navidad!** | Frohe Weihnachten! | ▪ *fróe váinajten* |
| **feo(a)** | hässlich | ▪ *jéslij* |
| **feria** *(de comercio)* | die Messe | ▪ *mése* |
| *(de atracciones)* | der Rummel | ▪ *rúmel* |
| **ferretería** | die Eisenwaren-handlung | ▪ *áisenvarenjandlung* |
| **festival** | das Festival | ▪ *féstival* |
| **fiambres** | der Aufschnitt | ▪ *áufshnit* |
| **fiebre** | das Fieber | ▪ *fíba* |
| ► **tiene fiebre** | er/sie hat Fieber | ▪ *éa/si jat fíba* |
| **fiesta** *(día)* | der Feiertag | ▪ *fáiatak* |
| *(acto)* | die Feier | ▪ *fáia* |
| **fila** | die Reihe | ▪ *ráie* |
| **filete** *(de pescado)* | das Filet | ▪ *filé* |
| *(de carne)* | das Steak | ▪ *shtek* |
| **filtro** | der Filter | ▪ *filta* |
| **fin** | das Ende | ▪ *énde* |
| ► **fin de semana** | das Wochenende | ▪ *vójenende* |
| **firma** | die Unterschrift | ▪ *úntashrift* |
| **firmar** | unterschreiben | ▪ *úntashraiben* |
| **flash** | das Blitzlicht | ▪ *blítslijt* |
| ► **el flash no funciona** | das Blitzlicht funktioniert nicht | ▪ *das blítslijt funktsionírt nijt* |
| **flojo(a)** | schwach | ▪ *shvaj* |
| **flor** | die Blume | ▪ *blúme* |
| ► **un ramo de flores** | ein Blumenstrauß | ▪ *ain blúmenshtraus* |
| **florero** | die Vase | ▪ *váse* |
| **flotador** *(en barcos)* | der Rettungsring | ▪ *rétungsring* |
| *(para niños)* | der Schwimmring | ▪ *shvímring* |
| ► **flotadores** *(para los brazos)* | die Schwimmflügel *(pl)* | ▪ *shvímflügel* |
| **folleto** | die Broschüre | ▪ *broshüre* |
| **fontanero** | der Installateur | ▪ *instalatéer* |

| Español | Alemán | Pronunciación |
|---|---|---|
| **footing** | | |
| ▶ hacer footing | joggen gehen | ▪ chóguen guéen |
| **forfait** | der Liftpass | ▪ líftpas |
| **forzar** | | |
| ▶ me han forzado la cerradura del coche | mein Auto ist aufgebrochen worden | ▪ main áuto ist áufguebrojen vórden |
| **foto** | das Foto | ▪ fóto |
| ▶ ¿para cuándo estarán las fotos? | wann werden die Bilder fertig sein? | ▪ van vérden di bílda fértij sain? |
| ▶ ¿podría hacernos una foto? | würden Sie ein Bild von uns machen? | ▪ vűrden si ain bilt fon uns májen? |
| ▶ ¿puedo hacer fotos aquí? | darf ich hier fotografieren? | ▪ darf ij jía fotografiren? |
| **fotocopia** | | |
| ▶ una fotocopia de esto, por favor | ich hätte gern eine Fotokopie | ▪ ij jéte guern áine fotokopí |
| ▶ ¿dónde puedo hacer unas fotocopias? | wo kann ich Foto-kopien machen lassen? | ▪ vo kan ij fotokopíen májen lásen? |
| **fotocopiar** | (foto)kopieren | ▪ (foto)kopíren |
| **fotografía** | das Foto | ▪ fóto |
| **fotógrafo(a)** | der/die Fotograf(in) | ▪ fotográf(in) |
| **fractura** | der Bruch | ▪ bruj |
| **frambuesa** | die Himbeere | ▪ jímbere |
| **frasco** | die Flasche | ▪ flásje |
| ▶ un frasco de perfume | ein Fläschchen Parfüm | ▪ ain fléshjen parfúm |
| **frecuencia** | | |
| ▶ ¿con qué frecuencia pasan los autobuses? | wie oft fahren die Busse? | ▪ vi oft fáren di búse? |
| **frecuente** | häufig | ▪ jóifij |
| **fregadero** | die Spüle | ▪ shpűle |
| **fregado** (de platos) | das Geschirrspülen | ▪ gueshírshpülen |
| **fregar** | | |
| ▶ fregar los platos | das Geschirr spülen | ▪ das gueshír shpülen |
| **fregona** | der Wischmopp | ▪ víshmop |
| **freír** | braten | ▪ bráten |

| frenar | bremsen | • *brémsen* |
|---|---|---|
| frenos | die Bremsen *(pl)* | • *brémsen* |
| ▶ freno de mano | die Handbremse | • *jántbremse* |
| fresa | die Erdbeere | • *értbere* |
| fresco(a) *(frío)* | kühl | • *kül* |
| *(reciente)* | frisch | • *frish* |
| ▶ ¿las verduras son frescas o congeladas? | ist das Gemüse frisch oder gefroren? | • *ist das gueműse frish óda guefróren?* |
| frigorífico | der Kühlschrank | • *kűlshrank* |
| frío(a) | kalt | • *kalt* |
| ▶ ¿hará frío esta noche? | wird es heute Abend kalt? | • *virt es jóite ábent kalt?* |
| ▶ tengo frío | mir ist kalt | • *mía ist kalt* |
| frito(a) | gebraten | • *guebráten* |
| frontera | die Grenze | • *gréntse* |
| fruta | | |
| *(nombre colectivo)* | das Obst | • *opst* |
| *(una fruta)* | eine Frucht | • *áine frujt* |
| fuego | das Feuer | • *fóia* |
| ▶ ¿tiene fuego? | können Sie mir Feuer geben? | • *kœnen si mía fóia guében?* |
| ▶ fuegos artificiales | das Feuerwerk | • *fóiaverk* |
| fuente | der Springbrunnen | • *shpríngbrunen* |
| fuera | draußen | • *dráusen* |
| ▶ estarán fuera por esas fechas | sie werden dann weg sein | • *si vérden dan vek sain* |
| fuerte *(persona)* | stark | • *shtark* |
| *(voz, ruido)* | laut | • *laut* |
| ▶ la música está demasiado fuerte | die Musik ist zu laut | • *di musík ist tsu laut* |
| fuerza | die Kraft | • *kraft* |
| fuga *(de un tubo, recipiente)* | das Leck | • *lek* |
| fumador(a) | | |
| ▶ quiero un asiento en la zona de fumadores | ich hätte gern einen Platz für Raucher | • *ij jéte guern áinen plats für ráuja* |
| ▶ no fumador | Nichtraucher- | • *níjt-rauja* |
| ▶ quisiera un asiento de no fumador | ich hätte gern einen Nichtraucherplatz | • *ij jéte guern áinen níjt-raujaplats* |

| | | |
|---|---|---|
| **fumar** | rauchen | ■ *ráujen* |
| ▸ ¿está prohibido fumar en esta zona? | ist das Rauchen hier verboten? | ■ *ist das ráujen jía ferbóten?* |
| ▸ ¿le importa que fume? | macht es Ihnen etwas aus, wenn ich rauche? | ■ *majt es ínen étvas aus ven ij ráuje?* |
| **funcionar** | funktionieren | ■ *funktsioníren* |
| ▸ ¿cómo funciona esto? | wie funktioniert das? | ■ *ví funktsionírt das?* |
| ▸ esto no funciona | das funktioniert nicht | ■ *das funktsionírt nijt* |
| **funda** *(de almohada)* | der Kopfkissenbezug | ■ *kópfkisenbetsuk* |
| **funicular** | die Schwebebahn | ■ *shvébeban* |
| **furgoneta** | der Lieferwagen | ■ *lífavaguen* |
| **fusible** | die Sicherung | ■ *síjerung* |
| ▸ se ha fundido un fusible | eine Sicherung ist durchgebrannt | ■ *áine síjerung ist dúrj-guebrant* |
| ▸ ¿puede arreglar un fusible? | können Sie eine Sicherung reparieren? | ■ *kǿnen si áine síjerung reparíren?* |
| **fútbol** | der Fußball | ■ *fúsbal* |
| ▸ vamos a jugar al fútbol | lasst uns Fußball spielen | ■ *last uns fúsbal shpílen* |
| **futuro** | die Zukunft | ■ *tsúkunft* |
| **gafas** | die Brille | ■ *bríle* |
| ▸ ¿puede arreglarme las gafas? | können Sie meine Brille reparieren? | ■ *kǿnen si máine bríle reparíren?* |
| ▸ gafas de sol | die Sonnenbrille | ■ *sónenbrile* |
| **galería** | die Galerie | ■ *galerí* |
| ▸ galería de arte | die Kunstgalerie | ■ *kunstgalerí* |
| **galleta** | der Keks | ■ *keks* |
| **gamba** | die Garnele | ■ *garnéle* |
| **ganar** *(partido, premio)* | gewinnen | ■ *guevínen* |
| *(dinero)* | verdienen | ■ *ferdínen* |
| **ganso** | die Gans | ■ *gans* |
| **garaje** | | |
| *(taller)* | die Werkstatt | ■ *vérkshtat* |
| *(para estacionar coches)* | die Garage | ■ *garáshe* |
| **garantía** | die Garantie | ■ *garantí* |
| ▸ cinco años de garantía | fünf Jahre Garantie | ■ *fünf íare garantí* |

| | | |
|---|---|---|
| ▶ todavía está bajo garantía | es ist noch unter Garantie | ▪ *es ist noj únta garantí* |
| **garganta** | der Hals | ▪ *jals* |
| ▶ quiero algo para la garganta | ich möchte etwas gegen Halsschmerzen | ▪ *ij mœjte étvas guéguen jáls-shmertsen* |
| **gas** | das Gas | ▪ *gas* |
| ▶ huele a gas | es riecht nach Gas | ▪ *es rijt naj gas* |
| ▶ agua con gas | Wasser mit Kohlensäure | ▪ *vása mit kólensoire* |
| **gaseosa** | die Limonade | ▪ *limonáde* |
| **gasoil** | das Diesel(öl) | ▪ *dísel(œl)* |
| **gasolina** | das Benzin | ▪ *bentsín* |
| ▶ me he quedado sin gasolina | ich habe kein Benzin mehr | ▪ *ij jábe kain bentsín méa* |
| ▶ veinte litros de gasolina sin plomo | zwanzig Liter bleifreies Benzin | ▪ *tsvántsij líta bláifraies bentsín* |
| ▶ gasolina súper | das Super | ▪ *súpa* |
| **gasolinera** | die Tankstelle | ▪ *tánkshtele* |
| **gastar** (dinero) | ausgeben | ▪ *áusgueben* |
| **gato** (animal) | die Katze | ▪ *kátse* |
| | der Kater | ▪ *káta* |
| (de coche) | der Wagenheber | ▪ *váguenjeba* |
| **gelatina** | der Gelee | ▪ *shelé* |
| **gel de ducha** | das Duschgel | ▪ *dúshguel* |
| **general** | allgemein | ▪ *álguemain* |
| **gente** | die Leute | ▪ *lóite* |
| **gerente** | der Geschäftsführer | ▪ *gueshéftsfüra* |
| ▶ quisiera hablar con el gerente | ich möchte mit dem Geschäftsführer sprechen | ▪ *ij mœjte mit dem gueshéftsfüra shpréjen* |
| **gimnasio** | die Turnhalle | ▪ *túrnjale* |
| **ginebra** | der Gin | ▪ *chin* |
| **gin-tonic** | der Gin Tonic | ▪ *chin tónik* |
| **girar** | abbiegen | ▪ *ápbiguen* |
| ▶ girar a la izquierda/derecha | nach links/rechts abbiegen | ▪ *naj links/rejts ápbiguen* |
| **giro postal** | die Postanweisung | ▪ *póstanvaisung* |
| **gitano(a)** | der/die Zigeuner(in) | ▪ *tsigóina(tsigóinerin)* |
| **glorieta** | der Kreisverkehr | ▪ *kráisferkea* |

| glucosa | der Traubenzucker | ■ *tráubentsuka* |
| gluten | das Gluten | ■ *glúten* |
| gobierno | die Regierung | ■ *reguírung* |
| gol | das Tor | ■ *tóa* |
| golf | das Golf | ■ *golf* |
| ▶ ¿dónde se puede jugar al golf? | wo können wir Golf spielen? | ■ *vo kœnen vía golf shpílen?* |
| golpe | | |
| ▶ oimos un golpe en la puerta | wir hörten ein Klopfen an der Tür | ■ *vir hœrten ain klópfen an déa tür* |
| ▶ el coche de atrás nos dio un golpe | das Auto hinter uns ist auf uns aufgefahren | ■ *das áuto hínta uns ist auf uns áufguefaren* |
| golpear | schlagen | ■ *shláguen* |
| goma *(elástica)* | das Gummiband | ■ *gúmibant* |
| *(de borrar)* | der Radiergummi | ■ *radíagumi* |
| gordo(a) | dick | ■ *dik* |
| gorra | die Mütze | ■ *mütse* |
| gorro | die Mütze | ■ *mütse* |
| ▶ gorro de baño | die Badekappe | ■ *bádekape* |
| gotera | die undichte Stelle | ■ *úndijte shtéle* |
| grabar | aufnehmen | ■ *áufnemen* |
| gracias | danke | ■ *dánke* |
| ▶ muchas gracias | vielen Dank! | ■ *fílen dank* |
| ▶ no, gracias | nein danke! | ■ *nain dánke* |
| grado | der Grad | ■ *grat* |
| ▶ hoy hay 20 grados | heute sind 20 Grad | ■ *jóite sint tsvántsij grat* |
| gramo | das Gramm | ■ *gram* |
| ▶ 500 gramos de carne picada | 500 Gramm Gehacktes | ■ *fünf júndat gram guejáktes* |
| grande | groß | ■ *gros* |
| ▶ es demasiado grande | es ist zu groß | ■ *es ist tsu gros* |
| granja | der Bauernhof | ■ *báuernjof* |
| grano | der Pickel | ■ *píkel* |
| grasa | | |
| ▶ la comida tiene mucha grasa | das Essen ist sehr fettig | ■ *das ésen ist séa fétij* |

| | | |
|---|---|---|
| **grasiento(a)** | fettig | ▪ *fétij* |
| **graso(a)** | | |
| ▸ champú para cabello graso | Shampoo für fettiges Haar | ▪ *shampú für fétigues jar* |
| **gratis** | gratis | ▪ *grátis* |
| **grave** | schlimm | ▪ *shlim* |
| **gravemente** | | |
| ▸ está gravemente herido | er ist schwer verletzt | ▪ *éa ist shvéa ferlétst* |
| **grifo** | der Wasserhahn | ▪ *vásajan* |
| **gripe** | die Grippe | ▪ *grípe* |
| ▸ tengo gripe | ich habe Grippe | ▪ *ij jábe grípe* |
| **gris** | grau | ▪ *grau* |
| **grúa** | der Abschleppwagen | ▪ *ápshlepvaguen* |
| ▸ ¿puede mandarme una grúa? | können Sie bitte einen Abschleppwagen herschicken? | ▪ *kœnen si bíte áinen ápshlepvaguen jéashiken?* |
| **grupo** | die Gruppe | ▪ *grúpe* |
| ▸ ¿hacen descuento para grupos? | geben Sie Gruppenermä-ßigungen? | ▪ *guében si grúpen-ermesigungen?* |
| ▸ grupo sanguíneo | die Blutgruppe | ▪ *blútgrupe* |
| **guantes** | die Handschuhe | ▪ *jántshue* |
| **guapo(a)** | gut aussehend | ▪ *gut áusseent* |
| **guardacostas** | die Küstenwache | ▪ *kŭstenvaje* |
| **guardar** | zurücklegen | ▪ *tsurŭkleguen* |
| ▸ ¿podría guardarme una barra de pan? | könnten Sie mir ein Brot zurücklegen? | ▪ *kœnten si mía ain brot tsurŭkleguen?* |
| **guardarropa** | die Garderobe | ▪ *garderóbe* |
| **guardería** | die Kita | ▪ *kíta* |
| **guardia** | der/die Polizist(in) | ▪ *politsíst(in)* |
| ▸ guardia de tráfico | der Verkehrspolizist | ▪ *ferkérspolitsist* |
| **guarnición** | die Verzierung | ▪ *fertsírung* |
| **guerra** | der Krieg | ▪ *krik* |
| **guía** | der (Reise)führer die (Reise)führerin | ▪ *(ráise)fŭra (ráise)fŭrerin* |

| | | |
|---|---|---|
| ▶ ¿hay un/una guía que hable español? | gibt es einen (Reise)führer, der Spanisch spricht? | ▪ guipt es áinen (ráise)fűra déa shpánish shprijt? |
| ▶ ¿tiene alguna guía de la catedral? | haben Sie einen Führer für den Dom? | ▪ jáben si áinen fűra für den dom? |
| ▶ ¿tiene alguna guía turística en español? | haben sie einen Reiseführer in Spanisch? | ▪ jáben si áinen ráisefűra in shpánish? |
| ▶ guía telefónica | das Telefonbuch | ▪ télefonbuj |
| **guiar** | führen | ▪ fűren |
| ▶ guía tú el camino | gehen Sie vor | ▪ guéen si fóa |
| **guisantes** | die Erbsen (pl) | ▪ érpsen |
| **guitarra** | die Gitarre | ▪ guitáre |
| **gustar** | | |
| ▶ me gusta el café | ich trinke gern Kaffee | ▪ ij trínke guern káfe |
| ▶ me gusta nadar | ich schwimme gern | ▪ ij shvíme guern |
| ▶ me gustó la visita | der Ausflug hat mir gefallen | ▪ déa áusfluk jat mía guefálen |
| **gusto** | | |
| ▶ mucho gusto | angenehm | ▪ ánguenem |
| **haber** | | |
| ▶ hay ... | es gibt ... | ▪ es guipt ... |
| ▶ hay un autobús cada 20 minutos | der Bus geht alle zwanzig Minuten | ▪ déa bus guet ále tsvántsij minúten |
| ▶ hay niebla | es ist neblig | ▪ es ist néblij |
| **habitación** | das Zimmer | ▪ tsíma |
| ▶ habitación individual/doble | das Einzelzimmer/ Doppelzimmer | ▪ áintseltsíma/ dópeltsíma |
| ▶ quiero reservar una habitación | ich möchte ein Zimmer reservieren | ▪ ij mǿjte ain tsíma reservíren |
| ▶ una habitación con baño | ein Zimmer mit Bad | ▪ ain tsíma mit bat |
| ▶ una habitación con vistas (al mar) | ein Zimmer mit Blick (aufs Meer) | ▪ ain tsíma mit blik (aufs méa) |
| **hablar** | sprechen | ▪ shpréjen |
| ▶ ¿puedo hablar con ...? (al teléfono) | kann ich bitte ... sprechen? | ▪ kan ij bíte ... shpréjen? |
| ▶ hable más alto/ despacio por favor | sprechen Sie bitte lauter/langsamer | ▪ shpréjen si bíte láuta/lángsama |
| ▶ no hablo alemán | ich spreche nicht Deutsch | ▪ ij shpréje nijt doitsh |

| | | |
|---|---|---|
| **hacer** | machen | ▪ *májen* |
| ▸ están haciendo mucho ruido | sie sind sehr laut | ▪ *si sint ser laut* |
| ▸ tengo que hacer las maletas ahora | ich muss jetzt packen | ▪ *ij mus ietst páken* |
| ▸ ¿podría hacernos una foto? | könnten Sie ein Foto von uns machen? | ▪ *kœnten si ain fóto fon uns májen?* |
| ▸ hace una semana | vor einer Woche | ▪ *fóa áina vóje* |
| ▸ hace mucho tiempo | vor langer Zeit | ▪ *fóa lánga tsait* |
| ▸ hacer transbordo | umsteigen | ▪ *úmshtaiguen* |
| ▸ hace sol | die Sonne scheint | ▪ *di sóne shaint* |
| ▸ hace viento | es ist windig | ▪ *es ist víndij* |
| **hacia** | | |
| (con dirección a) | nach | ▪ *naj* |
| (más o menos) | gegen | ▪ *guéguen* |
| ▸ volveremos hacia las tres | wir kommen gegen drei Uhr zurück | ▪ *vía kómen guéguen drai úa tsurúk* |
| **hambre** | | |
| ▸ tengo/tenemos hambre | ich habe/wir haben Hunger | ▪ *ij jábe/vía jáben júnga* |
| **hamburguesa** | der Hamburger | ▪ *jámburga* |
| **hándicap** | | |
| ▸ mi hándicap es ... | mein Handicap ist ... | ▪ *main jéndikep ist ...* |
| ▸ ¿cuál es su hándicap? | was ist Ihr Handicap? | ▪ *vas ist ía jéndikep?* |
| **harina** | das Mehl | ▪ *mel* |
| ▸ harina integral | das Vollkornmehl | ▪ *fólkornmel* |
| **hasta** | bis | ▪ *bis* |
| ▸ ¡hasta luego! | bis später! | ▪ *bis shpéta* |
| ▸ ¡hasta pronto! | bis bald! | ▪ *bis balt* |
| ▸ ¡hasta mañana! | bis morgen! | ▪ *bis mórguen* |
| **hecho(a)** *(carne)* | durchgebraten | ▪ *dúrjguebraten* |
| ▸ poco hecho | blutig | ▪ *blútij* |
| **heladería** | die Eisdiele | ▪ *áisdile* |
| **helado(a)** *adj* | vereist | ▪ *feráist* |
| *sm* | das Eis | ▪ *áis* |
| **hemorragia** | die Blutung | ▪ *blútung* |
| **hemorroides** | die Hämorriden *(pl)* | ▪ *jemoríden* |

Puntos básicos

Español-Alemán

Alemán-Español

| | | |
|---|---|---|
| ► necesito algo para las hemorroides | ich brauche etwas gegen Hämorriden | ▪ ij bráuje étvas guéguen jemoríden |
| herida *(por accidente)* | die Verletzung | ▪ ferlétsung |
| *(por arma)* | die Wunde | ▪ vúnde |
| herido(a) | verletzt | ▪ ferlétst |
| ► está gravemente herido | er/sie ist schwer verletzt | ▪ éa/si ist shvéa ferlétst |
| hermana | die Schwester | ▪ shvésta |
| hermano | der Bruder | ▪ brúda |
| hermoso(a) | schön | ▪ shœn |
| herpes *(en labios)* | Herpes | ▪ jérpes |
| hervidor | der Wasserkocher | ▪ vásakoja |
| hervir | kochen | ▪ kójen |
| hielo | das Eis | ▪ ais |
| ► café con hielo | das Frappé | ▪ frapé |
| ► ¿hay hielo en las carreteras? | sind die Straßen vereist? | ▪ sint di shtrásen feráist? |
| hierba *(de campo)* | das Gras | ▪ gras |
| *(de infusión)* | das Kraut | ▪ kráut |
| hierbabuena | die Minze | ▪ míntse |
| hígado | die Leber | ▪ léba |
| hija | die Tochter | ▪ tójta |
| hijo | der Sohn | ▪ son |
| hilo | der Faden | ▪ fáden |
| hipo | | |
| ► tengo hipo | ich habe Schluckauf | ▪ ij jábe shlúkauf |
| ¡hola! | hallo! | ▪ jálo |
| hombre | der Mann | ▪ man |
| hombro | die Schulter | ▪ shúlta |
| ► me he hecho daño en el hombro | ich habe mir die Schulter verletzt | ▪ ij jábe mía di shúlta ferlétst |
| hora | die Stunde | ▪ shtúnde |
| ► ¿qué hora es? | wie spät ist es? | ▪ vi shpet ist es? |
| ► ¿a qué hora llegamos a ...? | wann kommen wir in ... an? | ▪ van kómen vía in ... an? |
| ► ¿ya es hora de irnos? | ist es Zeit zu gehen? | ▪ ist es tsait tsu guéen? |
| ► quiero pedir hora | ich hätte gern einen Termin | ▪ ij jéte guern áinen termín |

| | | |
|---|---|---|
| ▸ dentro de dos horas | in zwei Stunden | ▪ *in tsvai shtúnden* |
| ▸ el viaje dura dos horas | die Fahrt dauert zwei Stunden | ▪ *di fart dáuert tsvai shtúnden* |
| ▸ hace una hora | vor einer Stunde | ▪ *fóa áina shtúnde* |
| ▸ por hora | pro Stunde | ▪ *pro shtúnde* |
| ▸ cien kilómetros por hora | hundert Stunden- kilometer | ▪ *júndat shtúnden- kilometa* |
| ▸ hora punta | die Hauptverkehrszeit | ▪ *jáuptferkers-tsait* |
| **horario** | | |
| ▸ ¿cuál es el horario de los trenes? | zu welchen Zeiten fahren die Züge? | ▪ *tsu véljen tsáiten fáren di tsûgue?* |
| ▸ ¿puede darme una tabla de horarios? | kann ich einen Fahrplan haben? | ▪ *kan ij áinen fárplan jáben?* |
| **horno** | der Herd | ▪ *jert* |
| **horquilla** | die Haarklemme | ▪ *járkleme* |
| **hospital** | das Krankenhaus | ▪ *kránkenjaus* |
| ▸ tenemos que llevarlo al hospital | wir müssen ihn ins Krankenhaus bringen | ▪ *vía mûsen in ins kránkenjaus bringen* |
| ▸ ¿dónde está el hospital más próximo? | wo ist das nächste Krankenhaus? | ▪ *vo ist das néjste kránkenjaus?* |
| **hostal** | die Pension | ▪ *pensión* |
| **hotel** | das Hotel | ▪ *jotél* |
| ▸ ¿puede recomen- darnos un hotel (barato)? | können Sie uns ein (preiswertes) Hotel empfehlen? | ▪ *kœnen si uns ain (práisvertes) jotél empfélen?* |
| ▸ hotel de tres estrellas | Hotel mit drei Sternen | ▪ *jotél mit drai shtérnen* |
| **hoy** | heute | ▪ *jóite* |
| ▸ ¿está abierto hoy? | ist heute geöffnet? | ▪ *ist jóite guecéfnet?* |
| **huelga** | der Streik | ▪ *shtraik* |
| **hueso** | der Knochen | ▪ *knójen* |
| **huésped** | der Gast | ▪ *gast* |
| **huevo** | das Ei | ▪ *ai* |
| ▸ huevo duro | das hart gekochte Ei | ▪ *jart guekójte ai* |
| ▸ huevo frito | das Spiegelei | ▪ *shpíguelai* |
| ▸ huevos revueltos | das Rührei | ▪ *rûa-ai* |
| **húmedo(a)** | feucht | ▪ *foijt* |

| | | |
|---|---|---|
| ► tengo la ropa húmeda | meine Kleider sind feucht | ■ máine kláida sint foijt |
| humo | der Rauch | ■ rauj |
| ► hay demasiado humo aquí | hier ist es zu verraucht | ■ jía ist es tsu ferráujt |
| humor | die Laune | ■ láune |
| ► estoy de buen/ mal humor | ich habe gute/ schlechte Laune | ■ ij jábe gúte/ shléjte láune |
| hundirse | untergehen | ■ úntaguéen |
| huracán | der Hurrikan | ■ járikan |
| ida | die Abfahrt | ■ ápfart |
| ► billete de ida y vuelta | die Rückfahrkarte | ■ rűkfarkarte |
| idioma | die Sprache | ■ shpráje |
| ► ¿qué idiomas habla? | welche Sprachen sprechen Sie? | ■ vélje shprájen shpréjen si? |
| iglesia | die Kirche | ■ kírje |
| ► ¿dónde hay una iglesia protes- tante/católica? | wo ist hier eine evangelische/ katholische Kirche? | ■ vo ist jía áine evanguélishe/ katólishe kírje? |
| ► ¿dónde queda la iglesia más próxima? | wo ist die nächste Kirche? | ■ vo ist di néjste kírje? |
| igual | | |
| ► me da igual | mir ist egal | ■ mía ist egál |
| imperdible | die Sicherheitsnadel | ■ síjerjaitsnadel |
| ► necesito un imperdible | ich brauche eine Sicherheitsnadel | ■ ij bráuje áine síjerjaitsnadel |
| impermeable adj sm | wasserdicht der Regenmantel | ■ vásadijt ■ réguenmantel |
| importaciones | die Importe (pl) | ■ impórte |
| importante | wichtig | ■ víjtij |
| importar | | |
| ► no importa | es macht nichts | ■ es majt nijts |
| ► no me importa | ich habe nichts dagegen | ■ ij jábe nijts daguéguen |
| ► ¿le importa si ...? | hätten Sie etwas dagegen, wenn ...? | ■ jéten si étvas daguéguen ven ...? |
| imposible | unmöglich | ■ únmœklij |
| imprescindible | wesentlich | ■ vésentlij |

| impreso | das Formular | ■ formulár |
| impuesto | die Steuer | ■ shtóia |
| incluido(a) | inclusive | ■ inklusíve |
| ► ¿va incluido el servicio? | ist das Bediengeld inclusive? | ■ ist das bedínguelt inklusíve? |
| incómodo(a) | unbequem | ■ únbekvem |
| ► la cama es incómoda | das Bett ist unbequem | ■ das bet ist únbekvem |
| inconsciente | bewusstlos | ■ bevústlos |
| indigestión | die Magenverstimmung | ■ máguenfershtimmung |
| infarto | der Herzanfall | ■ jértsanfal |
| infección | die Infektion | ■ infektsión |
| información | die Information | ■ informatsión |
| ► desearía información sobre ... | ich hätte gern Informationen über ... | ■ ij jéte guern informatsiónen úba ... |
| ► ¿cuál es el número de información? | welche Nummer hat die Auskunft? | ■ vélje núma jat di áuskunft? |
| inmediatamente | sofort | ■ sofórt |
| inmobiliaria | die Immobilienfirma | ■ immobílienfirma |
| insecticida | das Insektenmittel | ■ inséktenmitel |
| insecto | das Insekt | ■ insékt |
| insolación | der Sonnenstich | ■ sónenshtij |
| instalaciones | die Einrichtungen (pl) | ■ áinrijtungen |
| ► ¿qué instalaciones deportivas tienen? | welche Sporteinrichtungen gibt es hier? | ■ vélje shpórt-ainrijtungen guipt es jía? |
| ► ¿tienen instalaciones para niños? | gibt es hier Einrichtungen für Kinder? | ■ guipt es jía áinrijtungen für kínda? |
| instructor(a) | der Lehrer die Lehrerin | ■ léra ■ lérerin |
| insulina | das Insulin | ■ insulín |
| intentar | versuchen | ■ fersújen |
| interés | das Interesse | ■ interése |
| interesante | interessant | ■ interesánt |
| ► ¿puede sugerirme un sitio interesante? | können Sie mir ein interessantes Ausflugsziel vorschlagen? | ■ kœnen si mía ain interesántes áusfluks-tsil fórshlaguen? |

Puntos básicos

Español-Alemán

Alemán-Español

| | | |
|---|---|---|
| **interior** | Innen- | ■ ínen |
| **intermitente** *(de coche)* | der Blinker | ■ blínka |
| ► el intermitente no funciona | der Blinker funktioniert nicht | ■ déa blínka funktsionírt nijt |
| **internacional** | international | ■ internatsionál |
| **Internet** | das Internet | ■ ínternet |
| ► ¿dónde puedo conectarme a Internet? | wo gibt es einen Internetzugang? | ■ vo guipt es áinen ínternet-tsúgang? |
| **intérprete** | der Dolmetscher die Dolmetscherin | ■ dólmetsha ■ dólmetsherin |
| ► ¿podría hacer de intérprete, por favor? | könnten Sie bitte dolmetschen? | ■ kœnten si bíte dólmetshen? |
| **interruptor** | der Schalter | ■ shálta |
| **inundado(a)** | überschwemmt | ■ űbashvemt |
| **inundarse** | | |
| ► el cuarto de baño se ha inundado | das Badezimmer steht unter Wasser | ■ das bádetsima shtet únta vása |
| **invierno** | der Winter | ■ vínta |
| **invitación** | die Einladung | ■ áinladung |
| **invitado(a)** | der Gast | ■ gast |
| **invitar** | einladen | ■ áinladen |
| ► muy amable de su parte al invitarme | es ist sehr nett von Ihnen, mich einzuladen | ■ es ist séa net fon ínen mij áintsuladen |
| **inyección** | die Spritze | ■ shprítse |
| ► póngame una inyección, por favor | geben Sie mir bitte eine Spritze | ■ guében si mía bíte áine shprítse |
| **ir** *(a pie)* *(en coche etc)* | gehen fahren | ■ guéen ■ fáren |
| ► me voy a la playa | ich gehe zum Strand | ■ ij guée tsum shtrant |
| ► vamos adentro | gehen wir hinein | ■ guéen vía jináin |
| ► vamos afuera | gehen wir nach draußen | ■ guéen vía naj dráusen |
| ► vamos andando hasta el centro | gehen wir zu Fuß ins Zentrum | ■ guéen vía tsu fus ins tséntrum |

| | | |
|---|---|---|
| isla | die Insel | ■ *ínsel* |
| IVA | die Mehrwertsteuer | ■ *méavert-shtoia* |
| ▶ ¿va el IVA incluido en el precio? | ist die Mehrwertsteuer im Preis inbegriffen? | ■ *ist di méavert-shtoia im prais ínbegrifen?* |
| izquierda *sf* | | |
| ▶ a la izquierda | links/nach links | ■ *links/naj links* |
| izquierdo(a) *adj* | linke(r, s) | ■ *línke(r, s)* |
| jabón | die Seife | ■ *sáife* |
| ▶ no hay jabón | es ist keine Seife da | ■ *es ist káine sáife da* |
| jamón | der Schinken | ■ *shínken* |
| jaqueca | die Migräne | ■ *migréne* |
| jarabe | der Sirup | ■ *sírup* |
| ▶ ¿tienen jarabe para la tos? | haben Sie Hustensaft? | ■ *jáben si jústensaft?* |
| jardín | der Garten | ■ *gárten* |
| ▶ ¿se pueden visitar los jardines? | können wir die Gärten besichtigen? | ■ *kœnen vía di guérten besíjtiguen?* |
| ▶ jardín botánico | der botanische Garten | ■ *botánishe gárten* |
| jardinero(a) | der Gärtner | ■ *guértna* |
| | die Gärtnerin | ■ *guértnerin* |
| jarra | der Krug | ■ *kruk* |
| ▶ una jarra de agua | ein Krug Wasser | ■ *ain kruk vása* |
| jazz | der Jazz | ■ *ches* |
| jefe(a) | der Chef | ■ *shef* |
| | die Chefin | ■ *shéfin* |
| jengibre | Ingwer | ■ *íngva* |
| jerez | der Sherry | ■ *shéri* |
| jeringuilla | die Spritze | ■ *shprítse* |
| jersey | der Pullover | ■ *pulóva* |
| joven | jung | ■ *iung* |
| joyas | der Schmuck | ■ *shmuk* |
| ▶ quiero poner mis joyas en una caja fuerte | ich möchte meinen Schmuck im Safe aufbewahren | ■ *ij mœjte máinen shmuk im seif áufbevaren* |
| joyería | der Juwelier | ■ *iuvelía* |
| jubilado(a) | der Rentner | ■ *réntna* |
| | die Rentnerin | ■ *réntnerin* |

Puntos básicos

Español-Alemán

Alemán-Español

Puntos básicos

Español-Alemán

Alemán-Español

| judía | die Bohne | ▪ *bóne* |
|---|---|---|
| ► judías verdes | die grünen Bohnen | ▪ *grünen bónen* |
| judío(a) | jüdisch | ▪ *iúdish* |
| juego (de diversión) | das Spiel | ▪ *shpil* |
| (de apuestas) | das Glücksspiel | ▪ *glükshpil* |
| jueves | der Donnerstag | ▪ *dónerstak* |
| jugar | spielen | ▪ *shpílen* |
| ► nos gustaría jugar al tenis | wir möchten gern Tennis spielen | ▪ *vía mœjten guern ténis shpílen* |
| juguete | das Spielzeug | ▪ *shpíltsoik* |
| julio | der Juli | ▪ *iúli* |
| junio | der Juni | ▪ *iúni* |
| juntos(as) | zusammen | ▪ *tsusámen* |
| kilo | das Kilo | ▪ *kílo* |
| kilómetro | der Kilometer | ▪ *kilométa* |
| labio | die Lippe | ▪ *lípe* |
| laca | das Haarspray | ▪ *járshpre(i)* |
| lado | die Seite | ▪ *sáite* |
| ► al lado de | neben | ▪ *nében* |
| ladrón | der Dieb | ▪ *dip* |
| lago | der See | ▪ *se* |
| lámpara | die Lampe | ▪ *lámpe* |
| ► la lámpara no funciona | die Lampe funktioniert nicht | ▪ *di lámpe funktsionírt nijt* |
| lana | die Wolle | ▪ *vóle* |
| lancha | das Schiff | ▪ *shif* |
| ► lancha de excursiones | das Ausflugsschiff | ▪ *áusfluks-shif* |
| ► lancha de salvamento | das Rettungsboot | ▪ *rétungsbot* |
| ► lancha motora | das Motorboot | ▪ *mótoabot* |
| ► ¿podemos alquilar una lancha motora? | können wir ein Motorboot mieten? | ▪ *kœnen vía ain mótoabot míten?* |
| langosta | der Hummer | ▪ *júma* |
| lápiz | der Bleistift | ▪ *bláishtift* |
| largo(a) | lang | ▪ *lang* |
| lasaña | die Lasagne | ▪ *lasánie* |

**lástima**
- ¡qué lástima! — wie schade! — *vi sháde*

**lata** — die Dose — *dóse*

**lavable** — waschbar — *váshbar*

**lavabo** *(pila)* — das Waschbecken — *váshbeken*
- el lavabo está sucio — das Waschbecken ist schmutzig — *das váshbeken ist shmútsij*

**lavado**
- lavado y marcado — Waschen und Legen — *váshen unt léguen*
- lavado automático — die Autowaschanlage — *áutovashanlague*
- ¿cómo funciona el lavado automático? — wie funktioniert die Autowaschanlage? — *vi funktsionírt di áutovashanlague?*

**lavadora** — die Waschmaschine — *váshmashine*
- ¿cómo funciona la lavadora? — wie funktioniert die Waschmachine? — *vi funktsionírt di váshmashine?*

**lavandería**
- ¿hay servicio de lavandería? — gibt es hier einen Wäschedienst? — *guipt es jía áinen véshedinst?*
- lavandería automática — der Waschsalon — *váshsalon*

**lavaparabrisas** — die Scheibenwaschanlage — *sháibenvashanlague*

**lavar** — waschen — *váshen*
*(los platos)* — spülen — *shpúlen*
- ¿dónde puedo lavar la ropa? — wo kann ich meine Wäsche waschen? — *vo kan ij máine véshe váshen?*
- lavarse — sich waschen — *sij váshen*
- ¿dónde puedo lavarme las manos? — wo kann ich mir die Hände waschen? — *vo kan ij mía di jénde váshen?*

**lavavajillas** *(jabón)* — das Spülmittel — *shpúlmitel*
*(electrodoméstico)* — der Geschirrspüler — *gueshírshpúla*

**laxante** — das Abführmittel — *ápfürmitel*

**leche** — die Milch — *milj*
- leche desnatada — die Magermilch — *mágamilj*
- leche semidesnatada — die Halbfettmilch — *jálpfetmilj*
- leche condensada — die Kondensmilch — *kondénsmilj*

**lechuga** — der Kopfsalat — *kópfsalat*

**leer** — lesen — *lésen*

| lejía | das Bleichmittel | ▪ *bláijmitel* |
|---|---|---|
| lejos | weit | ▪ *vait* |
| ► lejos de | weit (entfernt) von | ▪ *vait (entférnt) fon* |
| lengua *(idioma)* | die Sprache | ▪ *shpráje* |
| *(parte del cuerpo)* | die Zunge | ▪ *tsúnge* |
| lentamente | langsam | ▪ *lángsam* |
| lentes de contacto | die Kontaktlinsen *(pl)* | ▪ *kontáktlinsen* |
| ► lentes de contacto duras/blandas | harte/weiche Kontaktlinsen | ▪ *járte/váije kontáktlinsen* |
| lento(a) | langsam | ▪ *lángsam* |
| leña | das Feuerholz | ▪ *fóiajolts* |
| letra | der Buchstabe | ▪ *bújshtabe* |
| letrero | das Schild | ▪ *shilt* |
| ley | das Gesetz | ▪ *gueséts* |
| libre | frei | ▪ *frai* |
| ► mañana estoy libre | morgen habe ich frei | ▪ *mórguen jábe ij frai* |
| ► ¿está libre este asiento? | ist dieser Platz frei? | ▪ *ist dísa plats frai?* |
| librería | die Buchhandlung | ▪ *búj-jantlung* |
| libro | das Buch | ▪ *buj* |
| licencia | | |
| ► ¿necesito licencia de pescar? | brauche ich einen Angelschein? | ▪ *bráuje ij áinen ángelshain?* |
| licor | der Likör | ▪ *likœr* |
| ► ¿qué licores tienen? | was für Liköre haben Sie? | ▪ *vas für likœre jáben si?* |
| lima | die Limone | ▪ *limóne* |

| límite | | |
|---|---|---|
| ► ¿cuál es el límite de equipaje? | wie viel Freigepäck kann ich mitnehmen? | ▪ *vi fil fráiguepek kan ij mítnemen?* |
| ► ¿cuál es el límite de velocidad de esta carretera? | was ist die Höchstgeschwindigkeit auf dieser Straße? | ▪ *vas ist di jœjst-gueshvíndijkait auf dísa shtráse?* |
| limón | die Zitrone | ▪ *tsitróne* |
| limonada | die Limonade | ▪ *limonáde* |
| limpiadora | die Reinemachefrau | ▪ *ráinemajefrau* |
| limpiaparabrisas | der Scheibenwischer | ▪ *sháibenvisha* |

| | | |
|---|---|---|
| **limpiar** | reinigen | ▪ *ráiniguen* |
| ▶ necesito que me limpien esto en seco | das muss chemisch gereinigt werden | ▪ *das mus jémish gueráinikt vérden* |
| ▶ ¿dónde me podrían limpiar esta falda? | wo kann ich diesen Rock reinigen lassen? | ▪ *vo kan ij dísen rok ráiniguen lásen?* |
| ▶ ¿qué día vienen a limpiar? | an welchem Tag kommt die Reinemachefrau? | ▪ *an véljem tak komt di ráinemajefrau?* |
| **limpieza en seco** | chemische Reinigung | ▪ *jémishe ráinigung* |
| **limpio(a)** | sauber | ▪ *sáuba* |
| ▶ la habitación no está limpia | das Zimmer ist nicht sauber | ▪ *das tsíma ist nijt sáuba* |
| ▶ ¿podría darme una cuchara limpia, por favor? | könnte ich bitte einen sauberen Löffel bekommen? | ▪ *kǿnte ij bíte áinen sáuberen lǿfel bekómen?* |
| **línea** *(teléfono)* | die Leitung | ▪ *láitung* |
| ▶ está mal la línea | die Verbindung ist schlecht | ▪ *di ferbíndung ist shlejt* |
| ▶ linea aérea | die Fluggesellschaft | ▪ *flúkgueselshaft* |
| **linterna** | die Taschenlampe | ▪ *táshenlampe* |
| **lipotimia** | die Ohnmacht | ▪ *ónmajt* |
| **lista** | die Liste | ▪ *líste* |
| ▶ lista de espera | die Warteliste | ▪ *várteliste* |
| ▶ lista de precios | die Preisliste | ▪ *práisliste* |
| **listo(a)** | fertig | ▪ *fértij* |
| ▶ estoy listo | ich bin fertig | ▪ *ij bin fértij* |
| ▶ ¿cuándo estará lista la comida/ cena? | wann ist das Mittagessen/ Abendessen fertig? | ▪ *van ist das mítakesen/ ábentesen fértij?* |
| **litera** | der Liegewagen | ▪ *líguevaguen* |
| ▶ quiero reservar una litera | ich möchte gern einen Liegewagen- platz reservieren | ▪ *ij mǿjte guern áinen líguevaguen- plats reservíren* |
| **litro** | der Liter | ▪ *líta* |
| **llamada** | der Anruf | ▪ *ánruf* |
| ▶ quiero hacer una llamada | ich möchte anrufen | ▪ *ij mǿjte ánrufen* |

**Puntos básicos**

| | | |
|---|---|---|
| ► quisiera hacer una llamada a cobro revertido | ich möchte ein R-Gespräch führen | ▪ *ij mǿjte ain érgueshprej fǘren* |
| ► una llamada internacional | ein Auslandsgespräch | ▪ *ain áuslants-gueshprej* |
| ► una llamada interurbana | ein Ferngespräch | ▪ *ain férngueshprej* |
| ► llamada telefónica | der Anruf | ▪ *ánruf* |
| **llamar** | rufen | ▪ *rúfen* |
| ► llámeme un taxi, por favor | bitte bestellen Sie mir ein Taxi | ▪ *bíte beshtélen si mía ain táksi* |
| ► llámenme a las 7 de la mañana, por favor | wecken Sie mich bitte um 7 Uhr morgens | ▪ *véken si mij bíte um síben úa mórguens* |
| ► por favor, llámeme más tarde | bitte rufen Sie mich zurück | ▪ *bíte rúfen si mij tsurǘk* |
| ► ¿puedo llamarle mañana? | kann ich Sie morgen anrufen? | ▪ *kan ij si mórguen ánrufen?* |
| ► ¿puedo llamar por teléfono desde aquí? | kann ich hier telefonieren? | ▪ *kan ij jía telefoníren?* |
| ► me llamo ... | ich heiße ... | ▪ *ij jáise ...* |
| ► ¿cómo se llama usted? | wie heißen Sie? | ▪ *vi jáisen si?* |
| **llave** | der Schlüssel | ▪ *shlǘsel* |
| ► ¿cuál es la llave de la puerta de entrada? | welcher Schlüssel ist für die Haustür? | ▪ *vélja shlǘsel ist für di jáustüa?* |
| ► ¿me da la llave, por favor? | könnte ich bitte meinen Schlüssel haben? | ▪ *kǿnte ij bíte máinen shlǘsel jáben?* |
| ► he perdido la llave | ich habe den Schlüssel verloren | ▪ *ij jábe den shlǘsel ferlóren* |
| ► llave inglesa | der Schraubenschlüssel | ▪ *shráubenshlüsel* |
| **llegada** | die Ankunft | ▪ *ánkunft* |
| ► llegadas | die Ankunftshalle | ▪ *ánkunftsjale* |
| **llegar** | ankommen | ▪ *ánkomen* |
| ► por favor, avíseme cuando lleguemos a ... | würden Sie mir bitte Bescheid sagen, wenn wir nach ... kommen? | ▪ *vǘrden si mía bíte beshǻit ságuen ven vía naj ... kómen?* |

**Español-Alemán**

**Alemán-Español**

| | | |
|---|---|---|
| ▶ tengo que llegar allí antes de las ocho | ich muss bis um acht Uhr dort sein | ▪ *ij mus bis um ajt ua dort sain* |
| ▶ ¿a qué hora llega el autobús/tren? | um wieviel Uhr kommt der Bus/Zug an? | ▪ *um vifil úa komt déa bus/tsuk an?* |
| ▶ llegamos temprano/tarde | wir kamen zu früh/ zu spät an | ▪ *vía kámen tsu frü/tsu shpet an* |
| **llenar** | ausfüllen | ▪ *áusfülen* |
| **lleno(a)** | voll | ▪ *fol* |
| ▶ estoy lleno | ich bin satt | ▪ *ij bin sat* |
| ▶ lleno, por favor | voll tanken, bitte! | ▪ *fol tánken bíte* |
| **llevar** *(ropa, maletas)* | tragen | ▪ *tráguen* |
| ▶ ¿cuánto tiempo lleva? | wie lange dauert es? | ▪ *vi lánge dáuert es?* |
| ▶ ¿me lleva hasta el garaje? | können Sie mich zur Werkstatt mitnehmen? | ▪ *kœnen si mij tsúa vérkshtat mítnemen?* |
| ▶ lleva demasiado azúcar | es enthält zu viel Zucker | ▪ *es entjélt tsu fil tsúka* |
| ▶ llevarse | nehmen | ▪ *némen* |
| **llover** | | |
| ▶ está lloviendo | es regnet | ▪ *es régnet* |
| ▶ ¿va a llover? | wird es regnen? | ▪ *virt es régnen?* |
| **lluvia** | der Regen | ▪ *réguen* |
| **lluvioso(a)** | | |
| ▶ tiempo lluvioso | das Regenwetter | ▪ *réguenveta* |
| **lo** | es | ▪ *es* |
| **local** | örtlich | ▪ *œrtlij* |
| **loción** | die Lotion | ▪ *lotsión* |
| ▶ loción bronceadora | das Sonnenöl | ▪ *sónenœl* |
| **luego** | | |
| ▶ ¡hasta luego! | bis später! | ▪ *bis shpéta* |
| **lugar** | der Ort | ▪ *ort* |
| **lujo** | Luxus- | ▪ *lúksus* |
| **luna** | der Mond | ▪ *mont* |
| ▶ luna de miel | die Hochzeitsreise | ▪ *jójtsaitsraise* |
| ▶ estamos de luna de miel | wir sind auf unserer Hochzeitsreise | ▪ *vía sint auf únsera jójtsaitsraise* |
| **lunes** | der Montag | ▪ *móntak* |

| luz | das Licht | ▪ lijt |
| ► ¿le importa si apago la luz? | haben Sie etwas dagegen, wenn ich das Licht ausmache? | ▪ jáben si étvas daguéguen ven ij das lijt áusmaje? |
| macarrones | die Makkaroni | ▪ makaróni |
| madera | das Holz | ▪ jolts |
| madre | die Mutter | ▪ múta |
| ► ¿hay alguna sala para madres con bebés? | gibt es hier einen Raum für Mütter mit Babys? | ▪ guipt es jía áinen raum für múta mit bé(i)bis? |
| Madrid | Madrid | ▪ madrít |
| madrugada | der frühe Morgen | ▪ frúe mórguen |
| maduro(a) | reif | ▪ raif |
| maestro(a) | der Lehrer die Lehrerin | ▪ léra ▪ lérerin |

| mal | | |
| ► algo va mal en el sistema eléctrico | mit der Elektrik stimmt etwas nicht | ▪ mit déa eléktrik shtimt étvas nijt |
| ► creo que me ha dado mal el cambio | ich glaube, Sie haben mir falsch herausgegeben | ▪ ij gláube si jáben mía falsh jeráusgueguében |
| malentendido | das Missverständnis | ▪ mísfershtendnis |
| ► ha habido un malentendido | wir haben uns missverstanden | ▪ vía jáben uns mísfershtanden |
| maleta | der Koffer | ▪ kófa |
| ► lléveme las maletas a un taxi, por favor | bitte tragen Sie mein Gepäck zu einem Taxi | ▪ bíte tráguen si main guepék tsu áinem táksi |
| ► me falta la maleta | mein Koffer ist nicht da | ▪ main kófa ist nijt da |
| ► se me ha estropeado la maleta en el viaje | mein Koffer wurde beim Transport beschädigt | ▪ main kófa vúrde baim transpórt beshédigt |
| ► ¿puede ayudarme a llevar las maletas, por favor? | können Sie mir bitte mit meinem Gepäck helfen? | ▪ kœnen si mía bíte mit máinem guepék jélfen? |

| maletero (de coche) | der Kofferraum | ▪ kófaraum |
| Mallorca | Mallorca | ▪ maiórka |
| malo(a) | schlecht | ▪ shlejt |
| ► tuvimos una mala travesía | wir hatten eine unruhige Überfahrt | ▪ vía játen áine únruigue úbafart |

| mancha | der Fleck | ■ flek |
|---|---|---|
| ► ¿puede quitar esta mancha? | können Sie diesen Fleck entfernen? | ■ kœnen si dísen flek entférnen? |
| ► esta mancha es de café/sangre | das ist ein Kaffee-/ Blutfleck | ■ das ist ain káfe-/ blútflek |
| **mandar** | | |
| ► por favor, mándenme el correo/equipaje a esta dirección | bitte schicken Sie meine Post/mein Gepäck an diese Adresse | ■ bíte shíken si máine post/main guepék an díse adrése |
| **mando** | die Steuerung | ■ shtóierung |
| ► ¿cómo funcionan los mandos? | wie bediene ich die Schalter? | ■ vi bedíne ij di shálta? |
| ► mando a distancia | die Fernsteuerung | ■ férnshtoierung |
| **manera** | die Art und Weise | ■ art unt váise |
| ► ¿cuál es la mejor manera de ir a ...? | wie komme ich am besten nach ...? | ■ vi kóme ij am bésten naj ...? |
| **manguera** | der Schlauch | ■ shlauj |
| **mano** | die Hand | ■ jant |
| ► ¿está hecho a mano? | ist das Handarbeit? | ■ ist das jántarbait? |
| ► a mano derecha/ izquierda | rechter Hand/ linker Hand | ■ réjta jant/línka jant |
| ► de segunda mano | secondhand | ■ sékont-jent |
| **manta** | die Decke | ■ déke |
| **mantel** | die Tischdecke | ■ tíshdeke |
| **mantener** | | |
| ► ¿cuánto tiempo se mantiene fresco? | wie lange hält es sich? | ■ vi lánge jelt es sij? |
| **mantequilla** | die Butter | ■ búta |
| **manzana** | der Apfel | ■ ápfel |
| **mañana** *(parte del día)* *(día siguiente)* | der Morgen morgen | ■ mórguen ■ mórguen |
| ► por la mañana | morgens | ■ mórguens |
| ► ¿está abierto mañana? | hat es morgen geöffnet? | ■ jat es mórguen gueœfnet? |
| ► mañana por la mañana | morgen früh | ■ mórguen frü |
| ► mañana por la tarde | morgen Nachmittag | ■ mórguen nájmitak |

| | | |
|---|---|---|
| ► mañana por la noche | morgen Abend | ▪ mórguen ábent |
| ► pasado mañana | übermorgen | ▪ űbamorguen |
| ► ¡hasta mañana! | tschüss bis morgen! | ▪ tshüs bis mórguen |
| **mapa** | die Karte | ▪ kárte |
| ► necesito un mapa de carreteras de ... | ich brauche eine Straßenkarte von ... | ▪ ij bráuje áine shtrásenkarte von ... |
| ► ¿dónde puedo comprar un mapa de la zona? | wo kann ich eine Landkarte von dieser Gegend kaufen? | ▪ vo kan ij áine lántkarte fon dísa guéguent káufen? |
| ► ¿puede indicármelo en el mapa? | können Sie es mir auf der Karte zeigen? | ▪ kœnen si es mía auf déa kárte tsáiguen? |
| **maquillaje** | das Make-up | ▪ méikap |
| **máquina** | die Maschine | ▪ mashíne |
| **maquinilla de afeitar** | der Rasierapparat | ▪ rasíraparat |
| **mar** | das Meer | ▪ méa |
| **marcha** *(de coche)* | der Gang | ▪ gang |
| ► marcha atrás | der Rückwärtsgang | ▪ rűkvertsgang |
| ► ir de marcha | ausgehen | ▪ áusgueen |
| **marea** | die Gezeiten *(pl)* | ▪ guetsáiten |
| ► marea alta/baja | die Flut/die Ebbe | ▪ flut/ébe |
| ► ¿cuándo hay marea alta? | wann kommt die Flut? | ▪ van komt di flut? |
| **mareado(a)** | | |
| *(aturdido)* | schwindelig | ▪ shvíndelij |
| *(en barco)* | seekrank | ▪ sékrank |
| ► estoy mareado | mir ist schwindelig | ▪ mía ist shvíndelij |
| **marearse** | | |
| ► me mareo en los viajes | auf Reisen wird mir immer übel | ▪ auf ráisen virt mía íma übel |
| ► me estoy mareando | mir wird schwindelig | ▪ mía virt shvíndelij |
| **mareo** | die Übelkeit | ▪ űbelkait |
| **margarina** | die Margarine | ▪ margaríne |
| **marido** | der Ehemann | ▪ éeman |
| **mariscos** | die Meeresfrüchte *(pl)* | ▪ méresfrüte |
| ► ¿le gustan los mariscos? | essen Sie gern Meeresfrüchte? | ▪ ésen si guern méresfrüte? |

| | | |
|---|---|---|
| **marrón** | braun | ▪ *braun* |
| **martes** | der Dienstag | ▪ *dínstak* |
| **marzo** | der März | ▪ *merts* |
| **más** | mehr | ▪ *méa* |
| ▶ más vino, por favor | noch etwas Wein, bitte | ▪ *noj étvas vain bíte* |
| ▶ más barato(a) | billiger | ▪ *bíliga* |
| ▶ ¿tiene algo más barato? | haben Sie etwas Billigeres? | ▪ *jáben si étvas bíligueres?* |
| ▶ más grande | größer | ▪ *grǽsa* |
| ▶ ¿tiene uno/una más grande? | haben Sie etwas Größeres? | ▪ *jáben si étvas grǽseres?* |
| ▶ más pequeño(a) | kleiner | ▪ *kláina* |
| ▶ más tarde | später | ▪ *shpéta* |
| ▶ ¿vuelvo más tarde? | soll ich später wiederkommen? | ▪ *soll ij shpéta vídakomen?* |
| ▶ más que | mehr als | ▪ *méa als* |
| ▶ la discoteca más frecuentada | die populärste Disko | ▪ *di populérste dísko* |
| **matrícula** | das Kennzeichen | ▪ *kéntsaijen* |
| **mayo** | der Mai | ▪ *mai* |
| **mayonesa** | die Mayonnaise | ▪ *maionése* |
| **mayor** *(de tamaño)* | größer | ▪ *grǽsa* |
| *(de edad)* | älter | ▪ *élta* |
| ▶ el/la mayor | der/die/das größte | ▪ *déa/di/das grǽste* |
| ▶ mayor de edad | volljährig | ▪ *fól-iérij* |
| **mazapán** | das Marzipan | ▪ *martsipán* |
| **mazo** | der Holzhammer | ▪ *jóltsjama* |
| **me** | mich | ▪ *mij* |
| *(a mí)* | mir | ▪ *mía* |
| ▶ me lo dio | er gab es mir | ▪ *éa gap es mía* |
| ▶ me hice daño | ich habe mir wehgetan | ▪ *ij jábe mía véguetan* |
| **mecánico** | der Mechaniker | ▪ *mejánika* |
| ▶ ¿puede mandarme un mecánico? | können Sie einen Mechaniker herschicken? | ▪ *kœnen si áinen mejánika jéashiken?* |
| **mechas** | die Strähnchen *(pl)* | ▪ *shtrénjen* |
| **mechero** | das Feuerzeug | ▪ *fóiatsoik* |

**media**

| | | |
|---|---|---|
| ► las dos/tres y media | halb drei/vier | ■ *jalp drai/fía* |
| ► media botella de ... | eine halbe Flasche ... | ■ *áine jálbe fláshe ...* |
| ► pagamos a medias | jeder zahlt die Hälfte | ■ *iéda tsalt di jélfte* |
| **mediano(a)** | mittlere(r, s) | ■ *mítlere(r, s)* |
| **medianoche** | die Mitternacht | ■ *mítanajt* |
| ► a medianoche | um Mitternacht | ■ *um mítanajt* |
| **mediante** | mittels | ■ *mítels* |
| **medias** | die Strumpfhose | ■ *shtrúmpfjose* |
| **medicina** | die Medizin | ■ *meditsín* |
| **médico(a)** | der Arzt | ■ *artst* |
| | die Ärztin | ■ *értstin* |
| ► necesito un médico | ich brauche einen Arzt | ■ *ij bráuje áinen artst* |
| ► ¡llame a un médico! | rufen Sie einen Arzt! | ■ *rúfen si áinen artst!* |
| ► ¿puede darme hora para el médico? | könnten Sie mir einen Arzttermin geben? | ■ *kœnten si mía áinen artst-termín guében?* |

---

> ⓘ La asistencia médica es gratuita para todos los miembros de la Comunidad Europea en Alemania y Austria, no así en Suiza.

---

**medida**

| | | |
|---|---|---|
| ► ¿puede tomarme las medidas, por favor? | können Sie mir bitte Maß nehmen? | ■ *kœnen si mir bíte mas némen?* |
| **medio(a)** | halb | ■ *jalp* |
| ► medio hecho(a) (carne) | halb durch | ■ *jalp durj* |
| **mediodía** | der Mittag | ■ *mítak* |
| ► a mediodía | mittags | ■ *mítaks* |
| **medir** | messen | ■ *mésen* |
| ► mido 1,80 m | ich bin ein Meter achtzig groß | ■ *ij bin ain méta ájtsij gros* |
| ► mide 10 m de largo | es ist zehn Meter lang | ■ *es ist tsen méta lang* |
| **mediterráneo(a)** | Mittelmeer- | ■ *mítelmea* |

| | | |
|---|---|---|
| **medusa** | die Qualle | ▪ *kvále* |
| ▸ me ha picado una medusa | ich habe mich an einer Qualle verbrannt | ▪ *ij jábe mij an áina kvále ferbránt* |
| **mejillón** | die Muschel | ▪ *múshel* |
| **mejor** *(comparativo)* | besser | ▪ *bésa* |
| ▸ el/la/lo mejor *(superlativo)* | der/die/das Beste | ▪ *déa/di/das béste* |
| **melocotón** | der Pfirsich | ▪ *pfírsij* |
| **melón** | die Melone | ▪ *melóne* |
| **menor** | | |
| *(tamaño)* | kleiner | ▪ *kláina* |
| *(edad)* | jünger | ▪ *iúnga* |
| ▸ el/la menor | der/die/das kleinste | ▪ *déa/di/das kláinste* |
| ▸ menor de edad | minderjährig | ▪ *mínda-ierij* |
| **menos** | | |
| *(comparativo)* | weniger | ▪ *véniga* |
| *(superlativo)* | am wenigsten | ▪ *am vénigsten* |
| ▸ menos de | nicht mehr als | ▪ *nijt méa als* |
| ▸ el artículo menos caro | das billigste Produkt | ▪ *das bíligste prodúkt* |
| ▸ por lo menos | mindestens | ▪ *míndestens* |
| ▸ echar de menos a alguien | jemanden vermissen | ▪ *iémanden fermísen* |
| **mensaje** | die Nachricht | ▪ *nájrijt* |
| ▸ ¿podría dejarle un mensaje a usted? | könnten Sie bitte etwas ausrichten? | ▪ *kœnten si bíte étvas áusrijten?* |
| **mensajero(a)** | der Kurier die Kurierin | ▪ *kuría* ▪ *kuríerin* |
| ▸ quiero enviar esto con un mensajero | ich möchte das per Kurier schicken lassen | ▪ *ij mœjte das per kuría shíken lásen* |
| **menú** *(carta)* *(comida)* | die Speisekarte das Tagesgericht | ▪ *shpáisekarte* ▪ *táguesguerijt* |
| ▸ tráiganos el menú del día | wir hätten gern das Tagesgericht | ▪ *vía jéten guern das táguesguerijt* |
| ▸ ¿cuánto es el menú del día? | was kostet das Tagesgericht? | ▪ *vas kóstet das táguesguerijt?* |
| ▸ ¿tienen un menú especial para niños? | haben Sie spezielle Kindergerichte? | ▪ *jáben si shpetsiéle kíndaguerijte?* |
| **mercadillo** | der Straßenmarkt | ▪ *shtrásenmarkt* |
| **mercado** | der Markt | ▪ *markt* |

| | | |
|---|---|---|
| ► ¿qué día ponen el mercado? | an welchem Tag ist Markt? | ▪ an véljem tak ist markt? |
| merienda | das Picknick | ▪ píknik |
| merluza | der Seehecht | ▪ séjejt |
| mermelada | die Marmelade | ▪ marmeláde |
| ► mermelada de fresa | Erdbeermarmelade | ▪ értbeamarmelade |
| mes | der Monat | ▪ mónat |
| mesa | der Tisch | ▪ tish |
| ► la mesa está reservada para esta noche a las ... | der Tisch ist für heute Abend um ... bestellt | ▪ déa tish ist für jóite ábent um ... beshtélt |
| ► una mesa para cuatro, por favor | einen Tisch für vier Personen bitte | ▪ áinen tish für fía persónen bíte |
| metal | das Metall | ▪ metál |
| metro (tren) | die U-Bahn | ▪ úban |
| (medida) | der Meter | ▪ méta |
| mezquita | die Moschee | ▪ moshé |
| mi | mein(e) | ▪ main(e) |
| ► mi coche | mein Auto | ▪ main áuto |
| ► mis calcetines | meine Socken | ▪ máine sóken |
| ► mis cosas | meine Sachen | ▪ máine sájen |
| mí | | |
| ► una llamada para mí | ein Anruf für mich | ▪ ain ánruf für mij |
| microbús | der Kleinbus | ▪ kláinbus |
| miedo | | |
| ► tener miedo | Angst haben | ▪ angst jáben |
| ► tengo miedo a las alturas | ich habe Höhenangst | ▪ ij jábe jœenangst |
| miel | der Honig | ▪ jónij |
| mientras | während | ▪ vérent |
| miércoles | der Mittwoch | ▪ mítvoj |
| migraña | die Migräne | ▪ migréne |
| mil | tausend | ▪ táusent |
| milímetro | der Millimeter | ▪ miliméta |
| millón | die Million | ▪ milión |
| mínimo | das Minimum | ▪ mínimum |
| minusválido(a) adj | behindert | ▪ bejíndert |

| | | |
|---|---|---|
| sm/f | der/die Behinderte | ■ *bejínderte* |
| ► ¿disponen de rampas de acceso para los minusválidos? | ist der Zugang behindertengerecht? | ■ *ist déa tsúgang bejíndertenguerejt?* |
| ► ¿hay wáter especial para minusválidos? | gibt es eine behindertengerechte Toilette? | ■ *guipt es áine bejíndertenguerejte toaléte?* |
| ► ¿tienen ustedes instalaciones especiales para minusválidos en el hotel? | ist das Hotel behindertengerecht? | ■ *ist das jotél bejíndertenguerejt?* |
| **minuto** | die Minute | ■ *minúte* |
| **mío(a)** | | |
| ► el/la mío(a) | meine(r, s) | ■ *máine(r, s)* |
| ► esto no es mío | das gehört mir nicht | ■ *das guejǿrt mía nijt* |
| **miope** | kurzsichtig | ■ *kurts-síjtij* |
| **mirar** *(ver)* | sehen | ■ *séen* |
| *(observar)* | (an)sehen | ■ *(án)séen* |
| ► sólo estoy mirando | ich schaue mich nur um | ■ *ij sháue mij núa um* |
| **misa** | die Messe | ■ *mése* |
| ► ¿cuándo es la misa? | wann ist die Messe? | ■ *van ist di mése?* |
| **mismo(a)** | gleich | ■ *glaij* |
| ► yo tomaré lo mismo | ich nehme das gleiche | ■ *ij néme das gláije* |
| **mochila** | der Rucksack | ■ *rúksak* |
| **moderno(a)** | modern | ■ *modérn* |
| **modo** | die (Art und) Weise | ■ *(art unt) váise* |
| ► de este modo | auf diese Weise | ■ *auf díse váise* |
| ► de todos modos | auf alle Fälle | ■ *auf ále féle* |
| **mojado(a)** | nass | ■ *nas* |
| **molestar** | stören | ■ *shtǿren* |
| ► no se moleste | machen Sie sich keine Umstände | ■ *májen si sij káine úmshtende* |
| **molestia** | | |
| ► perdone las molestias | entschuldigen Sie die Störung | ■ *entshúldiguen si di shtǿrung* |
| **momento** | der Moment | ■ *momént* |

| | | |
|---|---|---|
| ► ¡un momento! | einen Augenblick! | áinen áuguenblik |
| **monasterio** | das Kloster | klósta |
| **moneda** | die Münze | mµ́ntse |
| ► ¿qué monedas me hacen falta? | welche Münzen brauche ich? | vélje mµ́ntsen bráuje ij? |
| **monedero** | die Geldbörse | guéltbœrse |
| ► me han robado el monedero | meine Geldbörse ist gestohlen worden | máine guéltbœrse ist gueshtólen vórden |
| ► he perdido el monedero | ich habe meine Geldbörse verloren | ij jábe máine guéltbœrse ferlóren |
| **monopatín** | das Skateboard | skéitbort |
| ► me gustaría montar en monopatín | ich möchte Skateboard fahren | ij mœjte skéitbort fáren |
| **montaña** | der Berg | berk |
| **montañismo** | das Bergwandern | bérkvandern |
| **montar** | | |
| ► montar en | fahren mit | fáren mit |
| ► montar a caballo | reiten | ráiten |
| ► ¿se puede montar a caballo? | kann man reiten? | kan man ráiten? |
| ► ir a montar a caballo | reiten gehen | ráiten guéen |
| **monumento** | das Monument | monumént |
| **moqueta** | der Teppichboden | tépijboden |
| **morado(a)** | dunkelviolett | dúnkelviolet |
| **morder** | beißen | báisen |
| **mordido(a)** | gebissen | guebísen |
| **moreno(a)** (de piel) | braun | braun |
| ► ponerse moreno(a) | braun werden | braun vérden |
| **morirse** | sterben | shtérben |
| **mosca** | die Fliege | flíque |
| **mosquito** | die Mücke | mµ́ke |
| **mostaza** | der Senf | senf |
| **mostrar** | zeigen | tsáiguen |
| ► ¿podría mostrármelo por favor? | können Sie mir das bitte zeigen? | kœnen si mía das bíte tsáiguen? |

| moto acuática | der Jetski | • *chet-shi* |
| ► me gustaría ir a montar en moto acuática | ich möchte gern Jetski laufen | • *ij mœjte guern chet-shi láufen* |
| motocicleta | das Motorrad | • *mótoarad* |
| motor | der Motor | • *mótoa* |
| mousse *(comida)* | die Cremespeise | • *krémeshpaise* |
| mover | bewegen | • *bevéguen* |
| ► no lo/la mueva | bewegen Sie ihn/ sie nicht | • *bevéguen si in/ si nijt* |
| ► (él/ella) no puede mover la pierna | er/sie kann sein/ihr Bein nicht bewegen | • *éa/si kan sain/ía bain nijt bevéguen* |
| ► (él/ella) no puede moverse | er/sie kann sich nicht bewegen | • *éa/si kan sij nijt bevéguen* |
| ► ¿podría mover su coche, por favor? | können Sie ihren Wagen bitte wegfahren? | • *kœnen si íren váguen bíte vékfaren?* |
| **móvil** *(teléfono)* | das Handy | • *jéndi* |
| muchacha | das Mädchen | • *métjen* |
| muchacho | der Junge | • *iúnge* |
| mucho(a) | viel | • *fil* |
| ► muchos(as) | viele | • *file* |
| ► no tengo mucho dinero | ich habe nicht viel Geld | • *ij jábe nijt fil guelt* |
| ► me gusta mucho | es gefällt mir (sehr) gut | • *es guefélt mía (séa) gut* |
| *(comida)* | es schmeckt mir (sehr) gut | • *es shmekt mía (séa) gut* |
| ► mucho gusto | angenehm | • *ánguenem* |
| ► muchas gracias | vielen Dank | • *filen dank* |
| ► muchas veces | oft | • *oft* |
| ► durante mucho tiempo | lange Zeit | • *lánge tsait* |
| ► hace mucho tiempo | vor langer Zeit | • *fóa lánga tsait* |
| muebles | die Möbel | • *mœbel* |
| muela | der Backenzahn | • *bákentsan* |
| ► muela del juicio | der Weisheitszahn | • *váisjaits-tsan* |
| muelle | der Kai | • *kai* |
| muerte | der Tod | • *tot* |
| muerto(a) | tot | • *tot* |

| | | |
|---|---|---|
| muesli | das Müsli | ▪ *músli* |
| mujer | die Frau | ▪ *frau* |
| *(esposa)* | die Ehefrau | ▪ *éefrau* |
| muleta | die Krücke | ▪ *krúke* |
| multa | das Bußgeld | ▪ *búsguelt* |
| ▶ ¿cuánto es la multa? | wie hoch ist das Bußgeld? | ▪ *vi joj ist das búsguelt?* |
| ▶ poner una multa a alguien | jemandem ein Bußgeld auferlegen | ▪ *iémandem ain búsguelt áuferleguen* |
| mundo | die Welt | ▪ *velt* |
| ▶ todo el mundo | alle | ▪ *ále* |
| muñeca | die Puppe | ▪ *púpe* |
| músculo | der Muskel | ▪ *múskel* |
| museo | das Museum | ▪ *muséum* |
| ▶ el museo está abierto por la mañana/tarde | das Museum ist vormittags/ nachmittags geöffnet | ▪ *das muséum ist fórmitaks/nájmitaks guéœfnet* |
| música | die Musik | ▪ *musík* |
| ▶ la música está demasiado alta | die Musik ist zu laut | ▪ *di musík ist tsu laut* |
| musulmán(ana) | der Moslem | ▪ *móslem* |
| | die Moslemin | ▪ *moslémin* |
| muy | sehr | ▪ *séa* |
| ▶ muy hecho(a) | durch | ▪ *durj* |
| ▶ ¡muy bien! | in Ordnung! | ▪ *in órtnung* |
| nabo | die Rübe | ▪ *rúbe* |
| nacer | geboren werden | ▪ *guebóren vérden* |
| nación | die Nation | ▪ *natsión* |
| nacionalidad | die Nationalität | ▪ *natsionalitét* |
| nada | nichts | ▪ *nijts* |
| ▶ nada que declarar | nichts zu verzollen | ▪ *nijts tsu fertsólen* |
| ▶ de nada | bitte sehr | ▪ *bíte séa* |
| nadar | schwimmen | ▪ *shvímen* |
| ▶ ¿se puede nadar en el río? | kann man im Fluss schwimmen? | ▪ *kan man im flus shvímen?* |
| ▶ ¿se puede nadar sin peligro aquí? | kann man hier gefahrlos schwimmen? | ▪ *kan man jía guefárlos shvímen?* |
| nadie | niemand | ▪ *nímant* |
| naranja *(fruta)* | die Orange | ▪ *oránshe* |

| | | |
|---|---|---|
| ► color naranja | orange | *oránsh* |
| nariz | die Nase | *náse* |
| nata | die Sahne | *sáne* |
| ► nata batida | die Schlagsahne | *shláksane* |
| natación | das Schwimmen | *shvímen* |
| natillas | Cremespeise | *krémeshpaise* |
| naturaleza | die Natur | *natúa* |
| náuseas | die Übelkeit | *úbelkait* |
| navaja | das Taschenmesser | *táshenmesa* |
| ► navaja suiza | das Schweizer Armeemesser | *shváitsa armémesa* |
| navegar | mit einem Schiff fahren | *mit áinem shif fáren* |
| Navidad | Weihnachten | *váinajten* |

ⓘ En la mayoría de las ciudades alemanas, unas semanas antes de las fiestas, se coloca el mercado de Navidad ("Weihnachtsmarkt"). En sus puestos se pueden comprar regalos, adornos y productos navideños, así como beber el típico vino caliente ("Glühwein").

| | | |
|---|---|---|
| nebuloso(a) | dunstig | *dúnstij* |
| necesario(a) | notwendig | *nótvendij* |
| necesitar | brauchen | *bráujen* |
| ► necesito una aspirina | ich brauche ein Aspirin | *ij bráuje ain aspirín* |
| negativo | das Negativ | *negatíf* |
| negocio | das Geschäft | *gueshéft* |
| ► un viaje de negocios | eine Geschäftsreise | *áine gueshéftsraise* |
| ► he venido en viaje de negocios | ich bin geschäftlich hier | *ij bin gueshéftlij jía* |
| negro(a) | schwarz | *shvarts* |
| nervio | der Nerv | *nerf* |
| nervioso(a) | nervös | *nervœs* |
| neumático | der Reifen | *ráifen* |
| nevar | | |
| ► está nevando | es schneit | *es shnait* |
| ► ¿va a nevar? | wird es schneien? | *virt es shnáien?* |
| nevera | der Kühlschrank | *kúlshrank* |

| ni | weder | ▪ *véda* |
|---|---|---|
| ► ni ... ni | weder ... noch ... | ▪ *véda ... noj ...* |
| ► ni una cosa ni otra | weder das eine noch das andere | ▪ *véda das áine noj das ándere* |
| niebla | der Nebel | ▪ *nébel* |
| ► hay niebla | es ist neblig | ▪ *es ist néblij* |
| nieve | der Schnee | ▪ *shne* |
| ► la nieve está muy helada/dura | der Schnee ist sehr vereist/pappig | ▪ *déa shne ist séa feráist/pápij* |
| ► ¿cuál es el estado de la nieve? | wie sind die Schneebedingungen? | ▪ *vi sint di shnébedingungen?* |
| ninguno(a) pron adj | kein(e) keine(r, s) | ▪ *káin(e)* ▪ *káine(r, s)* |
| ► no me queda ninguno | ich habe keine übrig | ▪ *ij jábe káine úbrij* |
| ► no hay ningún niño en la piscina | es sind keine Kinder im Schwimmbad | ▪ *es sint káine kínda im shvímbat* |
| niña | das Mädchen | ▪ *métjen* |
| niñera | die Tagesmutter | ▪ *táguesmuta* |
| niño | der Junge | ▪ *iúnge* |
| ► niños | die Kinder | ▪ *kínda* |
| ► ¿hay piscina para los niños? | gibt es ein Schwimmbecken für die Kinder? | ▪ *guipt es ain shvímbeken für di kínda?* |
| ► ¿lo pueden tomar los niños? | kann man es bedenkenlos Kindern geben? | ▪ *kan man es bedénklos kíndan guében?* |
| nivel | das Niveau | ▪ *nivó* |
| no (independiente) (con verbos) | nein nicht | ▪ *nain* ▪ *nijt* |
| ► no hay café | es ist kein Kaffee da | ▪ *es ist kain káfe da* |
| ► no, gracias | nein, danke | ▪ *nain dánke* |
| ► no comprendo | ich verstehe nicht | ▪ *ij fershtée nijt* |
| ► no sé | ich weiß nicht | ▪ *ij vais nijt* |
| ► no voy | ich komme nicht | ▪ *ij kóme nijt* |
| ► no contestan | es geht keiner ran | ▪ *es guet káina ran* |
| ► no importa | es macht nichts | ▪ *es majt nijts* |
| ► no queda | es ist nichts übrig | ▪ *es ist nijts úbrij* |
| noche | die Nacht | ▪ *najt* |

| | | |
|---|---|---|
| ▸ ¿qué hace esta noche? | was machen Sie heute Abend? | ▪ *vas májen si jóite ábent?* |
| ▸ por la noche | nachts | ▪ *najts* |
| ▸ mañana por la noche | morgen Abend | ▪ *mórguen ábent* |
| ▸ el sábado por la oche | Samstag Abend | ▪ *sámstak ábent* |
| ▸ ¿qué se puede hacer por las noches? | was kann man hier abends unternehmen? | ▪ *vas kan man jía ábents untanémen?* |
| ▸ ¡buenas noches! | | |
| *(al atardecer)* | guten Abend! | ▪ *gúten ábent* |
| *(al despedirse)* | gute Nacht! | ▪ *gúte najt* |
| **Nochebuena** | Heiligabend | ▪ *jáilikabent* |
| **Nochevieja** | Silvester | ▪ *silvésta* |
| **nombre** | der Name | ▪ *náme* |
| **norma** | die Vorschrift | ▪ *fórshrift* |
| ▸ lo siento mucho, no conocía las normas | es tut mir Leid, ich kannte die Vorschrift nicht | ▪ *es tut mía lait, ij kánte di fórshrift nijt* |
| **normal** | normal | ▪ *normál* |
| **norte** | der Norden | ▪ *nórden* |
| **nos** | uns | ▪ *uns* |
| ▸ nos dio una entrada | er gab uns eine Eintrittskarte | ▪ *éa gap uns áine áintritskarte* |
| **nosotros(as)** | wir | ▪ *vía* |
| **nota** *(apunte)* | die Notiz | ▪ *notíts* |
| *(mensaje)* | der Zettel | ▪ *tsétel* |
| *(calificación, en música)* | die Note | ▪ *nóte* |
| **noticias** | die Nachrichten | ▪ *nájrijten* |
| **novela** | der Roman | ▪ *román* |
| **noveno(a)** | neunte(r, s) | ▪ *nóinte(r, s)* |
| **noventa** | neunzig | ▪ *nóintsij* |
| **noviembre** | der November | ▪ *novémba* |
| **novio(a)** | der Freund | ▪ *fróint* |
| | die Freundin | ▪ *fróindin* |
| *(prometido)* | der/die Verlobte | ▪ *ferlópte* |
| **nube** | die Wolke | ▪ *vólke* |
| **nublado(a)** | bewölkt | ▪ *bevœlkt* |
| ▸ está nublado | es ist bewölkt | ▪ *es ist bevœlkt* |

| nudista | der/die Nudist(in) | ▪ nudíst(in) |
|---|---|---|
| nuestro(a) | unser(e) | ▪ únsa (únsere) |
| ► el/la nuestro(a) | unsere(r, s) | ▪ únsere(r, s) |
| ► nuestro coche | unser Auto | ▪ únsa Auto |
| ► nuestra mesa | unser Tisch | ▪ únsa tish |
| ► nuestros hijos | unsere Kinder | ▪ únsere kinda |
| ► nuestras vacaciones | unsere Ferien | ▪ únsere férien |
| nueve | neun | ▪ noin |
| nuevo(a) | neu | ▪ noi |
| nuez | die Walnuss | ▪ válnus |
| número | die Zahl | ▪ tsal |
| ► lo siento, me he equivocado de número | ich habe mich verwählt | ▪ ij jábe mij fervélt |
| ► ¿cuál es el número de teléfono? | wie ist die Telefonnummer? | ▪ vi ist di télefonnuma? |
| ► ¿cuál es su número de habitación? | welche Zimmernummer haben Sie? | ▪ vélje tsímanuma jáben si? |
| nunca | nie | ▪ ni |
| ► nunca bebo vino | Wein trinke ich nie | ▪ vain trínke ij ni |
| ► nunca he estado en Italia | ich war noch nie in Italien | ▪ ij var noj ni in itálien |
| o | oder | ▪ óda |

| objeto | | |
|---|---|---|
| ► objetos perdidos (oficina) | Fundbüro | ▪ fúntbüro |
| obligatorio(a) | obligatorisch | ▪ obligatórish |
| obstruido(a) | verstopft | ▪ fershtópft |
| obtener | erhalten | ▪ erjálten |
| occidental | West- | ▪ vest |
| océano | der Ozean | ▪ ótsean |
| ochenta | achtzig | ▪ ájtsij |
| ocho | acht | ▪ ajt |
| ocio | die Freizeit | ▪ fráitsait |
| octavo(a) | achte(r, s) | ▪ achte(r, s) |
| octubre | der Oktober | ▪ októba |

| | | |
|---|---|---|
| **ocupado(a)** *(persona)* *(baño, asiento)* | beschäftigt besetzt | ▪ *beshéftijt* ▪ *besétst* |
| ▸ la línea está ocupada | die Leitung ist besetzt | ▪ *di láitung ist besétst* |
| **oeste** | der Westen | ▪ *vésten* |
| **oficina** | das Büro | ▪ *büró* |
| ▸ trabajo en una oficina | ich arbeite in einem Büro | ▪ *ij árbaite in áinem büró* |
| ▸ busco la oficina de turismo | ich suche das Tourismusbüro | ▪ *ij súje das turismusbüro* |
| ▸ oficina de cambio | die Wechselstube | ▪ *vékselshtube* |
| ▸ oficina de correos | die Post | ▪ *post* |
| **ofrecer** | anbieten | ▪ *ánbiten* |
| **oído** | das Ohr | ▪ *óa* |
| **oír** | hören | ▪ *jǿren* |
| **ojalá** | hoffentlich | ▪ *jófentlij* |
| ▸ ojalá pudiera | wenn ich nur könnte | ▪ *wen ij núa kǿnte* |
| **ojo** | das Auge | ▪ *áugue* |
| ▸ tengo algo en el ojo | ich habe etwas im Auge | ▪ *ij jábe étvas im áugue* |
| **ola** | die Welle | ▪ *véle* |
| **olla** | der Topf | ▪ *topf* |
| **olor** | der Geruch | ▪ *guerúj* |
| **olvidar** | vergessen | ▪ *ferguésen* |
| ▸ me he olvidado el pasaporte/ la llave | ich habe meinen Reisepass/den Schlüssel vergessen | ▪ *ij jábe máinen ráisepas/den shlǘsel ferguésen* |
| **once** | elf | ▪ *elf* |
| **ópera** | die Oper | ▪ *ópa* |
| **oporto** | der Portwein | ▪ *pórtvain* |
| **óptica** | der Optiker | ▪ *óptika* |
| **orden** | die Ordnung | ▪ *órdnung* |
| **ordenador** | der Computer | ▪ *kompiúta* |
| **orégano** | der Oregano | ▪ *orégano* |
| **oreja** | das Ohr | ▪ *óa* |
| **organización** | die Organisation | ▪ *organisatsión* |
| **oriental** | Ost- | ▪ *ost* |
| **original** | das Original | ▪ *origuinál* |
| **oro** | das Gold | ▪ *golt* |

| orquesta | das Orchester | orkésta |
|---|---|---|
| os | euch | oij |
| ▶ no os oigo | ich höre euch nicht | ij jǽre óij nijt |
| ▶ ¿os habéis hecho daño? | habt ihr euch wehgetan? | japt ía óij véguetan? |
| oscuro(a) | dunkel | dúnkel |
| ostra | die Auster | áusta |
| otoño | der Herbst | jerpst |
| otro(a) adj | | |
| (en singular) | noch ein(e) | noj áin(e) |
| (en plural) | andere | ándere |
| pron (en singular) | noch eine(r, s) | noj áine(r, s) |
| (en plural) | andere | ándere |
| ▶ el/la otro(a) | der/die/das andere | déa/di/das ándere |
| ▶ ¿dónde están los otros? | wo sind die anderen? | vo sint di ánderen? |
| ▶ otra vez | noch einmal | noj áinmal |
| ▶ ¿puede intentarlo otra vez? | können Sie es noch einmal versuchen? | kœnen si es noj áinmal fersújen? |

| padecer de | leiden an | láiden an |
|---|---|---|
| padre | der Vater | fáta |
| ▶ padres | die Eltern | éltan |
| pagado(a) | bezahlt | betsált |
| pagar | zahlen | tsálen |
| ▶ ¿pago ahora o más tarde? | soll ich jetzt oder später zahlen? | sol ij íetst óda shpéta tsálen? |
| ▶ pago yo | ich zahle | ij tsále |
| página | die Seite | sáite |
| ▶ páginas amarillas | Gelben Seiten | guélben sáiten |
| pago | die Bezahlung | betsálung |
| país | das Land | lant |
| pájaro | der Vogel | fóguel |
| pajita | der Strohhalm | shtrójalm |
| pala | der Spaten | shpáten |
| palabra | das Wort | vort |
| palacio | der Palast | palást |
| ▶ ¿está abierto al público el palacio? | ist der Palast der Öffentlichkeit zugänglich? | ist déa palást déa œfentlijkait tsúguenglij? |

| | | |
|---|---|---|
| ▶ palacio de congresos | der Kongresspalast | ▪ *kongréspalast* |
| **palillo** | der Zahnstocher | ▪ *tsánshtoja* |
| **palo** | | |
| ▶ un juego de palos de golf | ein Satz Golfschläger | ▪ *ain sats gólfshlega* |
| **pan** | das Brot | ▪ *brot* |
| ▶ ¿nos trae más pan? | können wir bitte noch etwas Brot haben? | ▪ *kœnen vía bíte noj étvas brot jáben?* |
| ▶ pan integral | das Vollkornbrot | ▪ *fólkornbrot* |
| ▶ pan tostado | der Toast | ▪ *tost* |

> ⓘ Existe una amplia variedad de panes confeccionados a base de todo tipo de cereales y adornados a veces con semillas de girasol, de amapola etc.

| | | |
|---|---|---|
| **panadería** | die Bäckerei | ▪ *bekerái* |
| **panadero** | der Bäcker | ▪ *béka* |
| **panecillo** | das Brötchen | ▪ *brœtjen* |
| **pantalones** | die Hose | ▪ *jóse* |
| ▶ pantalones cortos | die Shorts *(pl)* | ▪ *shorts* |
| **pañal** | die Windel | ▪ *víndel* |
| **pañuelo** | das Taschentuch | ▪ *táshentuj* |
| ▶ pañuelo de papel | das Papiertaschentuch | ▪ *papíatashentuj* |
| **papel** | das Papier | ▪ *papía* |
| ▶ papel higiénico | das Toilettenpapier | ▪ *toalétenpapia* |
| ▶ no hay papel higiénico | es ist kein Toilettenpapier da | ▪ *es ist kain toalétenpapia da* |
| ▶ envuélvalo con papel de regalo, por favor | bitte packen Sie es als Geschenk ein | ▪ *bíte páken si es als gueshénk ain* |
| **papelería** | die Schreibwaren- handlung | ▪ *shráipvarenjandlung* |
| **paperas** | der Mumps | ▪ *mumps* |
| **paquete** *(para enviar)* | das Paket | ▪ *pakét* |
| *(de cigarrillos, galletas)* | die Schachtel | ▪ *shájtel* |
| ▶ quiero mandar este paquete | ich möchte gern dieses Paket aufgeben | ▪ *ij mœjte guern díses pakét áufgueben* |
| ▶ un paquete de cigarrillos | eine Schachtel Zigaretten | ▪ *áine shájtel tsigaréten* |

Puntos básicos

Español-Alemán

Alemán-Español

| par | das Paar | • *par* |
|---|---|---|
| ▶ tres pares de zapatos | drei Paar Schuhe | • *drai par shúe* |
| **para** | | |
| ▶ para usted | für Sie | • *für si* |
| **parabrisas** | die Windschutzscheibe | • *víntshuts-sháibe* |
| ▶ el parabrisas se ha hecho añicos | die Windschutzscheibe ist zersplittert | • *di víntshuts-sháibe ist tsershplítert* |
| ▶ ¿podría limpiarme el parabrisas? | könnten Sie die Windschutzscheibe sauber machen? | • *kœnten si di víntshuts-sháibe sáuba májen?* |
| **parada** | die Haltestelle | • *jálteshtele* |
| ▶ parada de autobús | die Bushaltestelle | • *búsjalteshtele* |
| ▶ parada de taxis | der Taxistand | • *táksishtant* |
| **parafina** | das Paraffin | • *parafín* |
| **paraguas** | der Regenschirm | • *réguenshirm* |
| **parapente** | das Paragliding | • *páraglaiding* |
| **parar** *(detenerse)* | anhalten | • *ánjalten* |
| ▶ pare aquí/en la esquina | halten Sie hier/ an der Ecke! | • *jálten si jía/ an déa éke* |
| ▶ por favor, pare el autobús | halten Sie bitte den Bus an | • *jálten si bíte den bus an* |
| ▶ ¿dónde paramos para comer? | wo halten wir zum Essen? | • *vo jálten vía tsum ésen?* |
| ▶ ¿paramos en ...? | halten wir in ...? | • *jálten vía in ...?* |
| ▶ se me ha parado el reloj | meine Uhr ist stehen geblieben | • *máine úa ist shtéen gueblíben* |
| **parecido(a)** | ähnlich | • *énlij* |
| **pareja** | das Paar | • *par* |
| **pariente** | der/die Verwandte | • *fervánte* |
| **parque** | der Park | • *park* |
| ▶ parque acuático | der Wasserpark | • *vásapark* |
| ▶ parque nacional | der Nationalpark | • *natsionálpark* |
| ▶ parque temático | der Themenpark | • *témenpark* |
| ▶ parque zoológico | der Zoo | • *tso* |
| **parte** | der Teil | • *tail* |
| ▶ parte delantera | die Vorderseite | • *fórdersaite* |

# pasillo

| | | |
|---|---|---|
| **partida** | | |
| ▸ una partida de ajedrez | eine Partie Schach | ■ *áine partí shaj* |
| **partido** *(político)* | die Partei | ■ *partái* |
| *(de fútbol etc)* | das Spiel | ■ *shpil* |
| **pasa** | die Rosine | ■ *rosíne* |
| **pasado(a)** | | |
| ▸ la semana pasada | vergangene Woche | ■ *fergángene vóje* |
| ▸ esta carne está pasada | dieses Fleisch ist verdorben | ■ *díses flaish ist ferdórben* |
| **pasajero(a)** | der Fahrgast | ■ *fárgast* |
| **pasaporte** | der (Reise)pass | ■ *(ráise)pas* |
| ▸ me devuelve el pasaporte, por favor | geben Sie mir bitte meinen Pass zurück | ■ *guében si mía bíte máinen pas tsurŭk* |
| ▸ me han robado el pasaporte | mein Pass ist gestohlen worden | ■ *main pas ist gueshtólen vórden* |
| ▸ mi número de pasaporte es ... | meine Passnummer ist ... | ■ *máine pásnuma ist ...* |
| ▸ se me ha olvidado el pasaporte | ich habe meinen Pass vergessen | ■ *ij jábe máinen pas ferguésen* |
| ▸ he perdido el pasaporte | ich habe meinen Pass verloren | ■ *ij jábe máinen pas ferlóren* |
| **pasar** *(ocurrir)* | passieren | ■ *pasíren* |
| *(tiempo)* | vergehen | ■ *ferguéen* |
| ▸ páseme la sal, por favor | kann ich bitte das Salz haben? | ■ *kan ij bíte das salts jáben?* |
| ▸ nos lo estamos pasando bien | wir amüsieren uns gut | ■ *vía amüsíren uns gut* |
| **Pascua** | Ostern | ■ *óstern* |
| **pasear** | einen Spaziergang machen | ■ *áinen shpatsírgang májen* |
| **paseo** | der Spaziergang | ■ *shpatsírgang* |
| ▸ dar un paseo | einen Spaziergang machen | ■ *áinen shpatsírgang májen* |
| ▸ ¿conoce alguna ruta interesante para dar un paseo por aquí cerca? | gibt es hier in der Nähe interessante Wanderwege? | ■ *guipt es jía in déa née interesánte vándavegue?* |
| **pasillo** | der Gang | ■ *gang* |
| ▸ quiero un asiento al lado del pasillo | ich hätte gern einen Sitz am Gang | ■ *ij jéte guern áinen sits am gang* |

**paso**

| | | |
|---|---|---|
| ▶ paso subterráneo | die Unterführung | ■ úntafürung |
| ▶ paso a nivel | der Bahnübergang | ■ bánübagang |
| ▶ paso de peatones | der Fußgängerüberweg | ■ fúsguenga-űbavek |
| **pasta** (italiana) | die Teigwaren (pl) | ■ táikvaren |
| (masa) | der Teig | ■ taik |
| ▶ pasta de dientes | die Zahnpasta | ■ tsánpasta |
| **pastel** | der Kuchen | ■ kújen |
| **pastilla** | die Tablette | ■ tabléte |
| **pastor** (de iglesia) | der Pfarrer | ■ pfára |
| **pata** | das Bein | ■ bain |
| **patata** | die Kartoffel | ■ kartófel |
| ▶ patatas fritas | | |
| (de cigarrillo) | die Pommes frites (pl) | ■ pomfrít |
| (de bolsa) | die Kartoffelchips (pl) | ■ kartófelchips |
| ▶ una bolsa de patatas fritas | eine Tüte Kartoffelchips | ■ áine tűte kartófelchips |
| **paté** | die Pastete | ■ pastéte |
| **patinaje** | | |
| (sobre hielo) | das Schlittschuhlaufen | ■ shlítshulaufen |
| (sobre ruedas) | das Rollschuhlaufen | ■ rólshulaufen |
| **patinar** | | |
| (sobre hielo) | Schlittschuh laufen | ■ shlítshu láufen |
| (sobre ruedas) | Rollschuh laufen | ■ rólshu láufen |
| (vehículo) | ins Schleudern geraten | ■ ins shlóidern gueráten |
| ▶ ¿dónde se puede patinar sobre ruedas? | wo können wir hier Rollschuh laufen? | ■ vo kœnen vía jía rólshu láufen? |
| ▶ ¿dónde podemos ir a patinar sobre hielo? | wo können wir Schlittschuh laufen? | ■ vo kœnen vía shlítshu láufen? |
| ▶ el coche patinó | der Wagen schleuderte | ■ déa váguen shlóiderte |
| **patines** (sobre hielo) | die Schlittschuhe | ■ shlítshue |
| (sobre ruedas) | die Rollschuhe | ■ rólshue |
| ▶ ¿dónde se pueden alquilar patines? | wo können wir hier Schlittschuhe/ Rollschuhe ausleihen? | ■ vo kœnen vía jía shlítshue/rólshue áuslaien? |
| **pato** | die Ente | ■ énte |
| **pavo** | der Truthahn | ■ trútjan |

| | | |
|---|---|---|
| **peaje** | die Maut | ▪ *maut* |
| **pecho** | die Brust | ▪ *brust* |
| ▸ dar el pecho al niño | das Baby stillen | ▪ *das bé(i)bi shtílen* |
| ▸ tengo un dolor en el pecho | ich habe Schmerzen in der Brust | ▪ *ij jábe shmértsen in déa brust* |
| **pechuga** | die Brust | ▪ *brust* |
| **pedazo** | das Stück | ▪ *shtük* |
| **pedir** | bestellen | ▪ *beshtélen* |
| ▸ ¿puede pedirme un taxi, por favor? | können Sie mir ein Taxi bestellen? | ▪ *kœnen si mía ain táksi beshtélen?* |
| ▸ ¿puedo pedir ahora? | kann ich jetzt bestellen? | ▪ *kan ij ietst beshtélen?* |
| ▸ pedir auxilio | um Hilfe rufen | ▪ *um jílfe rúfen* |
| **pegamento** | der Klebstoff | ▪ *klépshtof* |
| **pegar** *(aglutinar)* *(golpear)* | kleben schlagen | ▪ *klében* ▪ *shláguen* |
| **peinado** | die Frisur | ▪ *frisúa* |
| **peine** | der Kamm | ▪ *kam* |
| **pelar** | schälen | ▪ *shélen* |
| **película** | der Film | ▪ *film* |
| ▸ ¿qué película ponen en el cine? | welcher Film läuft im Kino? | ▪ *vélja film loift im kíno?* |
| **peligro** | | |
| ▸ ¿se puede nadar sin peligro aquí? | kann man hier gefahrlos schwimmen? | ▪ *kan man jía guefárlos shvímen?* |
| **peligroso(a)** | gefährlich | ▪ *gueférlij* |
| **pelo** | das Haar | ▪ *jar* |
| ▸ tengo el pelo graso/seco | ich habe fettiges/ trockenes Haar | ▪ *ij jábe fétigues/ trókenes jar* |
| ▸ tengo el pelo rizado/liso | mein Haar ist lockig/glatt | ▪ *main jar ist lókij/glat* |
| **pelota** | der Ball | ▪ *bal* |
| **peluquero(a)** | der/die Friseur(in) | ▪ *frisœr(in)* |
| **pendientes** | die Ohrringe | ▪ *óar-ringue* |
| **pene** | der Penis | ▪ *pénis* |
| **penicilina** | das Penizillin | ▪ *penitsilín* |
| ▸ soy alérgico a la penicilina | ich bin gegen Penizillin allergisch | ▪ *ij bin guéguen penitsilín alérguish* |

| | | |
|---|---|---|
| pensar | denken | ■ dénken |
| pensión | die Pension | ■ pensión |
| ► pensión completa | die Vollpension | ■ fólpension |
| ► media pensión | die Halbpension | ■ jálbpension |
| pensionista | der Rentner | ■ réntna |
| | die Rentnerin | ■ réntnerin |
| ► ¿hacen descuento a los pensionistas? | gibt es Ermäßigungen für Rentner? | ■ guipt es ermésigungen für réntna? |
| peor | schlechter | ■ shléjta |
| ► el/la/lo peor | der/die/das Schlimmste | ■ déa/di/das shlímste |
| pepino | die Gurke | ■ gúrke |
| pequeño(a) | klein | ■ klain |
| pera | die Birne | ■ bírne |
| percha | der Kleiderbügel | ■ kláidabüguel |
| perder (objeto) | verlieren | ■ ferlíren |
| (tren) | verpassen | ■ ferpásen |
| ► me he perdido | ich habe mich verirrt | ■ ij jábe mij ferírt |
| ► mi hijo se ha perdido | mein Sohn ist verschwunden | ■ main son ist fershvúnden |
| ► he perdido la cartera | ich habe meine Brieftasche verloren | ■ ij jábe máine bríftashe ferlóren |
| ► se me ha perdido el bolso | meine Handtasche ist verschwunden | ■ máine jánttashe ist fershvúnden |
| ► he perdido el tren | ich habe meinen Zug verpasst | ■ ij jábe máinen tsuk ferpást |
| perdido(a) | verloren | ■ ferlóren |
| perdón (¿cómo dice?) | wie bitte? | ■ vi bíte? |
| ► ¡perdón! | Entschuldigung! | ■ entshúldigung |
| perdonar | entschuldigen | ■ entshúldiguen |
| ► ¡perdone! | | |
| (disculpándose) | tut mir Leid! | ■ tut mía leit |
| (llamando la atención) | Entschuldigung! | ■ entshúldigung |
| perejil | die Petersilie | ■ petersílie |
| perfecto(a) | perfekt | ■ perfékt |
| perfume | das Parfüm | ■ parfűm |
| periódico | die Zeitung | ■ tsáitung |
| ► ¿tiene algún periódico español? | haben Sie eine spanische Zeitung? | ■ jáben si áine shpánishe tsáitung? |
| periodista | der/die Journalist(in) | ■ shurnalíst(in) |

| | | |
|---|---|---|
| **período** | die Periode | ▪ *perióde* |
| **permanecer** | bleiben | ▪ *bláiben* |
| **permanente** *adj* *sf* | ständig die Dauerwelle | ▪ *shténdij* ▪ *dáuavele* |
| ▸ me he hecho la permanente | ich habe eine Dauerwelle | ▪ *ij jábe áine dáuavele* |
| **permiso** | die Erlaubnis | ▪ *erláupnis* |
| ▸ no llevo mi permiso de conducir | ich habe meinen Führerschein nicht bei mir | ▪ *ij jábe máinen fúrashain nijt bai mía* |
| **permitir** | erlauben | ▪ *erláuben* |
| **pero** | aber | ▪ *ába* |
| **perro** | der Hund | ▪ *junt* |
| **persona** | die Person | ▪ *persón* |
| **pesado(a)** | schwer | ▪ *shvéa* |
| **pesar** | | |
| ▸ esto pesa demasiado | das ist zu schwer | ▪ *das ist tsu shvéa* |
| **pescado** | der Fisch | ▪ *fish* |
| **pescar** | angeln | ▪ *ángeln* |
| ▸ ¿dónde se puede ir a pescar? | wo kann ich angeln? | ▪ *vo kan ij ángeln?* |
| ▸ ¿se puede pescar aquí? | können wir hier angeln? | ▪ *kǿnen vía jía ángeln?* |
| **peseta** | die Pesete | ▪ *peséte* |
| ▸ ¿a cuánto está la peseta? | wie ist der Umtauschkurs der Pesete? | ▪ *vi ist déa úmtaushkurs déa peséte?* |
| **peso** | das Gewicht | ▪ *guevíjt* |
| **peste** | | |
| ▸ ¡qué peste! | was für ein Gestank! | ▪ *vas für ain gueshtánk!* |
| **pez** | der Fisch | ▪ *fish* |
| **picado(a)** | gestochen | ▪ *gueshtójen* |
| **picadura** | der Insektenstich | ▪ *inséktenshtij* |
| **picante** | würzig | ▪ *vǘrtsij* |
| **picar** *(escocer)* *(morder)* | jucken beißen | ▪ *iúken* ▪ *báisen* |

| | | |
|---|---|---|
| ► me pica la pierna | mein Bein juckt | *main bain iukt* |
| ► me ha picado una abeja/una avispa/un mosquito | mich hat eine Biene/eine Wespe/eine Mücke gestochen | *mij jat áine bíne/áine véspe/áine múke gueshtójen* |
| **pie** | der Fuß | *fus* |
| ► a pie | zu Fuß | *tsu fus* |
| **piedra** | der Stein | *shtain* |
| **piel** (de persona) | die Haut | *jaut* |
| (pelo de animal) | das Fell | *fel* |
| (cuero) | das Leder | *léda* |
| **pierna** | das Bein | *bain* |
| **pijama** | der Pyjama | *picháma* |
| **pila** | die Batterie | *baterí* |
| **píldora** | die Pille | *píle* |
| ► estar tomando la píldora | die Pille nehmen | *di píle némen* |
| **piloto** | der Pilot | *pilót* |
| **pimienta** | der Pfeffer | *pféfa* |
| **pimiento** | die Paprika(schote) | *páprika(shote)* |
| ► pimiento verde | die grüne Paprika(schote) | *grúne páprika(shote)* |
| **pinchar** | | |
| ► un neumático pinchado | ein geplatzter Reifen | *ain gueplátsta ráifen* |
| ► he pinchado | ich habe eine Reifenpanne | *ij jábe áine ráifenpane* |
| **pinchazo** | die Reifenpanne | *ráifenpane* |
| **ping-pong** | das Tischtennis | *tíshtenis* |
| **pintura** | das Bild | *bilt* |
| **pinza** | die Wäscheklammer | *vésheklama* |
| ► pinzas | die Pinzette | *pintséte* |
| **piña** | die Ananas | *ánanas* |
| **pipa** | die Pfeife | *pfáife* |
| **piragüismo** | der Kanusport | *kanúshport* |
| ► ¿dónde podemos ir a hacer piragüismo? | wo können wir Kanu fahren? | *vo kǿnen vía kanú fáren?* |
| **pirulí** | der Lutscher | *lúcha* |

# planta baja

**piscina** — das Schwimmbad — *shvímbat*

▶ ¿dónde está la piscina municipal? — wo ist das städtische Schwimmbad? — *vo ist das shtétishe shvímbat?*

▶ ¿está climatizada la piscina? — ist das Becken beheizt? — *ist das béken bejáitst?*

▶ ¿es una piscina al aire libre? — ist es ein Freibad? — *ist es ain fráibat?*

▶ ¿hay una piscina para niños? — gibt es ein Kinderbecken? — *guipt es ain kíndabeken?*

**piso** *(planta)* — die Etage — *etáshe*
*(apartamento)* — die Wohnung — *vónung*

▶ ¿en qué piso está? — in welcher Etage ist es? — *in vélja etáshe ist es?*

▶ en el último piso — in der obersten Etage — *in déa óbersten etáshe*

**pista** *(de esquí)* — die Skipiste — *shípiste*
*(de baile)* — die Tanzfläche — *tántsfleje*

▶ ¿cuáles son las pistas más faciles? — welche sind die leichtesten Abfahrten? — *vélje sint di láijtesten ápfarten?*

▶ ¿cuánto cuesta alquilar la pista de tenis? — wie viel kostet es, einen Tennisplatz zu mieten? — *vi fil kostet es, áinen ténisplats tsu míten?*

▶ pista de aterrizaje — die Landebahn — *lándeban*

**pistacho** — die Pistazie — *pistátsie*

**plancha** — das Bügeleisen — *búguelaisen*

▶ necesito una plancha — ich brauche ein Bügeleisen — *ij bráuje ain búguelaisen*

▶ plancha de viaje — das Reisebügeleisen — *ráisebüguelaisen*

▶ quiero utilizar mi plancha — ich möchte mein Bügeleisen benutzen — *ij mǽjte main búguelaisen benútsen*

▶ ¿puedo alquilar una plancha de surf? — kann ich ein Surfbrett ausleihen? — *kan ij ain sǿrfbret áuslaien?*

**planchar** — bügeln — *búgueln*

▶ ¿dónde me podrían planchar esta falda? — wo kann ich diesen Rock bügeln lassen? — *vo kan ij dísen rok búgueln lásen?*

**plano**

▶ quisiera un plano callejero — ich hätte gern einen Stadtplan — *ij jéte guern áinen shtátplan*

**planta baja** — das Erdgeschoss — *értgueshos*

Puntos básicos

Español-Alemán

Alemán-Español

| | | |
|---|---|---|
| ► ¿tiene una habitación en la planta baja? | haben Sie ein Zimmer im Erdgeschoss? | jáben si ain tsíma im értgueshos? |
| plástico | der Kunststoff | kúnst-shtof |
| plata | das Silber | sílba |
| plátano | die Banane | banáne |
| platillo | die Untertasse | úntatase |
| platinos | die Unterbrecher-kontakte (pl) | úntabrejakontakte |
| plato (guiso, comida) | das Gericht | gueríjt |
| (recipiente) | der Teller | téla |
| (en menú) | der Gang | gang |
| ► ¿cómo se cocina este plato? | wie ist das Gericht zubereitet? | vi ist das gueríjt tsúberaitet? |
| ► ¿qué tiene este plato? | woraus besteht dieses Gericht? | voráus beshtét díses gueríjt? |
| ► plato principal | das Hauptgericht | jáuptguerijt |
| playa | der Strand | shtrant |
| ► en la playa | am Strand | am shtrant |
| plaza | der Platz | plats |
| pluma | der Füller | fǘla |
| población (gente) | die Bevölkerung | befǿlkerung |
| (ciudad) | die Stadt | shtat |
| pobre | arm | arm |
| poco | | |
| ► un poco de | etwas | étvas |
| ► un poco de leche | etwas Milch | étvas milj |
| ► estoy un poco cansado | ich bin ein wenig müde | ij bin ain vénij mǘde |
| ► poco hecho(a) (carne) | blutig | blútij |
| ► poco profundo(a) | seicht | saijt |
| ► pocos(as) | wenig(e) | vénij (vénigue) |
| poder | können | kǿnen |
| ► no podemos venir | wir können nicht kommen | vía kǿnen nijt kómen |
| ► ¿se puede entrar? | kann ich hereinkommen? | kan ij jeráinkomen? |
| podrido(a) | schlecht | shlejt |

| | | |
|---|---|---|
| **policía** *(cuerpo)* | die Polizei | ▪ *politsái* |
| *(persona)* | der/die Polizist(in) | ▪ *politsíst(in)* |
| ▸ llame a la policía | rufen Sie die Polizei | ▪ *rúfen si di politsái* |
| ▸ tendremos que dar parte a la policía | wir müssen das der Polizei melden | ▪ *vía músen das déa politsái mélden* |
| **póliza** | | |
| ▸ una póliza de seguros | eine Versicherungs-bescheinigung | ▪ *áine fersíjerungs-beshainigung* |
| **pollo** | das Hähnchen | ▪ *jénjen* |
| **polo** | das Eis am Stiel | ▪ *ais am shtil* |
| **pomelo** | die Grapefruit | ▪ *gréipfruit* |
| **poner** *(colocar)* | stellen | ▪ *shtélen* |
| *(encender)* | einschalten | ▪ *áinshalten* |
| ▸ póngalo en mi cuenta | schreiben Sie es auf die Rechnung | ▪ *shráiben si es auf di réjnung* |
| ▸ ponerse *(ropa)* | anziehen | ▪ *ántsien* |
| ▸ ¿qué me pongo? | was soll ich anziehen? | ▪ *vas sol ij ántsien?* |
| ▸ ¿se puede poner ...? | kann ich bitte ... sprechen? | ▪ *kan ij bíte ... shpréjen?* |
| **por** | für | ▪ *für* |
| *(pasando por)* | über | ▪ *úba* |
| *(agente)* | von | ▪ *fon* |
| *(reparto)* | pro | ▪ *pro* |
| *(a través de)* | durch | ▪ *durj* |
| ▸ cien kilómetros por hora | hundert Stunden-kilometer | ▪ *júndat shtúnden-kilometa* |
| ▸ por adelantado | im Voraus | ▪ *im foráus* |
| ▸ por ahí | dort entlang | ▪ *dort entláng* |
| ▸ por aquí | hier entlang | ▪ *jía entláng* |
| ▸ por favor | bitte | ▪ *bíte* |
| ▸ por hora | pro Stunde | ▪ *pro shtúnde* |
| ▸ por supuesto | natürlich | ▪ *natúrlij* |
| ▸ ¿por qué? | warum? | ▪ *varúm?* |
| **porque** | weil | ▪ *vail* |
| **portátil** | tragbar | ▪ *trágba* |
| ▸ (ordenador) por-tátil | der Laptop | ▪ *léptop* |
| **portero(a)** | der Pförtner die Pförtnerin | ▪ *pfœrtna* ▪ *pfœrtnerin* |
| ▸ portero automático | die Gegensprech-anlage | ▪ *guéguenshprej-anlague* |

Puntos básicos

Español-Alemán

Alemán-Español

| posible | möglich | ■ *mœklij* |
| ▶ en cuanto sea posible | so bald wie möglich | ■ *so balt vi mœklij* |
| postal | die Ansichtskarte | ■ *ánsijtskarte* |
| ▶ ¿dónde puedo comprar postales? | wo kann ich Ansichtskarten kaufen? | ■ *vo kan ij ánsijtskarten káufen?* |
| postre | der Nachtisch | ■ *nájtish* |
| ▶ la carta de los postres, por favor | die Dessertkarte, bitte | ■ *di desértkarte bíte* |
| precio | der Preis | ■ *prais* |
| precioso(a) | hübsch | ■ *jüpsh* |
| preferir | bevorzugen | ■ *befórtsuguen* |
| ▶ prefiero ... a ... | ich habe lieber ... als ... | ■ *ij jábe líba ... als ...* |

| prefijo | die Vorwahl | ■ *fóaval* |
| ▶ ¿cuál es el prefijo de España? | was ist die Vorwahl für Spanien? | ■ *vas ist di fóaval für shpánien?* |
| pregunta | die Frage | ■ *frágue* |
| ▶ hacer una pregunta | eine Frage stellen | ■ *áine frágue shtélen* |
| prensa | die Presse | ■ *prése* |
| preocupado(a) | besorgt | ■ *besórkt* |
| preparar | vorbereiten | ■ *fórberaiten* |
| preservativo | das Kondom | ■ *kondóm* |
| presión | | |
| ▶ ¿qué presión deberían tener los neumáticos? | wie viel Druck sollte auf den Reifen sein? | ■ *vi fil druk sólte auf den ráifen sain?* |

| prestar | leihen | ■ *láien* |
| ▶ ¿podrías prestarme algo de dinero? | kannst du mir etwas Geld leihen? | ■ *kanst du mía étvas guelt láien?* |
| ▶ ¿podrías prestarme una toalla? | können Sie mir ein Handtuch leihen? | ■ *kœnen si mía ain jánttuj láien?* |
| previsto(a) | | |
| ▶ ¿cuándo está previsto que llegue el tren? | wann kommt der Zug laut Fahrplan an? | ■ *van komt déa tsuk laut fárplan an?* |
| primavera | der Frühling | ■ *frúling* |

| | | |
|---|---|---|
| **primero(a)** | erste(r, s) | ■ *érste(r, s)* |
| ► un billete de ida y vuelta en primera a ... | eine Rückfahrkarte erster Klasse nach ... | ■ *áine rűkfarkarte érsta kláse naj ...* |
| ► el primer piso | die erste Etage | ■ *di érste etáshe* |
| ► primera (marcha) | der erste Gang | ■ *érste gang* |
| ► primeros auxilios | die Erste Hilfe | ■ *érste jílfe* |
| **principal** | Haupt- | ■ *jaupt* |
| ► la estación principal | der Hauptbahnhof | ■ *jáuptbanjof* |
| **prisa** | | |
| ► tengo prisa | ich habe es eilig | ■ *ij jábe es áilij* |
| **prismáticos** | das Fernglas | ■ *férnglas* |
| **privado(a)** | privat | ■ *privát* |
| ► tengo un seguro médico privado | ich bin privat krankenversichert | ■ *ij bin privát kránkenfersijert* |
| ► ¿puedo hablarle en privado? | kann ich Sie unter vier Augen sprechen? | ■ *kan ij si únta fía áuguen shpréjen?* |
| ► esto es privado | das ist privat | ■ *das ist privát* |
| **probablemente** | wahrscheinlich | ■ *varsháinlij* |
| **probador** | die Umkleidekabine | ■ *úmklaidekabine* |
| **probar** | probieren | ■ *probíren* |
| ► probarse | anprobieren | ■ *ánprobiren* |
| ► ¿puedo probarme este vestido? | kann ich dieses Kleid anprobieren? | ■ *kan ij díses klait ánprobiren?* |
| **problema** | das Problem | ■ *problém* |
| ► tengo problemas con el teléfono/ la llave | ich habe Schwierig- keiten mit dem Telefon/dem Schlüssel | ■ *ij jábe shvírijkaiten mit dem télefon/ dem shlűsel* |
| **productos lácteos** | die Milchprodukte | ■ *míljprodukte* |
| ► soy alérgico(a) a los productos lácteos | ich habe eine Allergie gegen Milchprodukte | ■ *ij jábe áine alerguí guéguen mílj- produkte* |
| **profesión** | der Beruf | ■ *berúf* |
| **profesor(a)** | der Lehrer | ■ *léra* |
| | die Lehrerin | ■ *lérerin* |
| **profundidad** | | |
| ► ¿qué profundidad tiene el agua? | wie tief ist das Wasser hier? | ■ *vi tif ist das vása jía?* |
| **profundo(a)** | tief | ■ *tif* |

| programa | das Programm | ▪ prográm |
| prometido(a) | verlobt | ▪ ferlópt |
| pronóstico | | |
| ▶ ¿cuál es el pronóstico del tiempo para mañana? | wie ist die Wettervorhersage für morgen? | ▪ vi ist di vétaforjea-sague für mórguen? |
| pronto | bald | ▪ balt |
| pronunciar | aussprechen | ▪ áus-shprejen |
| ▶ ¿cómo se pronuncia? | wie spricht man das aus? | ▪ vi shprijt man das aus? |
| propina | das Trinkgeld | ▪ trínkguelt |
| ▶ ¿cuánto tengo que dar de propina? | wie viel Trinkgeld sollte ich geben? | ▪ vi fil trínkguelt sóllte ij guében? |
| ▶ ¿hay que dejar propina? | muss ich Trinkgeld geben? | ▪ mus ij trínkguelt guében? |
| ▶ ¿está incluida la propina? | ist das Trinkgeld inbegriffen? | ▪ ist das trínkguelt ínbegrifen? |

(i) No es necesario dejar propina en los restaurantes, ya que la cuenta incluye también el servicio; de todos modos, se suele redondear la cifra hasta el siguiente marco. En los taxis, se suele añadir uno o dos marcos al precio del recorrido.

| protestante | protestantisch | ▪ protestántish |
| provecho | | |
| ▶ ¡buen provecho! | guten Appetit! | ▪ gúten apetít |
| provisional | provisorisch | ▪ provisórish |
| próximo(a) | nächste(r, s) | ▪ néjste(r, s) |
| ▶ ¿cuándo llega el próximo autobús que va a la ciudad? | wann fährt der nächste Bus in die Stadt? | ▪ van fert déa néjste bus in di shtat? |
| ▶ coja la próxima calle a la izquierda | nehmen Sie die nächste Straße links | ▪ néhmen si di néjste shtráse links |
| ▶ la próxima parada | die nächste Haltestelle | ▪ di néjste jálteshtele |
| público(a) adj sm | öffentlich die Öffentlichkeit | ▪ œfentlij ▪ œfentlijkait |
| ▶ ¿está abierto al público el castillo? | ist die Burg für die Öffentlichkeit zugänglich? | ▪ ist di burk für di œfentlijkait tsúguenglij? |
| pueblo (población) (nación) | das Dorf das Volk | ▪ dorf ▪ folk |

| | | |
|---|---|---|
| **puente** | die Brücke | ■ *brúke* |
| ▶ puente de peaje | die mautpflichtige Brücke | ■ *máut-pflíjtigue brúke* |
| **puerro** | der Porree | ■ *póre* |
| **puerta** | die Tür | ■ *tűa* |
| ▶ puerta de embarque | der Flugsteig | ■ *flúkshtaik* |
| **puerto** | der Hafen | ■ *jáfen* |
| ▶ puerto deportivo | der Sporthafen | ■ *shpórtjafen* |
| **pulsera** | das Armband | ■ *ármbant* |
| **punto** | | |
| ▶ son las diez en punto | es ist zehn Uhr | ■ *es ist tsen úa* |
| ▶ a las dos en punto | um zwei Uhr | ■ *um tsvai úa* |
| **puro(a)** *adj* | rein | ■ *rain* |
| *sm* | die Zigarre | ■ *tsigáre* |
| **que** | als | ■ *als* |
| | dass | ■ *das* |
| ▶ mejor que esto | besser als das | ■ *bésa als das* |
| ▶ creo que ... | ich glaube, dass ... | ■ *ij gláube das ...* |
| **qué** | | |
| ▶ ¿qué? | was? | ■ *vas?* |
| ▶ ¡qué frío! | was für eine Kälte! | ■ *vas für áine kélte* |
| **quedar** | | |
| ▶ no queda (nada) | es ist nichts übrig | ■ *es ist nijts űbrij* |
| ▶ no me quedan | ich habe keine (mehr) | ■ *ij jábe káine (méa)* |
| ▶ ¿dónde podemos quedar? | wo können wir uns treffen? | ■ *vo kœnen vía uns tréfen?* |
| ▶ este vestido no me queda bien | dieses Kleid passt mir nicht | ■ *díses klait past mía nijt* |
| ▶ quedarse *(permanecer)* | bleiben | ■ *bláiben* |
| ▶ quiero quedarme tres noches del ... al ... | ich möchte drei Nächte vom ... bis zum ... bleiben | ■ *ij mœjte drai néjte fom ... bis tsum ... bláiben* |
| ▶ quiero quedarme una noche más | ich möchte noch eine Nacht bleiben | ■ *ij mœjte noj áine najt bláiben* |
| **queja** | die Beschwerde | ■ *beshvérde* |
| ▶ quiero presentar una queja por el servicio | ich möchte mich über die Bedienung beschweren | ■ *ij mœjte mij űba di bedínung beshvéren* |

Puntos básicos

Español-Alemán

Alemán-Español

Puntos básicos

| quejarse | sich beschweren | • sij beshvéren |
| quemado(a) | verbrannt | • ferbránt |
| quemadura | | |
| ▶ ¿podría darme algo para las quemaduras del sol? | können Sie mir etwas gegen Sonnenbrand geben? | • kœnen si mía étvas guéguen sónenbrant guében? |
| quemarse | | |
| ▶ me he quemado (por el sol) | ich habe Sonnenbrand | • ij jábe sónenbrant |
| ▶ me he quemado el brazo | ich habe mir den Arm verbrannt | • ij jábe mía den arm ferbránt |
| querer (algo) (a alguien) | möchten lieben | • mœjten • líben |
| ▶ quisiera un periódico | ich möchte eine Zeitung | • ij mœjte áine tsáitung |
| ▶ queremos postre | wir hätten gern einen Nachtisch | • vía jéten guern áinen nájtish |
| ▶ quiero ir al castillo | ich möchte zur Burg | • ij mœjte tsúa burk |
| ▶ querer decir | bedeuten | • bedóiten |
| ▶ ¿qué quiere decir esto? | was bedeutet das? | • vas bedóitet das? |
| querido(a) | liebe(r, s) | • líbe(r, s) |
| queso | der Käse | • kése |
| ¿quién? | wer? | • véa? |
| ▶ ¿de quién es? | wem gehört es? | • vem guejœrt es? |
| quince | fünfzehn | • fünftsen |
| ▶ quince días | vierzehn Tage | • fírtsen tágue |
| quinientos(as) | fünfhundert | • fünfjundat |
| quinto(a) | fünfte(r, s) | • fünfte(r, s) |
| quiosco | der Kiosk | • kiósk |
| ▶ quiosco de periódicos | der Zeitungsstand | • tsáitungsshtant |

Español-Alemán

| quitaesmalte | der Nagellackentferner | • náguelakentferna |
| quitamanchas | der Fleckenentferner | • flékenentferna |
| quitanieves | der Schneepflug | • shnépfluk |
| quitar (jersey, zapato) | ausziehen | • áustsien |
| quizás | vielleicht | • filáijt |
| rábano | der Rettich | • rétij |

Alemán-Español

**racimo**

► un racimo de uvas — eine Weintraube — ■ *áine váintraube*

**ración** — die Portion — ■ *portsión*

**radiador** — der Heizkörper — ■ *jáitskœrpa*

**radio** — das Radio — ■ *rádio*

► ¿tiene radio el coche? — hat das Auto ein Radio? — ■ *jat das áuto ain rádio?*

**radiocasete** — der Kassettenrekorder — ■ *kasétenrekorda*

**radiografía** — die Röntgenaufnahme — ■ *rœntguenaufname*

► hacer una radiografía — röntgen — ■ *rœntguen*

**ramo**

► un ramo de flores — ein Blumenstrauß — ■ *blúmenshtraus*

**rápidamente** — schnell — ■ *shnel*

**rápido(a)** *adj, adv* — schnell — ■ *shnel*

*sm* — der Schnellzug — ■ *shnéltsuk*

► (él/ella) iba demasiado rápido — er/sie fuhr zu schnell — ■ *éa/si fúa tsu shnel*

**rappel** — das Abseilen — ■ *ápsailen*

► nos gustaría ir a hacer Rappel — wir möchten abseilen gehen — ■ *vía mœjten ápsailen guéen*

**raqueta** — der Schläger — ■ *shléga*

► ¿podemos alquilar raquetas? — können wir Schläger ausleihen? — ■ *kœnen vía shléga áuslaien?*

**raro(a)** — selten — ■ *sélten*

**rasgado(a)** — zerrissen — ■ *tserrísen*

**rata** — die Ratte — ■ *ráte*

**rato**

► dentro de un rato — etwas später — ■ *étvas shpéta*

**ratón** — die Maus — ■ *maus*

**raya**

► a rayas — gestreift — ■ *gueshtráift*

**rayado(a)** — gestreift — ■ *gueshtráift*

**rayos X** — die Röntgenstrahlen — ■ *rœntguenshtralen*

**razón** (entendimiento) — der Verstand — ■ *fershtánt*

(discernimiento) — die Vernunft — ■ *fernúnft*

► tener razón — Recht haben — ■ *rejt jáben*

**rebaja** — die Ermäßigung — ■ *ermésigung*

| | | |
|---|---|---|
| **rebanada** | die Scheibe | ▪ *sháibe* |
| **rebeca** | die Strickjacke | ▪ *shtríkiake* |
| **recado** | die Nachricht | ▪ *nájrijt* |
| ▸ ¿puedo dejarle (a él) un recado a su secretaria? | kann ich eine Nachricht für ihn bei seiner Sekretärin hinterlassen? | ▪ *kan ij áine nájrijt für in bai sáina sekretérin jintalásen?* |
| **recalentarse** | | |
| ▸ el motor se recalienta | der Motor wird zu heiß | ▪ *déa motóa virt tsu jais* |
| **recambio** | die Nachfüllpackung | ▪ *nájfülpakung* |
| **recepción** | der Empfang | ▪ *empfáng* |
| **receta** | das Rezept | ▪ *retsépt* |
| ▸ ¿dónde pueden prepararme esta receta médica? | wo bekomme ich die Medizin auf dieses Rezept? | ▪ *vo bekóme ij di meditsín auf díses retsépt?* |
| **recibir** | erhalten | ▪ *eajálten* |
| **recibo** | die Quittung | ▪ *kvítung* |
| ▸ ¿me da un recibo, por favor? | könnten Sie mir bitte eine Quittung geben? | ▪ *kœnten si mía bite áine kvítung guében?* |
| **recientemente** | kürzlich | ▪ *kűrtslij* |
| **recoger** (objeto, persona) | abholen | ▪ *ápjolen* |
| ▸ ¿me puede recoger a las ocho? | können Sie mich um acht abholen? | ▪ *kœnen si mij um ajt ápjolen?* |
| **recomendar** | empfehlen | ▪ *empfélen* |
| ▸ ¿puede recomendarnos un hotel barato/un buen restaurante? | können Sie (uns) ein preiswertes Hotel/ ein gutes Restaurant empfehlen? | ▪ *kœnen si (uns) ain práisvertes jotél/ ain gútes restauránt empfélen?* |
| ▸ ¿qué recomienda usted? | was können Sie empfehlen? | ▪ *vas kœnen si empfélen?* |
| **recorrer** (viajar por) (trayecto) | bereisen zurücklegen | ▪ *beráisen* ▪ *tsurűkleguen* |
| ▸ hemos recorrido 200 kilómetros | wir haben 200 Kilometer zurückgelegt | ▪ *vía jáben tsváijundat kilométa tsurűkguelegt* |
| **recorrido** | | |
| ▸ un recorrido de golf | eine Runde Golf | ▪ *áine rúnde golf* |

| | | |
|---|---|---|
| ▸ ¿a qué hora sale el autobús que hace el recorrido turístico por la ciudad? | wann ist die Stadtrundfahrt? | ▪ *van ist di shtátruntfart?* |
| **recortar** | | |
| ▸ ¿puede recortarme el pelo? | können Sie mir die Haare nachschneiden? | ▪ *kœnen si mía di járe nájshnaiden?* |
| **recorte** *(de cabello)* | der Nachschnitt | ▪ *nájshnit* |
| **recuerdo** *(objeto)* | das Souvenir | ▪ *suvenír* |
| **red** | | |
| ▸ red eléctrica | der Hauptschalter | ▪ *jáuptshalta* |
| ▸ desconecte la red eléctrica | machen Sie es am Hauptschalter aus | ▪ *májen si es am jáuptshalta aus* |
| **redondo(a)** | rund | ▪ *runt* |
| **reembolsar** | zurückerstatten | ▪ *tsurűkershtaten* |
| **reembolso** | die Rückerstattung | ▪ *rűkershtatung* |
| ▸ contra reembolso | per Nachnahme | ▪ *per nájname* |
| **refresco** *(bebida)* | das Erfrischungsgetränk | ▪ *erfríshungsguetrenk* |
| **refugio** | die Schutzhütte | ▪ *shútsjüte* |
| ▸ refugio de montaña | die Berghütte | ▪ *bérkjüte* |
| **regalo** | das Geschenk | ▪ *gueshénk* |
| ▸ quiero comprar un regalo para mi marido/mi mujer | ich möchte gern ein Geschenk für meinen Mann/meine Frau kaufen | ▪ *ij mœjte guern ain gueshénk für máinen man/máine frau káufen* |
| **régimen** | die Diät | ▪ *diét* |
| ▸ estoy a régimen | ich mache eine Diät | ▪ *ij máje áine diét* |
| **registrar** | anmelden | ▪ *ánmelden* |
| **regla** *(menstruación)* *(para medir)* | die Periode das Lineal | ▪ *perióde* ▪ *lineál* |
| **reina** | die Königin | ▪ *kœniguin* |
| **reír** | lachen | ▪ *lájen* |
| **rejilla** | die Gepäckablage | ▪ *guepékaplague* |
| **relajarse** | sich entspannen | ▪ *sij entshpánen* |
| **religión** | die Religion | ▪ *religuión* |
| **reloj** *(de pulsera)* *(de pared)* | die Armbanduhr die Wanduhr | ▪ *ármbantua* ▪ *vántua* |

Puntos básicos

| | | |
|---|---|---|
| ▶ creo que mi reloj está atrasado/adelantado | ich glaube, meine Uhr geht nach/vor | ▪ *ij gláube máine úa guet naj/foa* |
| ▶ se me ha parado el reloj | meine Uhr ist stehen geblieben | ▪ *máine úa ist shtéen gueblíben* |
| remolacha | die Rote Bete | ▪ *róte béte* |
| remolcar | abschleppen | ▪ *ápshlepen* |
| ▶ ¿puede remolcarme hasta un taller? | können Sie mich bis zu einer Werkstatt abschleppen? | ▪ *kœnen si mij bis tsu áina vérkshtat ápshlepen?* |
| remolque | der Anhänger | ▪ *ánjenga* |
| reparar | reparieren | ▪ *reparíren* |
| repartir | verteilen | ▪ *fertáilen* |
| repente | | |
| ▶ de repente | plötzlich | ▪ *plœtslij* |
| repetir | wiederholen | ▪ *vídajolen* |
| ▶ ¿puede repetir eso, por favor? | können Sie das bitte wiederholen? | ▪ *kœnen si das bíte vídajolen?* |
| representación | | |
| ▶ ¿cuánto dura la representación? | wie lange dauert die Vorstellung? | ▪ *vi lánge dáuat di fórshtelung?* |
| república | die Republik | ▪ *republík* |
| repuesto | das Ersatzteil | ▪ *ersátstail* |
| ▶ de repuesto | Ersatz- | ▪ *ersáts* |
| requesón | der Frischkäse | ▪ *fríshkese* |
| resaca | der Kater | ▪ *káta* |
| reserva | die Reservierung | ▪ *reservírung* |
| ▶ confirmé la reserva por carta | ich habe meine Reservierung schriftlich bestätigt | ▪ *ij jábe máine reservírung shríftlij beshtétikt* |
| ▶ ¿debería hacer la reserva con antelación? | muss ich im Voraus buchen? | ▪ *mus ij im fóraus bújen?* |
| ▶ ¿puedo cambiar la reserva? | kann ich umbuchen? | ▪ *kan ij úmbujen?* |
| reservado(a) | reserviert | ▪ *reservírt* |
| ▶ tengo reservada una habitación a nombre de ... | ich habe ein Zimmer auf den Namen ... reserviert | ▪ *ij jábe ain tsíma auf den námen ... reservírt* |
| reservar | reservieren | ▪ *reservíren* |

Español-Alemán

Alemán-Español

▶ la mesa está reservada para esta noche a las ocho — der Tisch ist für heute Abend um acht Uhr reserviert — ■ *déa tish ist für jóite ábent um ajt úa reservírt*

▶ querríamos reservar dos butacas para esta noche — wir würden gern zwei Plätze für heute Abend reservieren — ■ *vía vürden guern tsvai plétse für jóite ábent reservíren*

▶ quiero reservar una habitaciónn en un hotel — ich möchte gern ein Hotelzimmer reservieren — ■ *ij mœjte guern ain jotéltsima reservíren*

▶ quiero reservar una habitación individual/doble — ich möchte gern ein Einzelzimmer/ein Doppelzimmer reservieren — ■ *ij mœjte guern ain áintseltsima/ain dópeltsima reservíren*

▶ quisiera reservar una mesa para las siete y media/ para dos personas — ich möchte einen Tisch für halb acht/ für zwei Personen reservieren — ■ *ij mœjte áinen tish für jalp ajt/für tsvai persónen reservíren*

▶ ¿puede reservarme hotel? — können Sie mir bitte ein Hotelzimmer reservieren? — ■ *kœnen si mía bíte ain jotéltsima reservíren?*

▶ ¿puede reservarnos los billetes? — können Sie die Karten für uns bestellen? — ■ *kœnen si di kárten für uns beshtélen?*

**resfriado** — die Erkältung — ■ *erkéltung*

▶ estoy resfriado(a) — ich bin erkältet — ■ *ij bin erkéltet*

**resfriarse** — sich erkälten — ■ *sij erkélten*

**respirar** — atmen — ■ *átmen*

▶ (él/ella) no puede respirar — er/sie bekommt keine Luft — ■ *éa/si bekómt káine luft*

**respuesta** — die Antwort — ■ *ántvort*

**restaurante** — das Restaurant — ■ *restorán*

---

ⓘ Además de en los restaurantes, también sirven comidas en los Gaststätten, Brauhäuser, Wirtschaften y Gasthöfen. Fuera suele haber unas pizarras en las que aparece el menú y el día de descanso (Ruhetag). También en muchos bares se sirven comidas y en los Imbisse se vende comida para llevar o para tomar allí mismo. A mediodía se suele comer entre las 12 y las 2 y por la noche entre las 7 y las 9.

---

**resto** — der Rest — ■ *rest*

▶ el resto del vino — der Rest des Weins — ■ *déa rest des vains*

**retortijón** — der Magenkrampf — ■ *máguenkrampf*

| | | |
|---|---|---|
| **retrasarse** | Verspätung haben | ■ *fershpétung jáben* |
| ► el vuelo se ha retrasado (seis horas) | der Flug hat (sechs Stunden) Verspätung | ■ *déa fluk jat (seks shtúnden) fershpétung* |
| **retraso** | die Verspätung | ■ *fershpétung* |
| ► llevamos 10 minutos de retraso | wir haben 10 Minuten Verspätung | ■ *vía jáben tsen minúten fershpétung* |
| ► ¿el tren lleva retraso? | hat der Zug Verspätung? | ■ *jat déa tsuk fershpétung?* |
| **reumatismo** | das Rheuma | ■ *róima* |
| **reunión** *(conferencia)* | die Besprechung | ■ *beshpréjung* |
| **revelar** | | |
| ► ¿puede revelar este carrete? | können Sie diesen Film entwickeln? | ■ *kǿnen si dísen film entvíkeln?* |
| **revisor** | der Schaffner | ■ *sháfna* |
| **revista** | die Zeitschrift | ■ *tsáitshrift* |
| ► ¿tiene alguna revista española? | haben Sie eine spanische Zeitschrift? | ■ *jáben si áine shpánishe tsáitshrift?* |
| **rey** | der König | ■ *kǿnij* |
| **rezar** | beten | ■ *béten* |
| **rico(a)** *(persona)* | reich | ■ *raij* |
| *(comida)* | köstlich | ■ *kǿstlij* |
| **rímel** | die Wimperntusche | ■ *vímperntushe* |
| **rincón** | die Ecke | ■ *éke* |
| **riñonera** | die Gürteltasche | ■ *gǘrteltashe* |
| **riñones** | die Nieren | ■ *níren* |
| **río** | der Fluss | ■ *flus* |
| ► ¿está permitido pescar en el río? | ist das Angeln im Fluss gestattet? | ■ *ist das ángeln im flus gueshtátet?* |
| ► ¿se puede nadar en el río? | kann man im Fluss schwimmen? | ■ *kan man im flus shvímen?* |
| **riquísimo(a)** | | |
| ► la comida estaba riquísima | das Essen war ausgezeichnet | ■ *das ésen var áusguetsaijnet* |
| **risa** | das Lachen | ■ *lájen* |
| **robado(a)** | gestohlen | ■ *gueshtólen* |
| **robar** | stehlen | ■ *shtélen* |

| | | |
|---|---|---|
| ▶ me han robado | ich bin bestohlen worden | ▪ *ij bin beshtólen vórden* |
| ▶ me han robado el pasaporte/reloj | mir wurde der Reisepass/die Uhr gestohlen | ▪ *mía vúrde déa ráisepas/di úa gueshtólen* |
| **robo** | der Diebstahl | ▪ *dípshtal* |
| **rodaja** | die Scheibe | ▪ *sháibe* |
| **rodilla** | das Knie | ▪ *kni* |
| **rojo(a)** | rot | ▪ *rot* |
| **romántico(a)** | romantisch | ▪ *romántish* |
| **romper** | kaputtmachen | ▪ *kapútmajen* |
| ▶ he roto la ventana | ich habe die Fensterscheibe kaputtgemacht | ▪ *ij jábe di fénstashaibe kapútguemajt* |
| ▶ (él/ella) se ha roto el brazo | er/sie hat sich den Arm gebrochen | ▪ *éa/si jat sij den arm guebrójen* |
| **ron** | der Rum | ▪ *rum* |
| **ropa** | die Kleidung | ▪ *kláidung* |
| ▶ ¿tiene más ropa de cama? | könnte ich bitte noch Bettwäsche bekommen? | ▪ *kǽnte ij bíte noj bétveshe bekómen?* |
| ▶ ropa interior | die Unterwäsche | ▪ *úntaveshe* |
| **rosa** | rosa | ▪ *rósa* |
| **rosado(a)** | rosé | ▪ *rosé* |
| ▶ vino rosado | der Roséwein | ▪ *rosévain* |
| **roto(a)** | kaputt | ▪ *kapút* |
| ▶ la cerradura está rota | das Türschloss ist kaputt | ▪ *das tǘashlos ist kapút* |
| **rubeola** | die Röteln *(pl)* | ▪ *rǽteln* |
| **rubio(a)** | blond | ▪ *blont* |
| **rueda** | das Rad | ▪ *rat* |
| ▶ rueda pinchada | die Reifenpanne | ▪ *ráifenpane* |
| ▶ rueda de repuesto | das Ersatzrad | ▪ *ersátsrat* |
| **rugby** | Rugby | ▪ *rákbi* |
| **ruibarbo** | der Rhabarber | ▪ *rabárba* |
| **ruido** | | |
| ▶ hay demasiado ruido | es ist zu laut | ▪ *es ist tsu laut* |
| **ruidoso(a)** | laut | ▪ *laut* |
| **ruinas** | die Ruinen | ▪ *ruínen* |

| | | |
|---|---|---|
| rural | ländlich | *léntlij* |
| ► turismo rural | Urlaub auf dem Land | *úrlaup auf dem lant* |
| ruta | die Route | *rúte* |
| ► ¿hay alguna otra ruta para evitar el tráfico? | gibt es eine verkehrsarme Strecke? | *guipt es áine ferkérsarme shtréke?* |
| sábado | der Samstag | *sámstak* |
| sábana | das Betttuch | *béttuj* |
| saber *(estar informado)* | wissen | *vísen* |
| ► ¿sabe cómo hacer esto? | wissen Sie, wie man das macht? | *vísen si vi man das majt?* |
| ► ¿sabe dónde puedo ...? | wissen Sie, wo ich ... kann? | *vísen si vo ij ... kan?* |
| ► no lo sé | ich weiß nicht | *ij vais nijt* |
| ► sabe a limón | es schmeckt nach Zitrone | *es shmekt naj tsitróne* |
| sabor | der Geschmack | *gueshmák* |
| ► ¿qué sabores tiene? | welche Sorten haben Sie? | *vélje sórten jáben si?* |
| sacacorchos | der Korkenzieher | *kórkentsia* |
| sacar | | |
| ► ¿dónde podemos sacar los billetes? | wo können wir die Karten kaufen? | *vo kœnen vía di kárten káufen?* |
| ► sacar dinero | Geld abheben | *guelt ápjeben* |
| sacarina | der Süßstoff | *süs-shtof* |
| sacerdote | der Priester | *prísta* |
| ► quiero hablar con un sacerdote | ich möchte gern einen Priester | *ij mœjte guern áinen prísta* |
| saco de dormir | der Schlafsack | *shláfsak* |
| sal | das Salz | *salts* |
| ► páseme la sal, por favor | kann ich bitte das Salz haben? | *kan ij bíte das salts jáben?* |
| sala *(habitación)* *(sala de estar)* | das Zimmer das Wohnzimmer | *tsíma* *vóntsima* |
| ► sala de espera *(en estación, de médico)* | der Warteraum | *várteraum* |
| ► sala de embarque *(en aeropuerto)* | die Abflughalle | *ápflukhale* |
| salado(a) *(no dulce)* | pikant | *pikánt* |
| salchicha | die Wurst | *vurst* |

> ⓘ Uno de los alimentos más típicos de Alemania es la salchicha, de la que existen multitud de variedades, casi todas ellas hechas a base de carne de cerdo. Se puede consumir en caliente o fría, como embutido.

| **salida** *(de tren)* | die Abfahrt | ■ *ápfart* |
| *(puerta)* | der Ausgang | ■ *áusgang* |
| ► ¿cuál es la salida para ...? | wo ist der Ausgang zu/nach ...? | ■ *vo ist déa áusgang tsu/naj ...?* |
| ► salidas | der Abflug | ■ *ápfluk* |
| ► salida de emergencia | der Notausgang | ■ *nótausgang* |
| ► salidas nacionales/ internacionales | Inlandsflüge/ Auslandsflüge | ■ *ínlantsflüge/ áuslantsflügue* |
| **salir** *(persona, tren, autobús)* | abfahren | ■ *ápfaren* |
| *(persona caminando)* | losgehen | ■ *lósgueen* |
| *(avión)* | starten | ■ *shtárten* |
| ► salgo mañana por la mañana a las 8 | ich reise morgen früh um acht Uhr ab | ■ *ij ráise mórguen frü um ajt úa ap* |
| ► ¿a qué hora sale el tren? | wann fährt der Zug ab? | ■ *van fert déa tsuk ap?* |
| ► ha salido | er/sie ist nicht da | ■ *éa/si ist nijt da* |
| **salmón** | der Lachs | ■ *laks* |
| **salón** *(en hotel)* | der Salon | ■ *salón* |
| ► ¿podemos tomar café en el salón? | können wir im Salon Kaffee trinken? | ■ *kœnen vía im salón káfe trínken?* |
| **salsa** | die Soße | ■ *sóse* |
| ► salsa tártara | die Remouladensoße | ■ *remuládensose* |
| **salud** | die Gesundheit | ■ *guesúntjait* |
| ► ¡salud! *(al brindar)* | Prost! | ■ *prost!* |
| **saludar** | grüßen | ■ *grüsen* |
| ► le(s) saluda atentamente | mit freundlichen Grüßen | ■ *mit fróintlijen grüsen* |
| **salvavidas** | der Rettungsring | ■ *rétungsring* |
| **salvo** | außer | ■ *áusa* |
| **sandalias** | die Sandalen | ■ *sandálen* |
| **sandía** | die Wassermelone | ■ *vásamelone* |
| **sangre** | das Blut | ■ *blut* |
| **sano(a)** | gesund | ■ *guesúnt* |
| **santo(a)** | der/die Heilige | ■ *jáiligue* |

| | | |
|---|---|---|
| sarampión | die Masern | ▪ *másern* |
| sardina | die Sardine | ▪ *sardíne* |
| sarpullido | der Ausschlag | ▪ *áusshlak* |
| ▸ me ha salido un sarpullido | ich habe Ausschlag | ▪ *ij jábe áusshlak* |
| sartén | die Bratpfanne | ▪ *brátpfane* |
| sauna | die Sauna | ▪ *sáuna* |
| secador de pelo | der Föhn | ▪ *føen* |
| secar | trocknen | ▪ *tróknen* |
| ▸ ¿dónde puedo poner la ropa a secar? | wo kann ich meine Sachen trocknen? | ▪ *vo kan ij máine sájen tróknen?* |
| ▸ secar a mano | föhnen | ▪ *føenen* |
| ▸ corte y secado a mano, por favor | bitte Schneiden und Föhnen | ▪ *bíte shnáiden unt føenen* |
| seco(a) | trocken | ▪ *tróken* |
| secretario(a) | der Sekretär | ▪ *sekretéa* |
| | die Sekretärin | ▪ *sekretérin* |
| sed | | |
| ▸ tengo/tenemos sed | ich habe/wir haben Durst | ▪ *ij jábe/vía jáben durst* |
| seda | die Seide | ▪ *sáide* |
| seguir | folgen | ▪ *fólguen* |
| ▸ síganme | folgen Sie mir | ▪ *fólguen si mía* |
| ▸ siga por el camino | halten Sie sich an den Weg | ▪ *jálten si sij an den vek* |
| ▸ sigue tú | geh/fahre voraus | ▪ *gue/fáre foráus* |
| segundo(a) | zweite(r) | ▪ *tsváite (tsváita)* |
| seguro(a) *adj* | | |
| *(con seguridad)* | gewiss | ▪ *guevís* |
| *(fiable)* | zuverlässig | ▪ *tsúferlesij* |
| *(sin peligro)* | sicher | ▪ *síja* |
| *(sin duda)* | bestimmt | ▪ *beshtímt* |
| *sm* | die Versicherung | ▪ *fersijerung* |
| ▸ ¿cuánto hay de pagar de más por el seguro a todo riesgo? | wie viel mehr kostet die Vollkaskover-sicherung? | ▪ *vi fil méa kóstet di fólkaskofersijerung?* |
| ▸ ¿lo paga el seguro? | zahlt das die Versicherung? | ▪ *tsalt das di fersijerung?* |

| | | |
|---|---|---|
| ► ¿me enseña el seguro de su coche, por favor? | dürfte ich bitte die Versicherungspapiere Ihres Wagens sehen? | ▪ *dűrfte ij bíte di fersíjerungspapire íhres váguens séen?* |
| ► tengo un seguro médico privado | ich bin privat krankenversichert | ▪ *ij bin privát kránkenfersijert* |
| ► seguro de viaje | die Reiseversicherung | ▪ *ráisefersijerung* |
| **seis** | sechs | ▪ *seks* |
| **sello** | die Briefmarke | ▪ *brífmarke* |
| ► me da sellos para enviar seis postales a España, por favor | ich hätte gern Briefmarken für sechs Ansichtskarten nach Spanien | ▪ *ij jéte guern brífmarken für seks ánsijtskarten naj shpánien* |
| ► ¿dónde venden sellos? | wo kann ich hier Briefmarken kaufen? | ▪ *vo kan ij jía brífmarken káufen?* |

(i) Los sellos se pueden adquirir en las oficinas de correos, ya sea en la ventanilla o en máquinas expendedoras instaladas fuera. Los buzones son de color amarillo.

| | | |
|---|---|---|
| **semáforo** | die Ampel | ▪ *ámpel* |
| ► saltarse un semáforo en rojo | eine Ampel bei Rot überfahren | ▪ *áine ámpel bai rot űbafaren* |
| **semana** | die Woche | ▪ *vóje* |
| ► la semana pasada | letzte Woche | ▪ *létste vóje* |
| ► la semana que viene | nächste Woche | ▪ *néjste vóje* |
| ► durante dos semanas | zwei Wochen lang | ▪ *tsvai vójen lang* |
| ► Semana Santa | die Karwoche | ▪ *kárvoje* |
| **semidulce** | halbsüß | ▪ *jálpsüs* |
| **semiseco(a)** | halbtrocken | ▪ *jálptroken* |
| **sencillo(a)** | einfach | ▪ *áinfaj* |
| **senderismo** | das Wandern | ▪ *vándern* |
| **seno** *(pecho)* | die Brust | ▪ *brust* |
| **sentarse** | sich setzen | ▪ *sij sétsen* |
| **sentido** *(lógica)* | der Sinn | ▪ *sin* |
| *(dirección)* | die Richtung | ▪ *ríjtung* |
| **sentir** | fühlen | ▪ *fűlen* |
| ► lo siento | es tut mir Leid | ▪ *es tut mía lait* |
| ► no me siento bien | ich fühle mich nicht wohl | ▪ *ij fűle mij nijt vol* |

| **señal** (aviso) | das Schild | *shilt* |
| (de dinero) | die Anzahlung | *ántsalung* |
| ► ¿cuánto es la señal? | wie hoch ist die Anzahlung? | *vi joj ist di ántsalung?* |
| ► señal de tráfico | das Verkehrszeichen | *ferkérstsaijen* |
| **señor** (hombre) | der Mann | *man* |
| (con nombre) | Herr | *jer* |
| **señora** (mujer) | die Frau | *frau* |
| (con nombre) | Frau | *frau* |
| **señorita** | das Fräulein | *fróilain* |

> ⓘ Para utilizar la fórmula de tratamiento "Herr" o "Frau" es necesario conocer el apellido de la persona, p.ej. Herr Schmidt. "Fräulein" no se usa.

| **separado(a)** | getrennt | *guetrént* |
| **septiembre** | der September | *septémba* |
| **séptimo(a)** | siebente(r, s) | *síbente(r, s)* |
| **ser** | sein | *sain* |
| ► soy | ich bin | *ij bin* |
| ► eres | du bist | *du bist* |
| ► él/ella es | er/sie ist | *éa/si ist* |
| ► usted es | Sie sind | *si sint* |
| ► somos | wir sind | *vía sint* |
| ► sois | ihr seid | *ía sait* |
| ► ellos/ellas son | sie sind | *si sint* |
| ► ustedes son | Sie sind | *si sint* |
| ► soy español(a) | ich bin Spanier(in) | *ij bin shpánia (shpánierin)* |
| ► soy diabético(a) | ich bin Diabetiker(in) | *ij bin diabétika (diabétikerin)* |
| ► la casa es bastante grande | das Haus ist ziemlich groß | *das jaus ist tsímlij gros* |
| **serio(a)** | schlimm | *shlim* |
| **seronegativo(a)** | HIV-negativ | *ja i fau negatíf* |
| **seropositivo(a)** | HIV-positiv | *ja i fau positíf* |

| **servicio** | die Bedienung | *bedínung* |
| ► ¿va incluido el servicio? | ist das Bedienungsgeld schon eingerechnet? | *ist das bedínungsguelt shon áinguerejnet?* |
| ► ¿qué servicios tienen aquí? | welche Einrichtungen haben Sie hier? | *vélje áinrijtungen jáben si jía?* |

| ► fuera de servicio | außer Betrieb | ■ áusa betríp |
| ► servicios | die Toilette | ■ toaléte |
| ► por favor, ¿dónde están los servicios? | entschuldigen Sie, wo sind die Toiletten? | ■ entshúldiguen si, vo sint di toaléten? |
| ► ¿dónde están los servicios de caballeros? | wo ist die Herrentoilette? | ■ vo ist di jérentoalete? |
| ► ¿dónde están los servicios de señoras? | wo ist die Damentoilette? | ■ vo ist di dámentoalete? |
| ► ¿hay servicio en el autocar? | gibt es eine Bustoilette? | ■ guipt es áine bústoalete? |
| **servilleta** | die Serviette | ■ serviéte |
| **servir** | | |
| (atender a alguien) | bedienen | ■ bedínen |
| ► todavía estamos esperando a que nos sirvan | wir sind noch nicht bedient worden | ■ vía sint noj nijt bedínt vórden |
| **sesenta** | sechzig | ■ séjtsij |
| **setenta** | siebzig | ■ síptsij |
| **sexo** | der Sex | ■ seks |
| ► sexo seguro | Safer Sex | ■ séifa seks |
| **sexto(a)** | sechste(r, s) | ■ séjste(r, s) |
| **si** | wenn | ■ ven |
| **sí** | ja | ■ ia |
| ► sí, por favor | ja, bitte! | ■ ia bíte |
| **SIDA** | AIDS | ■ eids |
| **sidra** | der Apfelwein | ■ ápfelvain |
| **siempre** | immer | ■ íma |
| **siete** | sieben | ■ síben |
| **siglo** | das Jahrhundert | ■ iarjúndat |
| **significar** | bedeuten | ■ bedóiten |
| **silencio** | das Schweigen | ■ shváiguen |
| ► ¡silencio! | Ruhe! | ■ rúe! |
| **silla** | der Stuhl | ■ shtul |
| ► silla de ruedas | der Rollstuhl | ■ rólshtul |
| **simpático(a)** | sympathisch | ■ sümpátish |
| **sin** | ohne | ■ óne |
| ► sin embargo | jedoch | ■ iedój |

Puntos básicos

| | | |
|---|---|---|
| ▶ sin alcohol | alkoholfrei | ▪ *alkojólfrai* |
| ▶ ¿qué bebidas sin alcohol tiene? | was für alkoholfreie Getränke haben Sie? | ▪ *vas für alkojólfraie guetrénke jáben si?* |
| sinagoga | die Synagoge | ▪ *sünagógue* |
| si no | wenn nicht | ▪ *ven nijt* |
| sino | sondern | ▪ *sóndern* |
| (excepto) | außer | ▪ *áusa* |
| sitio | der Platz | ▪ *plats* |
| ▶ sitio para aparcar | der Parkplatz | ▪ *párkplats* |
| sobra | | |
| ▶ de sobra | im Überfluss | ▪ *im úbaflus* |
| sobre¹ sm | der Umschlag | ▪ *úmshlak* |
| sobre² prep | auf | ▪ *auf* |
| ▶ sobre la mesa | auf dem Tisch | ▪ *auf dem tish* |
| ▶ quedamos sobre la una | wir treffen uns gegen eins | ▪ *vía tréfen uns guéguen ains* |
| sobrina | die Nichte | ▪ *níjte* |
| sobrino | der Neffe | ▪ *néfe* |
| sobrio(a) | nüchtern | ▪ *nújtern* |
| sociedad | die Gesellschaft | ▪ *guesélshaft* |
| socio(a) | das Mitglied | ▪ *mítglit* |
| ▶ ¿hace falta ser socio? | müssen wir Mitglieder sein? | ▪ *músen vía mítglida sain?* |
| socorrista | der Rettungsschwimmer | ▪ *rétungsshvíma* |
| ¡socorro! | Hilfe! | ▪ *jílfe!* |
| soda | Soda | ▪ *sóda* |
| sofá | das Sofa | ▪ *sófa* |
| ▶ sofá-cama | das Schlafsofa | ▪ *shláfsofa* |

Español-Alemán

| | | |
|---|---|---|
| sois | *ver* ser | |
| sol | die Sonne | ▪ *sóne* |
| ▶ hace sol | die Sonne scheint | ▪ *di sóne shaint* |
| ▶ tomar el sol | sich sonnen | ▪ *sij sónen* |
| soleado(a) | sonnig | ▪ *sónij* |
| sólo | nur | ▪ *núa* |
| ▶ sólo queremos tres | wir möchten nur drei | ▪ *vía mæjten núa drai* |
| ▶ sólo dos | nur zwei | ▪ *núa tsvai* |

Alemán-Español

**soltar**

▶ el depósito suelta gasolina — der Tank ist undicht — ■ *déa tank ist úndijt*

▶ el radiador suelta agua — der Kühler verliert Wasser — ■ *déa kúla ferlírt vása*

**soltero(a)** — ledig — ■ *lédij*

**solución** — die Lösung — ■ *lœsung*

▶ solución salina — die Kochsalzlösung — ■ *kójsaltslösung*

**sombra** — Schatten — ■ *sháten*

▶ a la sombra — im Schatten — ■ *im sháten*

**sombrero** — der Hut — ■ *jut*

**sombrilla** — der Sonnenschirm — ■ *sónenshirm*

**somnífero** — die Schlaftablette — ■ *shláftablete*

**somos, son** — *ver ser*

**sopa** — die Suppe — ■ *súpe*

▶ ¿cuál es la sopa del día? — welche Tagessuppe gibt es? — ■ *vélje táguessupe guipt es?*

**sordo(a)** — taub — ■ *taup*

**sorpresa** — die Überraschung — ■ *űbarashung*

**sostener** *(sujetar)* — halten — ■ *jálten*

▶ ¿podría sostenerme esto? — können Sie das für mich halten? — ■ *kœnen si das für mij jálten?*

**soy** — *ver ser*

**squash** — das Squash — ■ *skuósh*

**su** *(de él)* — sein(e) — ■ *sáin(e)*
  *(de ella)* — ihr(e) — ■ *ía(íre)*
  *(de ellos/ellas)* — ihr(e) — ■ *ía(íre)*
  *(de usted/ustedes)* — Ihr(e) — ■ *ía(íre)*

▶ su coche — sein/ihr/Ihr Auto — ■ *sain/ia/ía áuto*

▶ sus calcetines — seine/ihre/Ihre Socken — ■ *sáine/íre/íre sóken*

**suavizante** — die Spülung — ■ *shpűlung*

**subida**

▶ ¿a qué hora es la última subida? — wann ist die letzte Bergfahrt? — ■ *van ist di létste bérkfart?*

**subir** *(volumen, radio)* — laut stellen — ■ *laut shtélen*

▶ subir a *(vehículo)* — einsteigen — ■ *áinshtaiguen*

**submarinismo** — das Tauchen — ■ *táujen*

▶ me gustaría practicar submarinismo — ich möchte tauchen gehen — ■ *ij mœjte táujen guéen*

| ▶ ¿dónde se puede hacer submarinismo? | wo können wir hier tauchen? | ■ vo kǿænen vía jía táujen? |
|---|---|---|
| ▶ ¿dónde está el mejor sitio para hacer submarinismo? | wo kann man am besten tauchen? | ■ vo kan man am bésten táujen? |
| **subtítulos** | die Untertitel (pl) | ■ úntatitel |
| **sucio(a)** | schmutzig | ■ shmútsij |
| ▶ el lavabo está sucio | das Waschbecken ist schmutzig | ■ das váshbeken ist shmútsij |
| **sudar** | schwitzen | ■ shvítsen |
| **suela** | die Sohle | ■ sóle |
| **suelo** (en edificio) (en el exterior) | der Fußboden der Boden | ■ fúsboden ■ bóden |
| **suelto** | das Wechselgeld | ■ véjselguelt |
| **sueño** | | |
| ▶ tengo sueño | ich bin müde | ■ ij bin mǘde |
| **suerte** | | |
| ▶ tener suerte | Glück haben | ■ glük jáben |
| **suéter** | der Pullover | ■ pulóva |
| **Suiza** | die Schweiz | ■ shvaits |
| **suizo(a)** | schweizerisch | ■ shváitserish |
| **sujetador** | der BH | ■ bejá |
| **sumergirse** | tauchen | ■ táujen |
| **supermercado** | der Supermarkt | ■ súpamarkt |
| **suplemento** (de tren, de servicio) | der Zuschlag | ■ tsúshlak |
| ▶ ¿hay que pagar algún suplemento? | muss man einen Zuschlag zahlen? | ■ mus man áinen tsúshlak tsálen? |
| **supuesto** | | |
| ▶ por supuesto | natürlich | ■ natǘrlij |
| **sur** | der Süden | ■ sǘden |
| **surf** | das Surfen | ■ sœrfen |
| ▶ quiero hacer surf | ich will surfen gehen | ■ ij vil sœrfen guéen |
| **surfista** | der Surfer | ■ sœrfa |
| **suspensión** | die Federung | ■ féderung |

**suyo(a)**

▶ el/la suyo(a)

| | | |
|---|---|---|
| *(de él)* | seine(r, s) | ■ *sáine(r, s)* |
| *(de ella)* | ihre(r, s) | ■ *íre(r, s)* |
| *(de usted/ustedes)* | Ihre(r, s) | ■ *íre(r, s)* |
| *(de ellos/ellas)* | ihre(r, s) | ■ *íre(r, s)* |

**tabaco** der Tabak ■ *tábak*

**tabla**

▶ ¿se puede alquilar una tabla de windsurf? — kann ich hier ein Windsurfbrett ausleihen? ■ *kan ij jía ain víntscœrfbret áuslaien?*

**tacones** die Absätze ■ *ápsetse*

**tajada** die Scheibe ■ *sháibe*

**tal**

▶ con tal de que — vorausgesetzt, dass ■ *foa-áusguesetst das*

▶ ¿qué tal? — wie geht's? ■ *vi guets?*

▶ tal vez — vielleicht ■ *filáijt*

**talla** die Größe ■ *grœse*

▶ ¿tiene esto en una talla más grande/pequeña? — haben Sie das in einer größeren/kleineren Größe? ■ *jáben si das in áina grœseren/kláineren grœse?*

**taller**

▶ ¿puede remolcarme hasta un taller? — können Sie mich bis zu einer Werkstatt abschleppen? ■ *kœnen si mij bis tsu áina vérkshtat ápshlepen?*

**talonario** *(de cheques)* das Scheckheft ■ *shékjeft*

▶ he perdido el talonario de cheques — ich habe mein Scheckheft verloren ■ *ij jábe main shékjeft ferlóren*

**también** auch ■ *auj*

**tampoco**

▶ a mí tampoco me gusta — mir gefällt es auch nicht ■ *mía guefélt es auj nijt*

**tampones** die Tampons *(pl)* ■ *támpons*

**tan** so ■ *so*

**tanto(a)** so viel ■ *so fil*

**tapa** der Deckel ■ *dékel*

▶ ¿puede ponerles las tapas a estos zapatos? — können Sie neue Absätze auf diese Schuhe machen? ■ *kœnen si nóie ápsetse auf díse shúe májen?*

**tapón** *(de botella)* der Verschluss ■ *fershlús*

*(de lavabo)* der Stöpsel ■ *shtœpsel*

| | | |
|---|---|---|
| **taquilla** *(de venta)* | die Kasse | ■ *káse* |
| *(armario)* | der Garderobenschrank | ■ *garderóbenshrank* |
| ▸ ¿dónde están las taquillas de la ropa? | wo sind die Garderobenschränke? | ■ *vo sint di garderóbenshrenke?* |
| **tardar** | | |
| ▸ ¿cuánto tiempo se tarda en hacer el viaje? | wie lange dauert die Reise? | ■ *vi lánge dáuat di ráise?* |
| ▸ ¿cuánto se tardará en llegar a ...? | wie lange braucht man nach ...? | ■ *vi lánge braujt man naj ...?* |
| **tarde** *sf* | | |
| *(después de mediodía)* | der Nachmittag | ■ *nájmitak* |
| *(oscureciendo)* | der Abend | ■ *ábent* |
| *adv* | spät | ■ *shpet* |
| ▸ por la tarde | am Abend | ■ *am ábent* |
| ▸ ¡buenas tardes! | guten Tag/guten Abend | ■ *gúten tak/gúten ábent* |
| ▸ anoche, ya tarde | gestern am späten Abend | ■ *guéstern am shpéten ábent* |
| ▸ nos acostamos tarde | wir sind spät ins Bett gegangen | ■ *vía sint shpet ins bet guegángen* |
| ▸ sentimos mucho haber llegado tarde | es tut uns Leid, dass wir zu spät gekommen sind | ■ *es tut uns lait das vía tsu shpet guekómen sint* |
| ▸ es demasiado tarde | es ist zu spät | ■ *es ist tsu shpet* |
| **tarifa** | der Tarif | ■ *taríf* |
| ▸ ¿cuál es la tarifa por día/por semana? | was kostet es für einen Tag/eine Woche? | ■ *vas kóstet es für áinen tak/áine vóje?* |
| ▸ ¿hay tarifa reducida para niños/pensionistas/grupos? | gibt es eine Ermäßigung für Kinder/Rentner/Gruppen? | ■ *guipt es áine ermésigung für kínda/réntna/grúpen?* |
| ▸ ¿tienen una tarifa especial para niños? | gibt es eine Ermäßigung für Kinder? | ■ *guipt es áine ermésigung für kínda?* |
| ▸ tarifa semanal | die wöchentliche Gebühr | ■ *di vœjentlije guebűa* |
| **tarjeta** | die Karte | ■ *kárte* |
| ▸ tarjeta de cumpleaños | die Geburtstagskarte | ■ *guebúrtstakskarte* |
| ▸ tarjeta de crédito | die Kreditkarte | ■ *kredítkarte* |
| ▸ ¿puedo pagar con tarjeta de crédito? | kann ich mit Kreditkarte zahlen? | ■ *kan ij mit kredítkarte tsálen?* |

- ► he perdido la tarjeta de crédito — ich habe meine Kreditkarte verloren — ■ *ij jábe máine kredítkarte ferlóren*
- ► tarjeta de cajero — die Geldkarte — ■ *guéltkarte*
- ► tarjeta Visa — die Visa Card — ■ *vísa kart*
- ► ¿venden tarjetas telefónicas? — verkaufen Sie Telefonkarten? — ■ *ferkáufen si telefónkarten?*
- ► tarjeta de embarque — die Bordkarte — ■ *bórtkarte*

**tarro** — das Gefäß — ■ *guefés*
- ► un tarro de café — ein Glas Kaffeepulver — ■ *ain glas káfepulva*

**tarta** — die Torte — ■ *tórte*

**tasa** — die Gebühr — ■ *guebű̃a*
- ► ¿hay una tasa por kilómetro? — gibt es einen Kilometerpreis? — ■ *guipt es áinen kilométaprais?*

**taxi** — das Taxi — ■ *táksi*
- ► ¿puede llamarme un taxi, por favor? — können Sie mir bitte ein Taxi rufen? — ■ *kœnen si mía bíte ain táksi rúfen?*

> (i) Los taxis se pueden coger en las paradas o llamando por teléfono a los números que aparecen en la lista que hay en las cabinas telefónicas. Para que nos vengan a recoger hemos de dar al taxista el "Standort", que es el lugar donde está situada la cabina y que aparece junto a la lista de números de taxis.

**taza** — die Tasse — ■ *táse*
- ► otra taza de té/café, por favor — noch eine Tasse Tee/Kaffee bitte — ■ *noj áine táse te/káfe bíte*

**te** *(a ti)* — dich / dir — ■ *dij / día*

**té** — der Tee — ■ *te*

**teatro** — das Theater — ■ *teáta*

**techo** — die Decke — ■ *déke*

**tejado** — das Dach — ■ *daj*
- ► el tejado tiene goteras — das Dach ist undicht — ■ *das daj ist úndijt*

**tela** — der Stoff — ■ *shtof*
- ► ¿qué tela es? — aus welchem Stoff ist es? — ■ *aus véljem shtof ist es?*
- ► tela impermeable — die Zeltbodenplane — ■ *tséltboden-plane*

**telebanco** — der Geldautomat — ■ *guéltautomat*

**teleférico** — die Seilbahn — ■ *sáilban*

**telefonear** — telefonieren — ■ *telefoníren*

**Puntos básicos**

| | | |
|---|---|---|
| telefonista | die Vermittlung | ■ *fermítlung* |
| teléfono | das Telefon | ■ *telefón* |
| ▶ ¿cuánto cuesta llamar por teléfono a España? | wie viel kostet ein Gespräch nach Spanien? | ■ *vi fil kóstet ain gueshpréj naj shpánien?* |
| ▶ teléfono móvil | das Handy | ■ *jéndi* |
| ▶ teléfono público | öffentliches Telefon | ■ *œfentlijes telefón* |

> ⓘ Se puede llamar por teléfono desde las oficinas de correos así como desde cualquier teléfono público, que funcionan con tarjetas o monedas, aunque estos últimos son cada vez más escasos. Las tarjetas del teléfono se pueden comprar en las oficinas de correos, tiendas de teléfonos, estancos y puestos de periódicos. La mayoría de las cabinas son de color gris y rosa, aunque todavía se pueden ver las amarillas que existían anteriormente. El número de los bomberos y de urgencias es el 112 y el de la policía el 110.

**Español-Alemán**

| | | |
|---|---|---|
| telegrama | das Telegramm | ■ *telegrám* |
| ▶ quiero poner un telegrama | ich möchte ein Telegramm aufgeben | ■ *ij mœjte ain telegrám áufgueben* |
| ▶ ¿dónde se puede mandar un telegrama? | wo kann ich hier ein Telegramm aufgeben? | ■ *vo kan ij jía ain telegrám áufgueben?* |
| telesilla | der Sessellift | ■ *sésel-lift* |
| telesquí | der Skilift | ■ *shílift* |
| televisión | das Fernsehen | ■ *férnsen* |
| ▶ ¿hay sala de televisión? | gibt es hier einen Fernsehraum? | ■ *guipt es jía áinen férnseraum?* |
| televisor | der Fernseher | ■ *férnsea* |
| temperatura | die Temperatur | ■ *temperatúa* |
| ▶ ¿qué temperatura hace? | wie viel Grad sind es? | ■ *vi fil grat sint es?* |

**Alemán-Español**

| | | |
|---|---|---|
| temprano | früh | ■ *frü* |
| tenedor | die Gabel | ■ *gábel* |
| tener | haben | ■ *jáben* |
| ▶ tenga la puerta cerrada con llave | halten Sie die Tür verschlossen | ■ *jálten si di tűa fershlósen* |
| ▶ tengo que ... | ich muss ... | ■ *ij mus ...* |
| ▶ tengo que hacer una llamada | ich muss telefonieren | ■ *ij mus telefoníren* |
| ▶ tengo calor/frío | mir ist warm/kalt | ■ *mía ist varm/kalt* |
| ▶ tengo fiebre | ich habe Fieber | ■ *ij jábe fíba* |

| | | |
|---|---|---|
| ▸ tengo hambre/sed | ich habe Hunger/Durst | *ij jábe júnga/durst* |
| ▸ tengo suerte | ich habe Glück | *ij jábe glük* |
| ▸ tengo gripe | ich habe Grippe | *ij jábe grípe* |
| ▸ tengo prisa | ich habe es eilig | *ij jábe es áilij* |
| ▸ tengo tos | ich habe Husten | *ij jábe jústen* |
| **tenis** | Tennis | *ténis* |
| ▸ ¿dónde podemos jugar al tenis? | wo können wir Tennis spielen? | *vo kǿnen vía ténis shpílen?* |
| **tensión alta** | hoher Blutdruck | *jóa blútdruk* |
| **teñido(a)** | gefärbt | *gueférbt* |
| ▸ tengo el pelo teñido | mein Haar ist gefärbt | *main jar ist gueférbt* |
| **tercero(a)** | dritte(r, s) | *dríte(r, s)* |
| **terminar** | | |
| ▸ ¿cuándo habrá terminado (usted)? | wann werden Sie fertig sein? | *van vérden si fértij sain?* |
| ▸ ¿cuándo termina el espectáculo? | wann ist die Vorstellung zu Ende? | *van ist di fórshtelung tsu énde?* |
| **termo** | die Thermosflasche | *térmosflashe* |
| **termómetro** | das Thermometer | *termométa* |
| **ternera** | das Kalbfleisch | *kálpflaish* |
| **terraza** | die Terrasse | *teráse* |
| ▸ ¿se puede comer en la terraza? | ist es möglich, auf der Terrasse zu essen? | *ist es mǿglij auf déa teráse tsu ésen?* |
| **tetera** | die Teekanne | *tékane* |
| **tetina** | der Sauger | *sáuga* |
| **ti** | dir | *día* |
| ▸ una llamada para ti | ein Gespräch für dich | *ain gueshpréj für dij* |
| **tía** | die Tante | *tánte* |
| **tiempo** (duración) (meteorológico) | die Zeit das Wetter | *tsait* *véta* |
| ▸ ¿tenemos tiempo para visitar la ciudad? | haben wir Zeit, um die Stadt zu besichtigen? | *jáben vía tsait um di shtat tsu besíjtiguen?* |
| ▸ ¡qué tiempo tan horrible! | was für ein furchtbares Wetter! | *vas für ain fúrjtbares véta* |
| ▸ ¿va a cambiar el tiempo? | ändert sich das Wetter? | *éndert sij das véta?* |
| ▸ tiempo libre | die Freizeit | *fráitsait* |

### tienda

| | | |
|---|---|---|
| *(establecimiento)* | der Laden | ■ *láden* |
| *(de campaña)* | das Zelt | ■ *tselt* |
| ▶ ¿a qué hora cierran las tiendas? | um wie viel Uhr schließen die Geschäfte? | ■ *um vi fil úa shlísen di gueshéfte?* |
| ▶ ir de tiendas | einkaufen gehen | ■ *áinkaufen guéen* |
| ▶ ¿podemos montar la tienda aquí? | können wir unser Zelt hier aufschlagen? | ■ *kœnen vía únsa tselt jía áufshlaguen?* |

> (i) Las tiendas abren hasta las 8 de la tarde de lunes a viernes y hasta las 4 los sábados. Los domingos está todo cerrado, aunque las panaderías pueden abrir entre las 11 y las 3, así como algunas tiendas de zonas turísticas. Las tiendas de las estaciones de tren suelen estar abiertas hasta tarde y todo el fin de semana.

### tierra

| | | |
|---|---|---|
| ▶ en tierra | an Land | ■ *an lant* |

### tijeras
die Schere — ■ *shére*

### tinta
die Tinte — ■ *tínte*

### tinto(a)

| | | |
|---|---|---|
| ▶ vino tinto | der Rotwein | ■ *rótvain* |

### tintorería
die chemische Reinigung — ■ *jémishe ráinigung*

### tío
der Onkel — ■ *ónkel*

### típico(a)
typisch — ■ *tǘpish*

| | | |
|---|---|---|
| ▶ ¿tienen algo típico de esta ciudad/ región? | haben Sie etwas Typisches von dieser Stadt/Gegend? | ■ *jáben si étvas tǘpishes fon dísa shtat/guéguent?* |

### tipo
die Art — ■ *art*

| | | |
|---|---|---|
| ▶ tipo de cambio | der Wechselkurs | ■ *vékselkurs* |
| ▶ ¿cuál es el tipo de cambio? | wie ist der Wechselkurs? | ■ *vi ist déa vékselkurs?* |
| ▶ ¿qué tipo de ...? | welche Art ...? | ■ *vélje art ...?* |
| ▶ ¿qué tipo de queso? | welche Käsesorte? | ■ *vélje késesorte?* |

### tirar
ziehen — ■ *tsíen*

### tirita
das Pflaster — ■ *pflásta*

### toalla
das Handtuch — ■ *jánttuj*

| | | |
|---|---|---|
| ▶ se han acabado las toallas | wir haben keine Handtücher mehr | ■ *vía jáben káine jánttüja méa* |

### tocar *(un instrumento)*
spielen — ■ *shpílen*

*(con la mano)* berühren — ■ *berǘren*

| | | |
|---|---|---|
| ▸ le toca a ella | sie ist dran | ▪ *si ist dran* |
| ▸ me toca a mí | ich bin dran | ▪ *ij bin dran* |
| ▸ ¿a quién le toca? | wer ist dran? | ▪ *véa ist dran?* |
| **todavía** | noch | ▪ *noj* |
| ▸ todavía no | noch nicht | ▪ *noj nijt* |
| **todo** | alles | ▪ *áles* |
| ▸ todo recto | geradeaus | ▪ *gueradeáus* |
| **todo(a)** | alle | ▪ *ále* |
| **tomar** | nehmen | ▪ *némen* |
| **tomate** | die Tomate | ▪ *tomáte* |
| **tónica** | das Tonic | ▪ *tónik* |
| **tonto(a)** | dumm | ▪ *dum* |
| **tormenta** | das Gewitter | ▪ *guevíta* |
| ▸ ¿va a haber tormenta? | wird es ein Gewitter geben? | ▪ *virt es ain guevíta gueben?* |
| **tornillo** | die Schraube | ▪ *shráube* |
| ▸ se ha aflojado el tornillo | die Schraube hat sich gelöst | ▪ *di shráube jat sij guelœst* |
| **torre** | der Turm | ▪ *turm* |
| ▸ torre de control | der Tower | ▪ *táua* |
| **tortilla** | das Omelett | ▪ *om(e)lét* |
| **tos** | der Husten | ▪ *jústen* |
| ▸ tengo tos | ich habe Husten | ▪ *ij jábe jústen* |
| **toser** | husten | ▪ *jústen* |
| **tostada** | | |
| ▸ dos tostadas | zwei Scheiben Toast | ▪ *tsvai sháiben tost* |
| **tostador** | der Toaster | ▪ *tósta* |
| **total** sm | die Summe | ▪ *súme* |
| adj | total | ▪ *totál* |
| **trabajar** | arbeiten | ▪ *árbaiten* |
| ▸ ¿de qué trabaja (usted)? | was machen Sie beruflich? | ▪ *vas májen si berúflij?* |
| **trabajo** *(puesto)* | die Stelle | ▪ *shtéle* |
| **tradicional** | traditionell | ▪ *traditsionél* |
| **traducción** | die Übersetzung | ▪ *übasétsung* |
| **traducir** | übersetzen | ▪ *übasétsen* |
| ¿podría traducirme esto? | können Sie das für mich übersetzen? | ▪ *kœnen si das für mij übasétsen?* |

| | | |
|---|---|---|
| **traer** | bringen | ■ *bríngen* |
| (ir a buscar) | holen | ■ *jólen* |
| ► he traído el paraguas por si acaso | ich habe für alle Fälle einen Regenschirm dabei | ■ *ij jábe für ále féle áinen réguenshirm dabái* |
| **tráfico** | | |
| ► ¿hay mucho tráfico en la autopista? | gibt es viel Verkehr auf der Autobahn? | ■ *guipt es fil ferkér auf déa áutoban?* |
| **traje** (de hombre) | der Anzug | ■ *ántsuk* |
| **tranquilo(a)** | ruhig | ■ *rúij* |
| **transatlántico** | das Passagierschiff | ■ *pasadshíashif* |
| **transbordador** | die Fähre | ■ *fére* |
| **transbordo** | | |
| ► tiene que hacer transbordo en ... | Sie müssen in ... umsteigen | ■ *si mǘsen in ... úmshtaiguen* |
| **transferencia** | | |
| ► quisiera hacer una transferencia de mi cuenta | ich möchte gern Geld von meinem Konto überweisen | ■ *ij mǽjte guern guelt fon máinem kónto übaváisen* |
| **transferir** | überweisen | ■ *übaváisen* |
| **transporte** | | |
| (de personas) | die Beförderung | ■ *befǽrderung* |
| (de mercancías) | der Transport | ■ *transpórt* |
| **tranvía** | die Straßenbahn | ■ *shtráßenban* |
| **trapo** | der Lappen | ■ *lápen* |
| **tras** (tiempo) | nach | ■ *naj* |
| (lugar) | hinter | ■ *jínta* |
| **trastorno estomacal** | der verdorbene Magen | ■ *ferdórbene máguen* |
| **tratar** (a alguien) | behandeln | ■ *bejándeln* |
| (probar) | probieren | ■ *probíren* |

| | | |
|---|---|---|
| **travesía** | die Überfahrt | ■ *ǘbafart* |
| ► ¿cuánto dura la travesía? | wie lange dauert die Überfahrt? | ■ *vi lánge dáuat di ǘbafart?* |
| **trece** | dreizehn | ■ *dráitsen* |
| **treinta** | dreißig | ■ *dráisij* |
| **tren** | der Zug | ■ *tsuk* |
| ► ¿con qué frecuencia pasan los trenes para el centro? | wie oft fahren Züge ins Stadtzentrum? | ■ *vi oft fáren tsǘgue ins shtátsentrum?* |

| | | |
|---|---|---|
| ▶ ¿cuándo sale el primer/próximo/último tren para ...? | wann fährt der erste/nächste/letzte Zug nach ...? | ■ van fert déa érste/néjste/létste tsuk naj ...? |
| ▶ ¿es éste el tren de ...? | ist das der Zug nach ...? | ■ ist das déa tsuk naj ...? |
| ▶ ¿este tren para en ...? | hält dieser Zug in ...? | ■ jelt dísa tsuk in ...? |
| ▶ ¿hay algunas tarifas de tren baratas? | gibt es Ermäßigungen für Zugfahrten? | ■ guipt es ermésigungen für tsúkfarten? |
| ▶ ¿este tren va a ...? | fährt dieser Zug nach ...? | ■ fert dísa tsuk naj ...? |
| ▶ tren de cercanías | der Nahverkehrszug | ■ náferkerstsuk |
| **tres** | drei | ■ drai |
| **trineo** | der Schlitten | ■ shlíten |
| ▶ ¿dónde se puede montar en trineo? | wo können wir hier Schlitten fahren? | ■ vo kœnen vía jía shlíten fáren? |
| **trozo** | | |
| ▶ un trozo de tarta | ein Stück Kuchen | ■ ain shtük kújen |
| **trucha** | die Forelle | ■ foréle |
| **trueno** | der Donner | ■ dóna |
| **tu** | dein(e) | ■ dain(e) |
| ▶ tu coche | dein Auto | ■ dain áuto |
| ▶ tus calcetines | deine Socken | ■ dáine sóken |

ⓘ En alemán se usan los pronombres "du", "ihr" y "Sie" de forma parecida a los pronombres españoles "tú", "vosotros" y "usted", aunque su uso es más formal que en español en este sentido y el "tú" se usa prácticamente solo para dirigirse a la familia y los amigos, así como entre la gente joven.

| | | |
|---|---|---|
| **tú** | du | ■ du |
| **tubo** *(para bucear)* | der Schnorchel | ■ shnórjel |
| ▶ tubo de escape | das Auspuffrohr | ■ áuspufroa |
| **tuerca** | die Mutter | ■ múta |
| **tumbona** | der Liegestuhl | ■ lígueshtul |
| ▶ ¿puedo alquilar una tumbona? | kann ich einen Liegestuhl ausleihen? | ■ kan ij áinen lígueshtul áuslaien? |
| **túnel** | der Tunnel | ■ túnel |
| **turismo** | der Tourismus | ■ turísmus |
| ▶ turismo rural | Urlaub auf dem Land | ■ úrlaup auf dem lant |
| **turista** | der/die Tourist(in) | ■ turíst(in) |

| | | |
|---|---|---|
| **turístico(a)** | touristisch | • *turtístish* |
| **tuyo(a)** | | |
| ► el/la tuyo(a) | deine(r, s) | • *dáine(r, s)* |
| **úlcera** | das Geschwür | • *gueshvúa* |
| **último(a)** | letzte(r, s) | • *létste(r, s)* |
| ► el último piso | das oberste Stockwerk | • *das óberste shtókverk* |
| **un(a)** | ein(e) | • *ain(e)* |
| ► un hombre | ein Mann | • *ain man* |
| ► una mujer | eine Frau | • *áine frau* |
| ► unas botas/ sandalias | ein Paar Stiefel/ Sandalen | • *ain par shtífel/ sandálen* |
| ► una vez | einmal | • *áinmal* |
| ► una vez al día/año | einmal am Tag/ im Jahr | • *áinmal am tak/ im jar* |
| **undécimo(a)** | elfte(r, s) | • *élfte(r, s)* |
| **ungüento** | die Salbe | • *sálbe* |
| **Unión Europea** | die Europäische Union | • *oiropéishe unión* |
| **universidad** | die Universität | • *universität* |
| **uno(a)** | ein(e) | • *ain(e)* |
| **unos(as)** | einige | • *áinigue* |
| **uña** | der Nagel | • *náguel* |
| **urgente** | dringend | • *dríngent* |
| ► enviar una carta por correo urgente | einen Brief per Eilpost schicken | • *áinen brif per áilpost shíken* |
| **usar** | nutzen | • *nútsen* |
| ► ¿puedo usar su teléfono? | darf ich hier telefonieren? | • *darf ij jía telefoníren?* |
| ► uso lentillas | ich trage Kontaktlinsen | • *ij trágue kontáktlinsen* |
| **usted, ustedes** | Sie | • *si* |
| *(dativo)* | Ihnen | • *ínen* |

(i) En alemán se usan los pronombres "du", "ihr" y "Sie" de forma parecida a los pronombres españoles "tú", "vosotros" y "usted", aunque su uso es más formal que en español en este sentido y el "tú" se usa prácticamente solo para dirigirse a la familia y los amigos, así como entre la gente joven.

| | | |
|---|---|---|
| **útil** | nützlich | • *nútslij* |
| **utilizar** | nutzen | • *nútsen* |
| **uvas** | die Trauben | • *tráuben* |

| | | |
|---|---|---|
| ► un racimo de uvas | eine Weintraube | ■ *áine váintraube* |
| ► uvas sin pepitas | kernlose Trauben | ■ *kérnlose tráuben* |
| ► uvas pasas | die Rosinen | ■ *rosínen* |
| **vacaciones** | | |
| ► de vacaciones | in den Ferien | ■ *in den férien* |
| ► estoy aquí de vacaciones | ich mache hier Urlaub | ■ *ij máje jía úrlaup* |
| **vacío(a)** | leer | ■ *léa* |
| **vacuna** | der Impfstoff | ■ *ímpfshtof* |
| **vagón** | der Wagen | ■ *váguen* |
| ► vagón restaurante | der Speisewagen | ■ *shpáisevaguen* |
| **valer** | | |
| ► vale ... *(cuesta)* | es kostet ... | ■ *es kóstet ...* |
| ► ¡vale! *(de acuerdo)* | einverstanden! | ■ *áinfershtanden!* |
| ► ¿vale? | einverstanden? | ■ *áinfershtanden?* |
| **válido(a)** | gültig | ■ *gűltij* |
| **valle** | das Tal | ■ *tal* |
| **valor** | | |
| ► de valor | wertvoll | ■ *vértfol* |
| **vaqueros** | die Jeans | ■ *dshins* |
| **varicela** | die Windpocken | ■ *víntpoken* |
| **vaso** | das Glas | ■ *glas* |
| ► un vaso de agua | ein Glas Wasser | ■ *ain glas vása* |
| **vecino(a)** | der/die Nachbar(in) | ■ *nájbar(in)* |
| **vegetariano(a)** | vegetarisch | ■ *veguetárish* |
| ► ¿lo pueden comer los vegetarianos? | ist das für Vegetarier geeignet? | ■ *ist das für veguetária gueáignet?* |
| ► ¿tienen platos vegetarianos? | haben Sie vegetarische Gerichte? | ■ *jáben si veguetárishe gueríjte?* |
| ► vegetariano(a) estricto(a) | der/die Veganer(in) | ■ *vegána (vegánerin)* |
| **veinte** | zwanzig | ■ *tsvántsij* |
| **veintidós** | zweiundzwanzig | ■ *tsvai-unt-tsvántsij* |
| **veintiuno** | einundzwanzig | ■ *ain-unt-tsvántsij* |
| **vela** *(tela)* | das Segel | ■ *séguel* |
| *(deporte)* | das Segeln | ■ *ségueln* |
| ► me gustaría ir a practicar vela | ich möchte segeln gehen | ■ *ij mǿjte ségueln guéen* |
| **velocidad** | die Geschwindigkeit | ■ *gueshvíndijkait* |

| | | |
|---|---|---|
| **velocímetro** | der Tachometer | ■ *tajométa* |
| **vena** | die Vene | ■ *véne* |
| **venda** | der Verband | ■ *ferbánt* |
| **vender** | verkaufen | ■ *ferkáufen* |
| **veneno** | das Gift | ■ *guíft* |
| **venir** | kommen | ■ *kómen* |
| ► la semana que viene | nächste Woche | ■ *néjtse vóje* |
| ► ¡venga! | na los! | ■ *na los!* |
| **ventana** | das Fenster | ■ *fénsta* |
| ► no puedo abrir la ventana | das Fenster lässt sich nicht öffnen | ■ *das fénsta lest sij nijt œfnen* |
| ► ¿puedo abrir la ventana? | darf ich das Fenster öffnen? | ■ *darf ij das fénsta œfnen?* |
| ► he roto la ventana | ich habe das Fenster kaputtgemacht | ■ *ij jábe das fénsta kapútguemajt* |
| **ventanilla** *(en coche)* | Fenster | ■ *fénsta* |
| *(taquilla)* | Schalter | ■ *shálta* |
| ► quiero un asiento al lado de la ventanilla | ich hätte gern einen Fensterplatz | ■ *ij jéte guern áinen fénstaplats* |
| **ventilador** | der Ventilator | ■ *ventilátor* |
| **ver** | sehen | ■ *séen* |
| ► ¿nos vemos después? | sehen wir uns später? | ■ *séen vía uns shpéta?* |
| ► ¿podemos ver las viñas/la iglesia? | können wir den Weinberg besuchen/ die Kirche besichtigen? | ■ *kœnen vía den váinberk besújen/ di kírje besíjtiguen?* |
| ► ¿qué cosas interesantes se pueden ver aquí? | was ist hier sehenswert? | ■ *was ist jía séensvert?* |
| **verano** | der Sommer | ■ *sóma* |
| **verdad** | die Wahrheit | ■ *várjait* |
| ► de verdad | wahr | ■ *var* |
| ► es tuyo, ¿verdad? | das gehört dir, nicht wahr? | ■ *das guejǿrt día, nijt var?* |
| ► lo compraste, ¿verdad? | das hast du gekauft, nicht wahr? | ■ *das jast du guekáuft, nijt var?* |
| **verdadero(a)** | | |
| *(no falso)* | wahr | ■ *var* |
| *(auténtico)* | echt | ■ *ejt* |
| **verde** | grün | ■ *grün* |

| | | |
|---|---|---|
| **verduras** | das Gemüse | ▪ *guemúse* |
| ▶ **verduras frescas** | frisches Gemüse | ▪ *fríshes guemúse* |
| **vermut** | der Wermut | ▪ *vérmut* |
| **vértigo** | Schwindel | ▪ *shvíndel* |
| **vestíbulo** | das Foyer | ▪ *foaié* |
| ▶ **nos vemos en el vestíbulo** | wir treffen uns im Foyer | ▪ *vía tréfen uns im foaié* |
| **vestido** *(de mujer)* | das Kleid | ▪ *klait* |
| **vestirse** | sich anziehen | ▪ *sij ántsien* |
| **veterinario(a)** | der Tierarzt die Tierärztin | ▪ *tía-arts* ▪ *tía-értstin* |
| **vez** | | |
| ▶ **a veces** | manchmal | ▪ *mánjmal* |
| ▶ **muchas veces** | oft | ▪ *oft* |
| ▶ **otra vez** | noch einmal | ▪ *noj áinmal* |
| ▶ **¿puede intentarlo otra vez?** | können Sie es noch einmal versuchen? | ▪ *kœnen si es noj áinmal fersújen?* |
| ▶ **una vez** | einmal | ▪ *áinmal* |
| ▶ **una vez al año/día** | einmal am Tag/ im Jahr | ▪ *áinmal am tak/ im jar* |
| ▶ **en vez de** | anstelle von | ▪ *anshtéle fon* |
| **vía** | | |
| ▶ **por vía terrestre** | auf dem Landweg | ▪ *auf dem lántvek* |
| ▶ **por vía aérea** | per Luftpost | ▪ *péa lúftpost* |
| **viajar** | reisen | ▪ *ráisen* |
| **viaje** | die Reise | ▪ *ráise* |
| ▶ **un viaje de negocios** | eine Geschäftsreise | ▪ *áine gueshéftsraise* |
| ▶ **¿qué tal el viaje?** | wie war die Reise? | ▪ *vi var di ráise?* |
| ▶ **este es mi primer viaje a ...** | das ist meine erste Reise nach ... | ▪ *das ist máine érste ráise naj ...* |
| ▶ **viaje organizado** | die Pauschalreise | ▪ *paushálraise* |
| ▶ **viaje de novios** | die Flitterwochen | ▪ *flítavojen* |
| ▶ **¡buen viaje!** | gute Reise! | ▪ *gúte ráise* |
| **vida** | das Leben | ▪ *lében* |
| **vídeo** | das Video | ▪ *vídeo* |
| **videocassette** | die Videokassette | ▪ *vídeokasete* |
| **vidrio** | das Glas | ▪ *glas* |
| **viejo(a)** | alt | ▪ *alt* |

## viento

**viento**
- **hace (demasiado) viento** — es ist (zu) windig — ■ *es ist (tsu) víndij*

**viernes** — der Freitag — ■ *fráitak*
- **Viernes Santo** — Karfreitag — ■ *karfráitak*

**vigilante**
- *(en banco, edificio)* — der Wächter — ■ *véjta*
- die Wächterin — ■ *véjterin*
- *(en tienda)* — der Kaufhausdetektiv — ■ *káufjausdetektíf*
- die Kaufhausdetektivin — ■ *káufjausdetektívin*

**vigilar**
- **¿podría vigilarme las maletas un momento?** — könnten Sie bitte kurz auf meine Taschen aufpassen? — ■ *kœnten si bíte kurts auf máine táshen áufpasen?*

**vinagre** — der Essig — ■ *ésij*

**vinagreta** — die Vinaigrette — ■ *vinegréte*

**vino** — der Wein — ■ *vain*
- **una botella de vino de la casa** — eine Flasche Hauswein — ■ *áine fláshe jáusvain*
- **una garrafa de vino de la casa** — einen Schoppen Hauswein — ■ *áinen shópen jáusvain*
- **¿puede recomendarnos un vino tinto/blanco/rosado bueno?** — können Sie einen guten Rotwein/Weißwein/Rosé empfehlen? — ■ *kœnen si áinen gúten rótvain/váisvain/rosé empfélen?*
- **este vino no está frío** — dieser Wein ist nicht kühl genug — ■ *dísa vain ist nijt kül guenúk*

**viña** — der Weinberg — ■ *váinberk*

**visado** — das Visum — ■ *vísum*

**visita** — der Besuch — ■ *besúj*
- **¿a qué hora empieza la visita?** — um wie viel Uhr beginnt die Führung? — ■ *um vi fil úa beguínt di fúrung?*

**visitar** — besuchen — ■ *besújen*

**vista** — die Aussicht — ■ *áussijt*
- **quiero una habitación con vistas al mar/ a las montañas** — ich hätte gern ein Zimmer mit Aussicht aufs Meer/auf die Berge — ■ *ij jéte guern ain tsíma mit áussijt aufs méa/auf di bérgue*

**vitamina** — das Vitamin — ■ *vitamín*

**viuda** — die Witwe — ■ *vítve*

**viudo** — der Witwer — ■ *vítva*

| | | |
|---|---|---|
| **vivir** | leben | ▪ *lében* |
| ▸ **vivo en Madrid** | ich wohne in Madrid | ▪ *ij vóne in madrít* |
| **vivo(a)** | lebendig | ▪ *lebéndij* |
| **vodka** | der Wodka | ▪ *vódka* |
| **volar** | fliegen | ▪ *flíguen* |
| ▸ **no me gusta volar** | ich fliege nicht gern | ▪ *ij flígue nijt guern* |
| **volcán** | der Vulkan | ▪ *vulkán* |
| **voleibol** | Volleyball | ▪ *vólibal* |
| **voltaje** | die Spannung | ▪ *shpánung* |
| ▸ **¿qué voltaje tienen aquí?** | wie hoch ist die Spannung hier? | ▪ *vi joj ist di shpánung jía?* |

ⓘ El suministro eléctrico funciona a 220w y los enchufes son del mismo tipo que en España.

| | | |
|---|---|---|
| **volver** | zurückkommen | ▪ *tsurűkkomen* |
| *(girar)* | drehen | ▪ *dréen* |
| ▸ **tenemos que volver al hotel antes de las seis** | wir müssen vor sechs Uhr im Hotel zurück sein | ▪ *vía műsen foa seks úa im jotél tsurűk sain* |
| ▸ **tengo que volver ahora** | ich muss jetzt zurückgehen | ▪ *ij mus ietst tsurűkgueen* |
| **vomitar** | | |
| ▸ **(él/ella) ha vomitado** | er/sie hat sich übergeben | ▪ *éa/si jat sij übaguében* |
| **vosotros(as)** | ihr | ▪ *ía* |
| **vuelo** | der Flug | ▪ *fluk* |
| ▸ **¿hay algún vuelo barato?** | gibt es billige Flüge? | ▪ *guipt es bíligue flűgue?* |
| ▸ **han retrasado mi vuelo** | mein Flug hat Verspätung | ▪ *main fluk jat fershpétung* |
| ▸ **he perdido el vuelo** | ich habe meinen Flug verpasst | ▪ *ij jábe máinen fluk ferpást* |
| **vuelta** | das Wechselgeld | ▪ *véjselguelt* |
| ▸ **quédese con la vuelta** | stimmt so | ▪ *shtimt so* |
| ▸ **a la vuelta de la esquina** | um die Ecke | ▪ *um di éke* |
| ▸ **dar una vuelta** | einen Ausflug machen | ▪ *áinen áusfluk májen* |
| **vuestro(a)** | euer, eure | ▪ *óia, óire* |
| ▸ **el/la vuestro(a)** | eure(r, s) | ▪ *óire(r, s)* |
| ▸ **vuestro coche** | euer Auto | ▪ *óia áuto* |

| | | |
|---|---|---|
| ▶ vuestra mesa | euer Tisch | ■ *óia tish* |
| ▶ vuestros hijos | eure Kinder | ■ *óire kínda* |
| ▶ vuestras vacaciones | eure Ferien | ■ *óire férien* |
| **Walkman** | der Walkman | ■ *uókman* |
| **wáter** | die Toilette | ■ *toaléte* |
| ▶ no funciona la cisterna del wáter | die Spülung in der Toilette funktioniert nicht | ■ *di shpúlung in déa toaléte funktsionírt nijt* |
| ▶ ¿hay wáter especial para minusválidos? | gibt es eine Behindertentoilette? | ■ *guipt es áine bejíndertentoalete?* |
| **whisky** | der Whisky | ■ *úiski* |
| ▶ tráigame un whisky | ich hätte gern einen Whisky | ■ *ij jéte guern áinen uíski* |
| ▶ whisky con soda | Whisky mit Soda | ■ *uíski mit sóda* |
| **windsurf** | das Windsurfen | ■ *víntsœrfen* |
| ▶ me gustaría hacer windsurf | ich möchte gern windsurfen | ■ *ich mœjte guern víntsœrfen* |
| ▶ ¿se puede hacer windsurf? | kann ich hier windsurfen? | ■ *kan ij jía víntsœrfen?* |
| **y** | und | ■ *unt* |
| **ya** | schon | ■ *shon* |
| ▶ ya que | da | ■ *da* |
| **yate** | die Jacht | ■ *iajt* |
| **yo** | ich | ■ *ij* |
| ▶ yo lo tengo | ich habe es | ■ *ij jábe es* |
| ▶ soy yo | ich bin's | ■ *ij bins* |
| **yogur** | der Joghurt | ■ *iógurt* |
| **zanahoria** | die Karotte | ■ *karóte* |
| **zapatillas** *(de casa)* | die Hausschuhe *(pl)* | ■ *jáus-shue* |
| *(de deporte)* | die Turnschuhe *(pl)* | ■ *túrnshue* |
| **zapato** | der Schuh | ■ *shu* |
| ▶ tengo un agujero en el zapato | in meinem Schuh ist ein Loch | ■ *in máinem shu ist ain loj* |
| ▶ ¿puede ponerles las tapas a estos zapatos? | können Sie neue Absätze auf diese Schuhe machen? | ■ *kœnen si nóie ápsetse auf díse shúe májen?* |
| **zona comercial** | das Einkaufsviertel | ■ *áinkaufsfirtel* |
| **zoo** | der Zoo | ■ *tso* |
| **zumo** | der Saft | ■ *saft* |

# ALEMÁN – ESPAÑOL

## A

**Aal** *m* anguila

**ab** desde; **ab und zu** de vez en cuando; **ab 8 Uhr** a partir de las ocho; **ab Sonntag** a partir del domingo; **ab Mai** a partir de mayo; **Jugendliche ab 16 Jahren** menores a partir de 16 años; **ab Frankfurt** desde Frankfurt

**abbestellen** anular

**abbiegen** torcer

**Abbiegespur** *f* carril de giro

**Abbildung** *f* ilustración

**abblenden** bajar las luces

**Abblendlicht** *nt* luz corta

**Abend** *m* tarde; noche; **am Abend** por la tarde/noche

**Abendessen** *nt* cena

**Abendgesellschaft** *f* velada

**Abendkasse** *f* taquilla

**Abendkleid** *nt* traje de noche

**abends** por la(s) tarde(s)/ noche(s)

**Abendzeitung** *f (periódico)* vespertino

**aber** pero

**abfahren** salir

**Abfahrt** *f* salida

**Abfahrtszeit** *f* hora de salida

**Abfall** *m* basura

**Abfallbehälter** *m*, **Abfalleimer** *m* cubo de la basura

**Abfertigung** *f* despacho

**Abfertigungsschalter** *m* (mostrador de) facturación

**abfliegen** despegar

**Abflug** *m* despegue; salida; **Abflug Inland** salida de vuelos nacionales; **Abflug Ausland** salida de vuelos internacionales

**Abflughalle** *f* sala de embarque

**Abflugschalter** *m* (mostrador de) facturación

**Abflugtafel** *f* (panel del) horario de salidas

**Abflugzeit** *f* hora de salida

**Abfluss(-flüsse)** *m* desagüe

**Abführmittel** *nt* laxante

**Abführtee** *m* infusión laxante

**Abgase** *pl* gases de escape

**abgelaufen** caducado(a)

**abgelegen** apartado(a)

**abgelehnt** rechazado(a)

**abgemacht** de acuerdo

**Abhang(-hänge)** *m* pendiente

**abhängig von** que depende de; **das ist vom Wetter abhängig** depende del tiempo (que haga)

**abheben** retirar

**abholen** recoger reclamar; **einen Freund abholen** (pasar a) recoger a un amigo

**Abholgebühr** *f* tarifa de recogida

**Abholung** *f* recogida

**ablaufen** caducar; *(contrato)* expirar

**ablehnen** rechazar

**ablesen** leer

**Abmachung** *f* acuerdo

**sich abmelden** darse de baja; *(hotel)* pagar la cuenta

**abnehmen** adelgazar; **den Hörer abnehmen** contestar al teléfono

**Abnutzung** *f* desgaste

**Abonnent(in)** *m(f)* abonado(a)

**abonnieren** suscribirse a

**Abreise** *f* salida

**abreisen** partir; salir

**Puntos básicos**

**Español-Alemán**

**absagen** cancelar
**Absatz(-sätze)** m tacón; párrafo
**abschaffen** abolir
**abschalten** desconectar
**abschicken** enviar
**Abschied** m despedida
**Abschleppdienst** m servicio de grúa
**abschleppen** remolcar; **das Fahrzeug wird abgeschleppt** el vehículo es remolcado
**Abschleppseil** nt cable para remolcar
**Abschleppwagen** m grúa
**abschließen** cerrar con llave
**abschmieren** engrasar
**Abschnitt** m talón
**Abschürfung** f roce
**abseits von** apartado(a) de
**Absender** m remitente
**Absicht** f propósito; intención
**absichtlich** intencionadamente
**Abstand** m distancia; intervalo; **Abstand halten!** guardar distancia
**abstellen** apagar; aparcar
**Abszess** m absceso
**Abtei** f abadía
**Abteil** nt compartimento
**Abteilung** f sección
**abwärts** (hacia) abajo
**abwechselnd** por turno
**abwesend** ausente
**Abwesenheit** f ausencia
**abwürgen** calar
**abziehen** deducir; restar; **etwas abziehen** sacar algo
**Abzug(-züge)** m copia
**abzüglich** menos
**Achse** f eje
**Achsel** f hombro
**acht** ocho
**achten auf** prestar atención a; cuidar de
**achte(r/s)** octavo(a)
**Acht geben auf** cuidar de; prestar atención a
**Achtung** f atención; **Achtung!**

**Alemán-Español**

¡Atención!; **Achtung, Achtung, eine Durchsage** Atención, por favor; **Achtung Lebensgefahr!** Peligro; **Achtung Stufe!** ¡Cuidado con el escalón!
**achtzehn** dieciocho
**achtzig** ochenta
**Acryl-** acrílico(a)
**Adapter** m adaptador
**addieren** sumar
**Ader** f vena
**Adressbuch** nt agenda de direcciones
**Adresse** f dirección
**adressieren** poner la dirección; **adressieren an** dirigir a
**Agentur** f agencia
**ähnlich** semejante; como; parecido(a)
**Ahnung** f: **keine Ahnung** ni idea
**Akne** f acné
**Akt** m acto
**Aktenkoffer** m portafolio
**akzeptiert** aceptado(a)
**Alarmanlage** f alarma
**albern** tonto
**Alge** f alga
**Alkohol** m bebidas alcohólicas; alcohol
**alkoholfrei** sin alcohol
**alkoholisch** alcohólico(a)
**alle** todos(as); (gente) todo el mundo; **alle zwei Tage** cada dos días; **alle sechs Tage** cada seis días; **auf alle Fälle** de todos modos
**Allee** f avenida
**allein** solo(a); **er hat es allein gemacht** lo ha hecho él solo
**allergisch gegen** alérgico(a) a
**Allerheiligen** nt (día de) Todos los Santos
**allerletzte(r/s)** último (de todos)
**alle(r/s)** todo(a)
**alles** (singular) todo; **alles, was Sie brauchen** todo, lo que (Ud) necesita
**allgemein** general; universal; **im Allgemeinen** por lo general; en general

**allmählich** paulatino(a); paulatinamente

**Allzweckreiniger** m limpiador universal

**Alpen** pl Alpes

**als** que; cuando; **als ob** como si; **am Tag, als wir ...** el día (en) que ...; **größer/teurer als** mayor/más caro que

**also** así que; **also!** ¡bueno!

**Alsterwasser** nt (cerveza con limonada) clara

**alt** viejo(a); **wie alt sind Sie?** ¿cuántos años tiene?

**Altar** m altar

**Altbier** nt cerveza rubia

**Alter** nt edad

**ältere(r/s)** mayor

**Altersheim** nt residencia de ancianos

**älteste(r/s)** el/la mayor

**altmodisch** pasado(a) de moda; anticuado(a)

**Alufolie** f papel de aluminio

**am** en; **am Bahnhof** en la estación; **am Abend/Morgen** por la noche/mañana; **am Freitag** el viernes

**Ameise(n)** f hormiga

**Amerika** nt América

**amerikanisch** americano(a)

**Ampel** f semáforo; **eine Ampel überfahren** saltarse un semáforo en rojo; **fahren Sie an der nächsten Ampel rechts/links** después del semáforo gire a la derecha/izquierda; **fahren Sie an der nächsten Ampel geradeaus** pase el semáforo y siga (todo) recto

**Amt** nt sección; oficina; autoridad; (teléfono) central

**amtlich** oficial

**Amtszeichen** nt tono

**amüsieren** entretener; **sich amüsieren** divertirse

**an** junto a; en; cerca de; **Frankfurt an 13.00** llegada a Frankfurt a las 13 h; **an/aus** conectado/desconectado

**Ananas** f piña

**Anbau** m extensión

**anbieten** ofrecer

**andauernd** continuo(a)

**Andenken** nt recuerdo

**andere(r/s)** otro(a); **ich möchte ein anderes Hemd sehen** quisiera ver otra camisa

**andermal** en otra ocasión

**ändern** cambiar

**anders** de otra manera; distinto(a); **jemand anders** otra persona; **anders als** distinto(a) de

**anderswo** en (cualquier) otra parte

**anderthalb** uno y medio

**Änderung** f cambio

**anfahren** chocar; (con coche) atropellar

**Anfall(-fälle)** m (medicina) ataque

**Anfang** m comienzo

**anfangen** empezar

**Anfänger(in)** m(f) principiante

**Anflug** m vuelo de aproximación

**anfordern** exigir

**Anfrage** f consulta

**Angaben** pl datos; indicaciones; **technische Angaben** datos técnicos; **Angaben machen** hacer declaraciones; **nähere Angaben** más detalles

**angeben** (información) dar; (dirección) indicar; **genau angeben** especificar

**angeblich** al parecer

**Angebot** nt oferta

**angehen** (un problema) tratar; **das geht Sie nichts an** eso no le importa (a Ud); **was dies angeht** con respecto a eso

**Angehörige(r)** f(m) pariente; **der nächste Angehörige** el pariente más cercano

**Angelegenheit** f asunto

**Angeln** nt pesca

**angeln** pescar

**Angelrute** f caña de pescar

**Angelschein** m licencia de pesca

**angemessen** adecuado(a)

**angenehm** agradable; **angenehm!** ¡encantado(a)!

Puntos básicos

**angenommen** aceptado(a); supuesto(a); **angenommen, dass...** suponiendo que...

**angeschwollen** hinchado(a)

**Angestellte(r)** f(m) empleado(a)

**Angler** m pescador (de caña)

**Angora** nt angora

**Angst** f miedo; **Angst haben** tener miedo; **vor etwas Angst haben** tener miedo a algo

**ängstlich** nervioso(a); miedoso(a)

**anhalten** parar; **der Wagen hielt an** el coche paró

**Anhalter** m autostopista; **per Anhalter fahren** hacer autostop

**Anhänger** m remolque; etiqueta; colgante

**Anis** m anís

**Anker** m ancla

**Ankleidekabine** f vestuario

**ankommen** llegar; **ankommen an/in** llegar a; **es kommt darauf an** depende

**ankreuzen** marcar con una cruz

**ankündigen** anunciar

**Ankunft** f llegada

**Anlage** f parque; terreno; instalación; equipo (estéreo); anexo; **öffentliche Anlagen** jardines públicos

**Anlass (Anlässe)** m causa; motivo; ocasión

**anlassen** poner en marcha

**Anlasser** m (motor de) arranque

**anlegen in** tomar puerto

**Anlegeplatz** m dársena

**Anlegestelle** f embarcadero

**Anlieger frei** paso prohibido excepto vecinos

**anmachen** (ensalada) aliñar; **das Licht anmachen** encender la luz

**sich anmelden** inscribirse

**Anmeldung** f inscripción; cita; recepción

**Annahme** f aprobación; recepción

**annehmen** asumir; aceptar

**Annehmlichkeiten** pl comodidades

Español-Alemán

Alemán-Español

**annullieren** anular

**anprobieren** probarse

**Anruf** m llamada (telefónica)

**Anrufbeantworter** m contestador automático

**anrufen** llamar por teléfono; **rufen Sie mich morgen an** llámeme mañana

**Anschaffung** f adquisición

**anschauen** mirar

**Anschlag** m cartel; **bis zum Anschlag** hasta el tope

**Anschlagbrett** nt tablón de anuncios

**anschlagen** golpear; **sich den Kopf anschlagen** golpearse la cabeza

**Anschluss** m enlace; **dieser Zug hat Anschluss an den Zug um 16.45** este tren enlaza con el tren de las 16.45 h; **kein Anschluss unter dieser Nummer** no existe ninguna línea en servicio con esta numeración

**Anschlussflug** m vuelo de conexión

**sich anschnallen** abrocharse el cinturón (de seguridad)

**Anschrift** f (señas) dirección

**anschwellen** hincharse

**ansehen** mirar; **kurz ansehen** ojear

**anseilen** encordar

**Ansicht** f opinión; perspectiva

**Ansichtskarte(n)** f (tarjeta) postal

**anständig** respetable; correcto(a); decente

**anstatt** en lugar de

**ansteckend** infeccioso(a)

**anstellen** encender

**Anstoß nehmen an** escandalizarse por

**anstoßen** golpearse; **auf jemanden anstoßen** brindar por alguien

**sich anstrengen** esforzarse

**anstrengend** duro(a); agotador(a)

**Anstrengung** f esfuerzo

**Anteil** m parte

**Antenne** *f* antena

**Antibiotikum** *nt* antibiótico

**antik** antiguo(a)

**Antiquariat** *nt* librería de viejo; **modernes Antiquariat** librería de ocasión

**Antiquität(en)** *f* antigüedad

**Antiquitätenhändler** *m* tienda de antigüedades

**Antiseptikum** *nt* antiséptico

**Antritt** *m*: **vor Antritt der Reise/Fahrt** antes de iniciar el viaje

**Antwort** *f* respuesta

**antworten** responder; **auf eine Frage antworten** contestar a una pregunta

**An- und Verkauf** *m* compraventa

**Anweisungen** *pl* instrucciones

**anwenden** usar; aplicar

**anwesend** presente

**Anzahl** *f* número

**Anzahlung** *f* depósito

**Anzeichen** *nt* indicio; *(medicina)* síntoma

**Anzeige** *f* anuncio; pantalla; indicación; denuncia

**anzeigen** anunciar; visualizar; indicar; denunciar

**anziehen** vestir; **ein Kleid anziehen** ponerse un vestido; **sich anziehen** vestirse

**Anzug(-züge)** *m* traje

**anzünden** encender

**Anzünder** *m* mechero

**Aperitif** *m* aperitivo

**Apfel (Äpfel)** *m* manzana

**Apfelkorn** *m* aguardiente de manzana

**Apfelkuchen** *m* pastel de manzana

**Apfelmus** *nt* compota de manzana

**Apfelsaft** *m* zumo de manzana

**Apfelsine(n)** *f* naranja

**Apfelwein** *m* sidra

**Apotheke** *f* farmacia

**apothekenpflichtig** sólo en farmacias

**Apotheker** *m* farmacéutico

**Apparat** *m* aparato; cámara; teléfono

**Appartement** *nt* apartamento

**Appetit** *m* apetito

**Aprikose(n)** *f* albaricoque

**April** *m* abril

**Arbeit** *f* labor; empleo; trabajo; **gute Arbeit** buen trabajo

**arbeiten** trabajar; **arbeiten gehen** ir al trabajo

**Arbeiter** *m* obrero; trabajador

**arbeitslos** *(sin empleo)* parado(a)

**Architekt** *m* arquitecto

**Architektur** *f* arquitectura

**ärgerlich** molesto; **es ist ärgerlich** es un fastidio

**ärgern** molestar; irritar; **sich ärgern** enfadarse

**Ärgernis** *nt* molestia

**arm** pobre

**Arm(e)** *m* brazo

**Armaturenbrett** *nt* tablero de mandos

**Armband(-bänder)** *nt* pulsera

**Armbanduhr** *f* reloj (de pulsera)

**Ärmel** *m* manga

**Art** *f* tipo; clase; modo

**Arterie** *f* arteria

**artig** obediente

**Artikel** *m* artículo

**Artischocke** *f* alcachofa

**Artischockenherz** *nt* corazón de la alcachofa

**Arznei** *f* medicina

**Arzt (Ärzte)** *m* médico; **Arzt für Allgemeinmedizin** médico (de medicina) general

**Ärztin** *f* doctora; médico

**Asche** *f* ceniza

**Aschenbecher** *m* cenicero

**Aschermittwoch** *m* miércoles de ceniza

**Aspirin** *nt* aspirina

**Asthma** *nt* asma

**Atem** *m* aliento

**Atlas (Atlanten)** *m* atlas

**atmen** respirar

**Atom-** nuclear

Puntos básicos

Español-Alemán

Alemán-Español

**Attest** nt certificado médico

**auch** también; **ich auch** yo también; **er auch** él también; **ich war nicht da, und er auch nicht** yo no estaba allí y él tampoco

**audiovisuell** audiovisual

**auf** encima de; en; sobre; **auf dem/den Tisch** sobre la mesa; **auf deutsch** en alemán; **er ist noch nicht auf** (de la cama) todavía no se ha levantado

**aufbewahren** guardar; (alimentos) conservar

**aufblasbar** hinchable

**aufbleiben** (por la noche) no acostarse

**Aufenthalt** m estancia; visita

**Aufenthaltsgenehmigung** f permiso de residencia

**Aufenthaltsraum** m sala de descanso; salón

**Auffahrt** f vía de acceso

**auffallen** llamar la atención

**auffordern** requerir; invitar

**Aufführung** f sesión

**Aufgabe** f tarea; obligación

**aufgeben** facturar; abandonar; **das Rauchen aufgeben** dejar de fumar

**aufgehen** salir

**aufgeräumt** (lugar) ordenado(a)

**aufgeregt** entusiasmado(a); nervioso(a)

**aufhalten** retrasar; parar; **sich aufhalten** permanecer

**aufhängen** colgar; **ein Plakat aufhängen** colgar un cartel

**Aufhängung** f suspensión

**aufheben** recoger; ascender; (dinero, comida) guardar; **etwas bis später aufheben** guardar algo para más tarde

**aufhören** terminar; **aufhören zu arbeiten** retirarse; dejar de trabajar; **aufhören, etwas zu tun** dejar de hacer algo

**Aufkleber** m adhesivo; etiqueta

**Auflage** f edición

**Auflauf** m gratinado

**auflegen** (teléfono) colgar

**auflösen** disolver

**aufmachen** abrir; **sich aufmachen** irse

**aufmerksam** atento(a)

**Aufnahme** f recepción; fotografía

**aufnehmen** recibir; fotografiar; grabar

**aufpassen** tener cuidado

**aufpumpen** inflar

**aufräumen** arreglar

**aufregend** excitante

**Aufregung** f excitación; agitación

**Aufruf** m llamada

**aufschieben** aplazar

**aufschließen** abrir (con llave)

**Aufschnitt** m fiambre

**aufschreiben** anotar

**Aufschub** m aplazamiento

**Aufseher** m vigilante

**aufstehen** levantarse

**aufstellen** (una lista) hacer; (tienda de campaña) montar; poner

**Aufstieg** m ascenso

**auftauen** descongelar

**aufwachen** despertarse

**aufwärts** hacia arriba

**aufwecken** despertar

**Aufzug** m ascensor

**Auge(n)** nt ojo

**Augenarzt** m oculista; oftalmólogo

**Augenblick** m momento; instante; **einen Augenblick!** ¡un momento, por favor!; **im Augenblick** en este momento

**augenblicklich** en este momento

**Augenklappe** f parche

**Augenlid(er)** nt párpado

**Augentropfen** pl colirio

**August** m agosto

**Auktion** f subasta

**aus** apagado(a); fuera de; **das Licht ist aus** la luz está apagada; **das Spiel ist aus** se acabó el partido; **er lief aus dem Haus** salió corriendo de la casa; **Wasser aus der Leitung** agua del grifo; **aus Holz** de madera

**Ausdruck** m expresión; impresión; impreso; (palabra) término

**ausdrücken** expresar

**ausdrücklich** explícitamente

**auseinander** aparte

**Ausfahrt** f salida; **Ausfahrt freihalten** prohibido aparcar en el vado

**Ausfall** m (en máquinas) fallo; (del pelo) caída

**Ausflug(-flüge)** m excursión; **einen Ausflug machen** ir de excursión

**Ausfuhr** f exportación

**ausführen** exportar; efectuar; **jemanden ins Theater ausführen** llevar a alguien al teatro

**ausführlich** detalladamente; detallado(a)

**ausfüllen** rellenar; **bitte nicht ausfüllen** por favor dejar en blanco

**Ausgabe** f (de una revista) número; (de un libro) edición; reparto; entrega

**Ausgaben** pl gastos

**Ausgang** m salida; puerta

**ausgeben** (dinero) gastar; **ich gebe dir ein Eis aus** te invito a un helado

**ausgehen** salir; **wir gehen davon aus, dass ...** partimos de la base de que ...

**ausgeschaltet** desconectado(a)

**ausgeschlossen** imposible; **der Rechtsweg ist ausgeschlossen** la vía judicial queda excluida

**ausgestellt** expedido(a)

**ausgezeichnet** excelente

**ausgleichen** equilibrar; (la falta de algo) compensar

**Ausgrabungen** pl excavaciones

**auskommen** (con poco dinero etc) arreglárselas; **mit etwas auskommen** apañárselas con algo

**auskugeln** dislocar

**Auskunft** f información

**Auskunftsbüro** nt, **Auskunftsstelle** f oficina de información

**auskuppeln** desembragar

**ausladen** descargar

**Auslage** f escaparate

**Ausland** nt extranjero; **ins Ausland fahren** salir al extranjero; **aus dem Ausland** del extranjero

**Ausländer(in)** m(f) extranjero(a)

**ausländisch** extranjero(a)

**Auslandsbrief(e)** m carta del extranjero

**Auslandsgespräch(e)** nt llamada internacional

**auslassen** (palabras) omitir; (a una persona) no tener en cuenta; (luz) dejar apagado(a)

**auslaufen** zarpar

**Auslöser** m (mecanismo de) disparo; (factor) desencadenante

**ausmachen** apagar; **die Wärme macht mir nichts aus** el calor no me molesta

**Ausnahme(n)** f excepción

**ausnützen** aprovechar

**auspacken** deshacer las maletas; (un regalo) abrir

**Auspuff** m tubo de escape

**Auspufftopf** m silenciador

**ausrechnen** calcular

**Ausrede** f excusa

**Ausreise** f: **bei der Ausreise** a la salida del país

**Ausreisegenehmigung** f permiso de salida

**ausrufen lassen** llamar (por el altavoz)

**sich ausruhen** descansar

**Ausrüstung** f equipo

**ausrutschen** resbalar

**ausschalten** apagar

**Ausschank** m bar; servicio de bar

**Ausschlag** m sarpullido

**ausschließen** excluir

**ausschließlich** exclusivamente

Puntos básicos

**Aussehen** nt aspecto
**aussehen** parecer; **aussehen wie** parecerse a
**außen** fuera
**Außenseite** f parte exterior
**Außenspiegel** m retrovisor exterior
**außer** excepto; a excepción de; **alle außer ihm** todos menos él
**außerdem** además
**äußere(r/s)** exterior; externo(a); **äußere Stadtbezirke** barrios de la periferia; suburbios
**außergewöhnlich** excepcional
**außerhalb** fuera de; **außerhalb des Hauses** fuera de la casa
**äußerlich** exterior; **nur zur äußerlichen Anwendung** uso externo/tópico
**außerordentlich** extraordinario
**äußerst** sumamente
**Aussicht** f panorama; (vista, futuro) perspectiva
**Aussichtsterrasse** f terraza con vistas
**Aussichtsturm** m mirador
**Aussprache** f pronunciación
**aussprechen** pronunciar
**Ausstattung** f equipamiento
**aussteigen** (de un vehículo) bajar; (un proyecto, el trabajo) abandonar
**ausstellen** exponer; **einen Pass ausstellen** expedir un pasaporte
**Ausstellung** f exposición
**Ausstellungsdatum** nt fecha de expedición
**Ausstieg** m (puerta de un vehículo) salida
**aussuchen** elegir
**austauschen** cambiar
**Auster(n)** f ostra
**Ausverkauf** m liquidación; rebajas
**ausverkauft** (producto en venta) agotado(a)
**Auswahl** f elección
**auswählen** elegir
**Ausweis** m carnet de identidad; permiso; carnet de miembro
**ausweispflichtig** con

obligación de identificarse
**auswuchten** compensar
**auszahlen** pagar
**ausziehen** quitar
**sich ausziehen** desnudarse
**Auto(s)** nt automóvil; coche; **Auto fahren** conducir
**Autobahn** f autopista
**Autobahngebühr** f peaje
**Autofähre** f transbordador
**Autofahrer** m automovilista
**Autokarte** f mapa de carreteras
**Autokino** nt autocine
**Automat** m distribuidor automático
**Automatikwagen** m (automóvil con cambio) automático
**automatisch** automático(a); **automatisches Getriebe** cambio automático
**Automobilklub** m club automovilístico
**Autoreparatur** f reparación de coches
**Autounfall(-fälle)** m accidente de coche
**Autoverleih** m, **Autovermietung** f alquiler de coches
**Autowäsche** f autolavado

# B

**Baby** nt bebé
**Babyflasche** f biberón
**Babynahrung** f comida para bebés
**Babyraum** m cuarto para cambiar al bebé
**Bach (Bäche)** m arroyo
**Bachforelle** f trucha de río
**backen** hornear
**Bäckerei** f panadería
**Backmischung** f mezcla para pastel
**Backofen** m horno
**Backpflaume(n)** f ciruela pasa
**Backpulver** nt levadura en polvo
**Backstein** m ladrillo
**Bad** nt baño; **mit Bad und WC** con cuarto de baño y WC
**Badeanstalt** f piscina municipal

Español-Alemán

Alemán-Español

**Badeanzug** m traje de baño

**Badehose** f bañador

**Bademantel** m albornoz

**Bademeister** m socorrista (de una piscina)

**Bademütze** f gorro de baño

**baden** bañarse; nadar; **Baden verboten!** prohibido bañarse

**Bäder** pl baños (medicinales)

**Badewanne** f bañera

**Badezimmer** nt cuarto de baño

**Badischer Wein** m vino de Baden

**Baggersee** m lago (artificial)

**Bahn** f ferrocarril (f.c.); (deporte) vía; **per Bahn** por ferrocarril; **mit der Bahn fahren** viajar en tren

**Bahnbus** m autobús de compañía ferroviaria

**Bahnhof** m estación

**Bahnhofsmission** f (en estaciones etc) ayuda al viajero

**Bahnlinie** f línea (ferroviaria)

**Bahnpolizei** f servicio de seguridad (en las estaciones)

**Bahnsteig** m andén

**Bahnübergang** m paso a nivel

**bald** pronto

**Balkon** m balcón

**Ball**[1] m pelota

**Ball**[2] m baile

**Ballett** nt ballet

**Ballon** m globo

**Bambussprossen** pl brotes de bambú

**Banane(n)** f plátano; banana

**Band**[1] (**Bände**) m tomo; volumen

**Band**[2] (**Bänder**) nt cinta

**Band**[3] f grupo musical

**Bandscheibenschaden** m lesión/dislocación vertebral

**Bank** f banco; **bei der Bank** en el banco

**Bankkonto** nt cuenta bancaria

**bar** dinero (en efectivo); **etwas bar bezahlen** pagar algo en efectivo

**Bar** f bar; barra

**Bardame** f camarera

**barfuß** descalzo(a)

**Bargeld** nt dinero (en efectivo)

**Barmann** m camarero

**Barscheck** m cheque no cruzado

**Bart** m barba

**Batterie** f batería

**Bauch** m barriga

**bauen** construir

**Bauernfrühstück** nt desayuno a base de huevos, patatas y tocino

**Bauernhof** m granja

**Baum (Bäume)** m árbol

**Baumwolle** f algodón

**Baustelle** f obras (de construcción); obras en carretera/autopista

**beabsichtigen** tener (la) intención de; **beabsichtigen zu tun** tener intención de hacer

**beachten** observar; respetar

**Beamte(r)** m funcionario

**beantworten** contestar

**Becher** m vaso; tarrina; taza

**Becken** nt piscina

**Bedarf** m: **bei Bedarf** en caso necesario

**Bedarfshaltestelle** f parada discrecional

**bedauern** lamentar; **jemanden bedauern** compadecer a alguien

**bedeckt** nublado(a)

**bedeuten** significar

**Bedeutung** f significado

**bedienen** servir; manejar; **sich bedienen** servirse (uno mismo)

**Bedienung** f servicio; **inklusive Bedienung, Bedienung inbegriffen** servicio incluido

**Bedienungshinweise** pl instrucciones de uso

**Bedingung** f condición; condiciones; **unter der Bedingung, dass ...** a condición de que ...

**Bedürfnis(se)** nt necesidad

**Beefsteak** nt bistec; **deutsches Beefsteak** hamburguesa

**sich beeilen** darse prisa

**beeindrucken** impresionar

Puntos básicos

Español-Alemán

Alemán-Español

**beeinflussen** influir; afectar
**beenden** terminar
**Beerdigung** f entierro
**Beere(n)** f baya
**Befehl** m orden; pedido
**befehlen** ordenar; dar órdenes
**befestigen** fijar; sujetar
**sich befinden** encontrarse; estar situado(a)
**befolgen** seguir
**befördern** transportar; *(a alguien en el trabajo)* ascender
**Beförderung** f transporte; *(en el trabajo)* ascenso
**befriedigt** satisfecho(a)
**befürchten** temer
**begegnen** *(a una persona)* encontrarse

**begeistert** entusiasmado(a)
**Begeisterung** f entusiasmo
**beginnen** empezar
**begleiten** acompañar; **jemanden hinausbegleiten** acompañar a alguien afuera
**Begleiter** m acompañante
**begreifen** entender
**begrenzen** limitar
**Begrenzung(en)** f límite
**Begriff** m idea; **im Begriff sein, etwas zu tun** estar a punto de hacer algo
**begrüßen** saludar; dar la bienvenida
**behalten** guardarse
**Behälter** m *(de basura etc)* contenedor; recipiente
**behandeln** tratar
**Behandlung** f tratamiento
**behaupten** sostener; afirmar; declarar
**beheizt** calefactado(a)
**behilflich: jemandem behilflich sein** ayudar a alguien
**Behinderung** f impedimento
**Behörde** f autoridad(es); administración
**bei** cerca; junto a; en; durante; *(en una carta)* a la atención de (a/a); **bei mir** en mi casa
**beide** ambos(as); **alle beide**

ambos(as)
**Beifahrersitz** m asiento del acompañante
**Beifall** m aplauso; aprobación
**beige** beige
**Beignet(s)** m buñuelo relleno
**Beilage** f *(gastronomía)* guarnición; acompañamiento
**Bein(e)** nt pierna
**beinahe** casi
**Beispiel(e)** nt ejemplo; **zum Beispiel** por ejemplo
**beißen** morder
**Beitrag** m contribución; cuota
**bekannt** conocido(a)
**Bekannte(r)** f(m) conocido(a)
**Bekenntnis** nt *(creencia religiosa)* confesión
**sich beklagen** quejarse
**Bekleidung** f ropa
**bekommen** ganar; obtener; *(como regalo)* recibir
**beladen** cargar
**belasten** agobiar; *(con peso)* cargar
**belästigen** molestar
**Belastung** f carga
**belebt** *(lugar)* animado(a); concurrido(a)
**belegt** ocupado(a); completo(a); **belegtes Brötchen** bocadillo
**beleidigen** ofender; insultar
**Beleidigung** f insulto
**Beleuchtung** f iluminación
**Belichtungsmesser** m fotómetro
**beliebig** algún, alguno(a); al gusto de cada uno; **in beliebiger Reihenfolge** por el orden que se desee
**beliebt** popular
**Belohnung** f recompensa
**bemerken** notar
**Bemerkung(en)** f comentario; observación
**benachrichtigen** avisar
**Benachrichtigung** f aviso
**Benehmen** nt comportamiento
**sich benehmen** comportarse
**benötigen** necesitar; requerir

benutzen usar

Benzin *nt* gasolina

Benzinanzeige *f* indicador del nivel de gasolina

Benzinkanister *m* bidón de gasolina

Benzinpumpe *f* bomba de la gasolina

beobachten observar

bequem cómodo(a)

Bequemlichkeit *f* comodidad

Beratungsstelle *f* consultorio

berechnen calcular; cobrar

Berechtigte(r) *f(m)* persona autorizada

berechtigt zu autorizado(a) para

Bereich *m* área; sector; **im Bereich von** en un perímetro de

bereit preparado(a)

Bereitschaftsdienst *m* servicio de emergencia

Berg(e) *m* montaña

bergab cuesta abajo

bergauf cuesta arriba

Bergführer *m* guía de montaña

Bergsteigen *nt* alpinismo; montañismo; **bergsteigen gehen** hacer alpinismo/montañismo

Bergtour *f* excursión por la montaña; subida a una montaña

Bergwacht *f* servicio de salvamento (en montaña)

Bergwanderung *f* excursionismo de montaña

Bericht(e) *m* informe

berichten informar

berichtigen rectificar

Berichtigung(en) *f* rectificación

Berliner *m* bollo relleno de mermelada

Berliner Weiße *f* cerveza con sabor a frutas

Beruf *m* profesión; oficio

beruflich profesional

Berufs- profesional

Berufsverkehr *m* tráfico en hora punta

beruhigen calmar

Beruhigungsmittel *nt* sedante; tranquilizante

berühmt famoso(a)

berühren tocar

Besatzung *f* tripulación

beschädigen dañar

beschäftigt ocupado(a); atareado (a)

Beschäftigung *f* empleo; ocupación

bescheiden modesto(a)

Bescheinigung *f* certificado

beschleunigen acelerar

beschränken restringir

Beschränkung(en) *f* restricción

beschreiben describir

Beschreibung *f* descripción

Beschwerde(n) *f* queja; *(medicina)* molestia

sich beschweren quejarse

beseitigen quitar

Besen *m* escoba

besetzt ocupado(a)

Besetztzeichen *nt* señal de ocupado

Besetzung *f (deporte)* alineación

besichtigen visitar

Besichtigungen *pl* turismo

Besitz *m* propiedad; posesión

besitzen poseer

Besitzer *m* propietario

besondere(r/s) *adj* particular; especial

besonders especialmente; particularmente

besorgen conseguir; comprar

besorgt preocupado(a)

Besorgung(en) *f* recado

besprechen discutir

besser mejor; **immer besser** cada vez mejor

Besserung(en) *f* mejora; **gute Besserung!** ¡que te mejores!

beständig *(tiempo meteorológico)* estable

bestätigen confirmar

Besteck *nt* cubiertos

bestehen pasar; **auf etwas bestehen** insistir en algo;

Puntos básicos

Español-Alemán

Alemán-Español

**bestehen aus** consistir en; estar hecho(a) de

**besteigen** *(montaña)* ascender

**bestellen** reservar; encargar; *(en restaurante)* pedir; **neu bestellen** hacer un nuevo pedido

**Bestellformular** nt formulario de pedido

**Bestellung** f pedido

**beste(r/s)** mejor; **das Beste wäre ...** lo mejor sería ...; **er ist der Beste** él es el mejor; **er kann es am besten** él es quien mejor lo hace

**bestickt** bordado(a)

**bestimmt** determinado(a); seguramente

**Bestimmungen** pl disposiciones

**Bestimmungsland** nt país de destino

**Bestimmungsort** m (lugar de) destino

**bestrafen** castigar; multar

**Besuch** m visita

**besuchen** visitar; asistir a

**Besucher** m visita

**Besuchszeit** f horas de visita

**betäuben** anestesiar

**Beton** m hormigón

**betonen** *(una idea etc)* destacar

**Betonung** f énfasis; acento

**Betrag** m importe; **Betrag (dankend) erhalten** importe cobrado

**betreffen** concernir

**betreffs** en relación a

**betreten** entrar en; **Betreten verboten!** prohibida la entrada

**Betrieb** m empresa; **außer Betrieb** fuera de servicio

**betriebsbereit** operativo(a); listo(a) para el servicio

**Betrug** m fraude

**betrügen** engañar

**betrunken** borracho(a)

**Bett(en)** nt cama

**Bettdecke(n)** f edredón

**Bettlaken** nt sábana

**Bettzeug** nt ropa de cama

**Beule** f bulto; chichón; abolladura

**beunruhigen** inquietar

**beurteilen** juzgar

**Beutel** m bolsa

**bevor** antes de

**bewacht** vigilado(a)

**bewegen** mover

**Bewegung** f movimiento

**Beweis** m *(demostración)* prueba

**beweisen** demostrar

**Bewohner** m habitante

**bewölkt** nublado

**bewundern** admirar

**bewusst** consciente; conscientemente

**bewusstlos** inconsciente

**Bewusstsein** nt conciencia; **bei Bewusstsein** consciente

**bezahlen** pagar; **bezahlen bitte!** la cuenta, por favor

**bezahlt** pagado(a)

**Bezahlung** f pago

**bezaubernd** encantador(a)

**Bezeichnung** f denominación; **genaue Bezeichnung des Inhalts** descripción exacta del contenido

**sich beziehen auf** referirse a

**Beziehungen** pl relaciones

**Bezirk** m distrito

**bezweifeln** dudar; **das bezweifle ich** lo dudo

**BH** m sujetador

**Bibliothek** f biblioteca

**biegen** torcer

**Biene(n)** f abeja

**Bienenstich** m picadura de abeja; pastel relleno de crema y recubierto de azúcar y almendras

**Bier(e)** nt cerveza; **Bier vom Fass** cerveza de barril

**Biergarten** m cervecería al aire libre

**Bierschinken** m (tipo de) embutido

**Bierstube** f cervecería

**Bierwurst** f salchicha con especias

**bieten** ofrecer; **auf etwas bieten;** *(en subasta)* ofrecer por algo

**Bikini** m bikini

Puntos básicos

Español-Alemán

Alemán-Español

**Bild(er)** nt imagen; foto; cuadro

**Bildschirm** m pantalla

**Bildung** f cultura; formación

**billig** barato(a)

**Bindehautentzündung** f conjuntivitis

**binden** atar; *(corbata)* anudar; *(salsa)* espesar

**Bindfaden** m cordón; cuerda

**Birne(n)** f pera; bombilla

**bis** hasta; **von Montag bis Freitag** de lunes a viernes; **bis jetzt** hasta ahora; **bis zu 6** hasta 6; **bis zum Bahnhof** hasta la estación; **bis bald** hasta pronto; **bis später** hasta luego

**bisher** hasta ahora

**Biskuitrolle** f brazo de gitano

**Biss** m mordedura

**bisschen: ein bisschen** un poco; un poco de; **ein bisschen herumfahren** dar un paseo en coche

**Bissen** m bocado

**Bitte** f ruego; **ich habe eine Bitte an Sie** quisiera pedirle un favor

**bitte** por favor; **bitte?** ¿cómo dice?

**bitten** pedir; **um etwas bitten** pedir algo

**bitter** amargo(a)

**Blähung** f flatulencia

**Blase** f vejiga; *(en la piel)* ampolla; burbuja

**blasen** soplar

**Blasenentzündung** f cistitis

**blass** pálido(a)

**Blatt (Blätter)** nt hoja

**Blattsalat** m lechuga

**Blattspinat** m espinaca (entera)

**blau** azul; *(preparación de pescado)* cocido(a) en agua con sal y vinagre; **blaues Auge** ojo morado

**Blaukraut** nt (col) lombarda

**Blauschimmelkäse** m queso azul

**bleiben** permanecer; quedarse; **alles soll so bleiben, wie es ist** todo debe seguir tal como está

**bleich** pálido(a)

**bleichen** blanquear

**bleifrei** sin plomo

**Bleistift** m lápiz

**blenden** deslumbrar

**Blick** m mirada; vistazo; *(panorama)* vista

**blicken** mirar

**Blinddarmentzündung** f apendicitis

**Blinker** m intermitente

**Blinkerhebel** m palanca del intermitente

**Blitz** m relámpago

**Blitzlicht** nt *(de cámara)* flash

**Block** m bloque; *(de notas)* bloc

**blockieren** bloquear

**Blockschrift** f letra de imprenta

**blöd(e)** tonto(a)

**blond** rubio(a)

**bloß** descubierto(a)

**Blume(n)** f flor

**Blumenhändler** m florista

**Blumenkohl** m coliflor

**Bluse** f blusa

**Blut** nt sangre

**Blutdruck** m tensión (arterial)

**Blüte(n)** f flor

**bluten** sangrar

**Blutgruppe** f grupo sanguíneo

**Blutprobe** f análisis de sangre

**Blutung** f hemorragia; menstruación

**Blutvergiftung** f intoxicación de la sangre

**Blutwurst** f morcilla

**Bö(en)** f ráfaga (de aire)

**Bockbier** nt cerveza fuerte

**Bocksbeutel** m vino de Franconia; botella abombada en la que se envasa el vino de Franconia

**Bockwurst** f salchicha; cocida

**Boden** m base; suelo; territorio

**Bogen (Bögen)** m arco

**Bohnen** pl judías; **grüne Bohnen** judías verdes

**Bohnenkaffee** m café en grano

**Bohnensuppe** f sopa de alubias

**Bohrer** m taladro
**böig** racheado
**Boiler** m calentador de agua
**Boje** f boya
**Bonbon** nt caramelo
**Boot** nt barca
**Bootsverleih** m alquiler de barcas
**Bord** m: **an Bord** a bordo; **an Bord gehen** subir a bordo; **an Bord des Schiffes** a bordo del barco
**Bordkarte** f tarjeta de embarque
**Bordstein** m bordillo
**borgen** tomar prestado(a); **etwas von jemandem borgen** tomar prestado algo a alguien
**Böschung** f terraplén
**böse** malo(a); **auf jemanden böse sein** estar enfadado(a) con alguien
**botanischer Garten** m jardín botánico
**Botschaft** f embajada; mensaje
**Botschafter** m embajador
**Bowle** f (bebida) ponche
**Boxen** nt boxeo
**Brand** m incendio
**Brat-** frito(a); asado(a)
**Bratapfel** m manzana asada
**braten** freír; asar
**Braten** m asado
**Bratensaft** m salsa (del asado)
**Bratfett** nt grasa para freír
**Brathähnchen** nt pollo asado
**Brathering** m arenque frito
**Bratkartoffeln** pl patatas salteadas
**Bratpfanne** f sartén
**Bratspieß** m asador
**Bratwurst** f salchicha
**Brauch (Bräuche)** m costumbre
**brauchen** necesitar; **Sie brauchen nicht (zu) kommen** (Ud) no necesita venir
**Brauerei** f fábrica de cerveza
**braun** marrón; bronceado(a); **braun werden** broncearse
**Bräune** f bronceado
**brechen** romper; vomitar; **sich**

**den Arm brechen** romperse el brazo
**Brechreiz** m náuseas
**breit** ancho(a); amplio(a)
**Breite** f anchura
**Bremsbelag(-läge)** m pastilla de freno
**Bremse(n)** f freno
**bremsen** frenar
**Bremsflüssigkeit** f líquido de frenos
**Bremslichter** pl luces de freno
**Bremspedal** nt pedal del freno
**Bremsweg** n distancia de frenado
**brennen** (en llamas, una herida) arder; (cerilla, cigarrillo, lámpara) estar encendido(a); (el sol) quemar; **das Haus brennt** la casa está ardiendo
**Brennerei** f destilería
**Brennspiritus** m alcohol desnaturalizado
**Brennstoff** m combustible
**Brett** nt tabla; tablón; tablero
**Brezel** f especie de rosquilla salada
**Brief** m carta; **eingeschriebener Brief** carta certificada
**Briefchen** nt sobrecito
**Briefdrucksache** f impreso postal
**Brieffreund(in)** m(f) amigo(a) por correspondencia
**Briefkasten** m buzón
**Briefmarke(n)** f (de correo) sello
**Briefmarkenautomat** m expendedor de sellos
**Briefpapier** nt papel de carta
**Brieftasche** f cartera
**Briefträger** m cartero
**Briefumschlag(-schläge)** m sobre
**Brille** f gafas
**bringen** traer; llevar; **bringen Sie das zur Post** lleve esto a correos
**Brise** f brisa
**Brokkoli** pl brécol
**Brombeere(n)** f (zarza)mora
**Bronchitis** f bronquitis

**Bronze** f bronce
**Brosche** f broche
**Broschüre** f folleto
**Brot** nt pan; barra de pan
**Brötchen** nt panecillo; **belegtes Brötchen** bocadillo
**Bruch** m fractura; hernia; *(de relación, contrato)* ruptura
**Brücke** f puente
**Bruder** m hermano
**Brüderschaft trinken** celebrar que dos personas empiezan a tutearse (tomando una copa)
**Brühe** f caldo
**brüllen** vociferar
**Brunnen** m pozo; fuente
**Brust** f pecho
**Brustumfang** m perímetro torácico
**brutto** bruto
**Buch (Bücher)** nt libro
**buchen** reservar
**Bücherei** f biblioteca
**Büchersendung** f envío de libros
**Buchhandlung** f librería
**Büchse** f lata
**Büchsen-** en lata
**Büchsenöffner** m abrelatas
**Buchstabe** m letra; **in Buchstaben** en letras
**buchstabieren** deletrear
**Bucht** f bahía
**Buchung** f reserva
**Bügel** m percha; **Bügel drücken!** pulsar
**Bügeleisen** nt plancha
**Bügelfalte** f *(del pantalón etc)* raya
**bügelfrei** no necesita plancharse
**bügeln** planchar
**Bühne** f escenario
**Bundes-** federal
**Bundesrepublik Deutschland** f República Federal de Alemania
**Bundesstraße** f carretera federal
**bunt** de colores; **buntes Glasfenster** vidriera policromada
**Buntstift(e)** m lápiz de color

**Burg** f castillo
**Bürger(in)** m(f) ciudadano(a)
**bürgerlich** burgués(-esa); **bürgerliche Küche** cocina regional
**Bürgermeister** m alcalde
**Bürgersteig** m acera
**Büro** nt agencia; oficina
**Bürste** f cepillo
**bürsten** cepillar
**Bus(se)** m (auto)bús; autocar
**Busen** m senos
**Bushaltestelle** f parada de autobús
**Buslinie** f línea de autobuses
**Buß- und Bettag** m *(festividad protestante)* día de oración y penitencia
**Büstenhalter** m sujetador
**Busverbindung** f servicio de autobuses
**Butangas** nt gas butano
**Butter** f mantequilla
**Butterbrotpapier** nt papel pergamino
**Butterkäse** m queso blando muy graso
**Buttermilch** f suero de leche
**Butterschmalz** nt mantequilla derretida

# C

**Café** nt café
**Campingbett** nt catre
**Campingführer** m guía de campings
**Campinggaskocher** m hornillo de gas
**CD-Spieler** m reproductor de CD
**Champagner** m champán
**Champignon(s)** m champiñón
**Champignoncremesuppe** f crema de champiñones
**Charterflug(-flüge)** m vuelo chárte
**Charterflugzeug** nt *(avión)* chárter
**chartern** fletar
**Chef(in)** m(f) jefe(a)
**Chefkoch** m jefe de cocina

**Puntos básicos**

**Chemie** f química

**chemisch** químico(a); **chemische Reinigung** limpieza en seco

**Chicorée** f escarola

**Chinakohl** m col rizada

**Chinarestaurant** nt restaurante chino

**Chips** pl patatas fritas a la inglesa; papas fritas; (en póquer etc) fichas

**Chirurg** m cirujano

**Chirurgie** f cirugía

**Cholesterin** nt colesterol

**Chor** m coro

**Christi Himmelfahrt** f día de la Ascensión

**Chrom** nt cromo

**Chrysantheme(n)** f crisantemo

**Cola** f (refresco) cola

**Comic-Heft(e)** nt cómic

**Container** m contenedor

**Creme** f crema

**cremefarben** color crema

**Cremespeise** f mousse

**Currypulver** nt curry en polvo

**Currywurst** f salchicha con curry

**Español-Alemán**

# D

**da** aquí; ahí; allí; **er ist nicht da** (él) no está (aquí); **er ist eine Woche nicht da** (él) está fuera por una semana; **von da an** desde entonces; **da kommt sie** ahí viene (ella); **ist er da?** ¿está (él) aquí?; **ist da jemand?** ¿hay alguien (ahí)?

**Dach** nt tejado; (de un coche) techo

**Dachgepäckträger** m baca

**dafür** de/para eso; en cambio

**dagegen** en contra de eso; **haben Sie etwas dagegen, wenn ...?** ¿le molesta si ...?

**daheim** en casa

**daher** por eso

**damals** (en aquel tiempo) entonces

**Dame** f señora; **meine Dame** señora; **"Damen"** "Señoras"

**Damenbinde(n)** f compresa

**Damentoilette** f lavabo de señoras

**Damespiel** nt (juego de) damas

**damit** con ello

**Damm** m dique

**Dampf** m vapor

**dämpfen** cocinar al vapor; amortiguar

**Dampfer** m (barco) vapor

**Dampfnudeln** pl bollos (dulces) de levadura cocinados en una sartén tapada

**danach** después

**dank** gracias a

**dankbar** agradecido(a)

**danke** gracias; **danke gleichfalls** gracias, igualmente; **nein danke** no, gracias

**danken** agradecer

**dann** entonces

**Darm** m intestino

**Darmgrippe** f gripe intestinal

**das** el; la; el cual; la cual; eso; esto; **das heißt ...** es decir ...

**dass** que; **ich hoffe, dass ...** espero que ...

**dasselbe** lo mismo

**Datei** f archivo

**Daten** pl datos

**Dattel(n)** f dátil

**Datum** nt fecha

**Dauer** f duración

**dauern** durar; **es dauert eine Stunde** dura una hora

**Dauerwelle** f permanente

**Daumen** m pulgar

**DB** f (= Deutsche Bahn) Ferrocarriles Alemanes

**Deck** nt cubierta

**Decke** f manta; techo

**Deckel** m tapa

**decken** cubrir; **den Tisch decken** poner la mesa

**Defekt** m avería

**dehnen** estirar; extender

**Deich** m dique

**dein(e)** tu(s)

**deine(r/s)** (el/la) tuyo(a); (los/las) tuyos(as)

**demnächst** próximamente

**Alemán-Español**

**den** (el) que; (la) que; **der Apfel, den Sie gegessen haben** la manzana, que (Ud) se ha comido

**denken** pensar

**Denkmal(-mäler)** *nt* monumento

**denn** pues; porque; *énfasis en preguntas*

**dennoch** no obstante

**Deponie** *f* vertedero de basuras

**deprimiert** deprimido(a)

**der** el; la; quien; **der Junge da** ese/aquel chico

**Desinfektionsmittel** *nt* desinfectante

**desinfizieren** desinfectar

**dessen** de quien; del/de la cual

**Dessertlöffel** *m* cucharilla

**deutlich** claro(a)

**Deutsch** *nt* alemán; **auf Deutsch** en alemán

**deutsch** alemán(mana)

**Deutsche(r)** *f(m)* alemán(mana)

**Deutschland** *nt* Alemania; **nach Deutschland** a Alemania

**Devisen** *pl* divisas

**Dezember** *m* diciembre

**Dia(s)** *nt* diapositiva

**Diabetiker(in)** *m(f)* diabético(a)

**Diagnose** *f* diagnóstico

**Dialekt** *m* dialecto

**Diamant** *m* diamante

**Diät** *f* dieta

**dich** te; a ti; **für dich** para ti

**dicht** denso(a); ajustado(a)

**Dichtung** *f (pieza de unión)* junta

**dick** grueso(a); gordo(a); **3 Meter dick** de 3 metros de grosor

**Dickmilch** *f* cuajada

**die** el/la; los/las; (el/la) que; (los/las) que

**Dieb** *m* ladrón

**Diebstahl** *m* robo

**Diele** *f* vestíbulo; hall

**Dienst** *m* servicio; **im Dienst** de servicio

**Dienstag** *m* martes

**dienstbereit** *(farmacia)* abierto(a); *(médico)* de turno

**Dienstzeit** *f* horario de trabajo

**Diesel(kraftstoff)** *m* gasóleo

**Dieselmotor** *m* motor diesel

**Dieselöl** *nt* gasoil

**diese(r/s)** este(a)

**Ding(e)** *nt* cosa

**dir** te; a ti; **neben dir** a tu lado

**direkt** directo(a); **direkt nach Hause gehen** ir directamente a casa

**Direktflug(-flüge)** *m* vuelo directo

**Dirigent** *m (de orquesta)* director

**Disko(thek)** *f* disco(teca)

**diskutieren** discutir

**doch** *(respuesta a una pregunta negativa)* sí; pero; a pesar de todo

**Dock** *nt* dique

**Doktor** *m* doctor

**Dokument** *nt* documento

**Dollar** *m* dólar

**dolmetschen** interpretar

**Dolmetscher** *m* intérprete

**Dom** *m* catedral

**Donner** *m* trueno

**Donnerstag** *m* jueves

**Doppelbett** *nt* cama de matrimonio

**doppelt** doble

**Doppelzimmer** *nt* habitación doble

**Dorf (Dörfer)** *nt* pueblo

**Dorsch** *m* bacalao

**dort** ahí; allí

**Dose** *f (caja)* bote; lata; **in Dosen** en lata

**Dosenöffner** *m* abrelatas

**Dosis** *f* dosis

**Drachen** *m* cometa

**Draht** *m* alambre

**Drahtseil** *nt* cable

**Drahtseilbahn** *f* teleférico

**Drama** *nt* drama

**dramatisch** dramático

**draußen** fuera; **nach draußen gehen** salir (a)fuera

**drehen** girar; torcer; *(una película)* rodar

**Drehzahlmesser** m cuentarrevoluciones

**drei** tres

**Dreieck** nt triángulo

**dreißig** treinta

**dreißigste(r/s)** trigésimo(a)

**dreizehn** trece

**dreizehnte(r/s)** decimotercero(a)

**dringend** urgente

**drinnen** dentro

**dritte(r/s)** tercer, tercero(a)

**Droge** f droga

**Drogerie** f droguería

**Drogist** m droguero(a)

**Drohung** f amenaza

**drüben** allí enfrente

**Druck** m presión

**drücken** presionar; apretar; **drücken Sie den Knopf** apriete el botón

**Drucker** m impresora

**Druckknopf** m botón pulsador

**Drucksache** f impreso

**Druckschrift** f letra de imprenta

**Drüse** f glándula

**du** tú

**Dudelsack** m gaita

**Duft** m aroma; olor

**dumm** tonto(a)

**Dummkopf** m idiota

**Düne(n)** f duna

**dunkel** oscuro(a)

**dünn** delgado(a); fino(a); (sopa) aguado(a); (café, té) flojo(a)

**durch** a través de; (carne) muy hecho(a)

**Durcheinander** nt caos

**durcheinander** (desordenado) revuelto(a); (turbado) confuso(a); **durcheinander bringen** confundir

**Durchfahrt** f (paso a través) tránsito; **Durchfahrt verboten!** ¡prohibido el paso!

**Durchfall** m diarrea

**Durchgang** m pasaje; **kein Durchgang, Durchgang verboten** or **nicht gestattet** ¡prohibido el paso!

**durchgebraten** bien asado(a)

**durchgehend: durchgehender Zug** m tren directo; **durchgehend geöffnet** abierto las 24 horas

**Durchreise** f viaje de paso

**Durchsage** f (aviso) comunicado

**Durchschnitt** m promedio

**durchschnittlich** como término medio

**durchsichtig** transparente

**durchsuchen** registrar

**durchwählen** (número de teléfono) marcar directamente

**dürfen** poder; tener permiso para; **darf ich eintreten?** ¿puedo entrar?

**Durst** m sed; **Durst haben** tener sed

**durstig** sediento(a)

**Duschbad** nt gel de ducha

**Dusche** f ducha

**duschen** tomar una ducha

**Düse** f tobera

**Düsenflugzeug** nt avión a reacción

**düster** oscuro(a); sombrío(a)

**Dutzend** nt docena

**Dynamo** m dinamo

**D-Zug** m tren directo/expreso

# E

**Ebbe** f marea baja

**eben** llano(a); liso(a); **er ist eben angekommen** (él) acaba de llegar ahora mismo

**Ebene** f nivel; llanura

**Echo** nt eco

**echt** real; auténtico

**Ecke** f esquina; rincón

**Eclair** m dulce con forma alargada relleno de crema y cubierto de azúcar o chocolate

**edel** noble; (metal) precioso; (animal) de pura raza

**Edelstein** m joya; piedra preciosa

**egal** igual; da igual; **es ist mir egal** me da igual; **welche(r/s)? - das ist egal** ¿cuál? - da lo mismo

**Ehe** f matrimonio
**ehemalig** ex-
**eher** antes de que; más bien
**Ehering** m anillo de boda
**ehrlich** honrado(a)
**Ei(er)** nt huevo; **ein weich gekochtes Ei** un huevo pasado por agua
**Eierbecher** m huevera
**Eiersalat** m ensalada de huevo
**eifersüchtig** celoso(a)
**eifrig** aplicado(a); con empeño
**eigen** propio(a)
**eigenartig** peculiar
**Eigenschaft** f cualidad
**eigentlich** real; en realidad
**Eigentum** nt propiedad
**Eigentümer** m propietario
**Eil-** urgente
**Eilbrief** m carta urgente
**Eile** f prisa
**eilig** rápido(a); urgente; **es eilig haben** tener prisa
**Eilsendung** f carta/paquete urgente
**Eilzug** m tren expreso
**Eilzustellung** f entrega exprés
**Eimer** m cubo
**ein** un(a); uno(a); **ein/aus** conectado/desconectado
**einander** mutuamente
**Einbahnstraße** f calle de dirección única
**Einband** m (de un libro) tapas
**Einbettabteil** nt compartimento de una cama
**einbiegen** doblar; (torcer) girar; **nach rechts/links einbiegen** torcer a la derecha/izquierda
**sich einbilden** (equivocadamente) imaginarse
**Einbrecher** m ladrón
**Einbruch** m robo
**einchecken** embarcar
**Eindruck** m impresión
**eindrucksvoll** impresionante
**ein(e)** un(a)
**eine(r/s)** uno(a); **eine(r) von Ihnen** uno(a) de ustedes

**einfach** sencillo(a); **einfache Fahrkarte** billete de ida
**Einfahrt** f entrada; **keine Einfahrt** acceso prohibido
**Einfluss** m influencia
**Einfuhr** f importación
**einführen** introducir; importar
**Eingang** m entrada; puerta
**Eingangshalle** f vestíbulo
**eingebildet** presuntuoso(a)
**eingeschaltet** conectado(a)
**eingeschlossen** incluido(a)
**einheimisch** nativo(a)
**Einheit** f unidad; **Preis pro Einheit** precio unitario
**einige(r/s)** algún(-una); algunos(as); unos(as); **einige Bücher** algunos libros
**sich einigen auf** llegar a un acuerdo sobre
**Einkauf(-käufe)** m compra
**einkaufen** comprar; **einkaufen gehen** ir de compras
**Einkaufswagen** m carrito (de la compra)
**Einkaufszentrum** nt centro comercial
**einladen** invitar
**Einladung** f invitación
**sich einleben** adaptarse
**einlegen** meter
**einleitend** preliminar
**Einleitung** f introducción
**Einlieferungsschein** m resguardo; albarán de entrega
**einlösen** cobrar
**einmal** una vez; **sind Sie schon einmal in Madrid gewesen?** ¿ha estado alguna vez en Madrid?; **früher einmal** antes; **noch einmal** otra vez; **auf einmal** de repente; de una vez
**sich einordnen** ordenar; (vehículo) ponerse en un carril
**einpacken** empaquetar; envolver
**einplanen** contar con
**Einrichtungen** pl instalaciones
**eins** uno; **Punkt um eins** a la una en punto
**einsam** solo(a); **einsam gelegen** apartado(a)

**Einsatz** m pieza insertada; apuesta; utilización; (de la policía etc) acción

**einschalten** (televisor etc) encender

**einschenken** servir

**einschlafen** dormirse

**einschließen** incluir; (con llave) encerrar

**einschließlich** inclusive; **vom 6. bis einschließlich 12.** desde el 6 hasta el 12 inclusive

**Einschreiben** nt certificado; carta certificada; **per Einschreiben** certificado(a)

**Einspritzmotor** m motor de inyección

**Einspritzpumpe** f bomba de inyección

**einstecken** introducir; enchufar

**einsteigen** subir a; embarcarse

**einstellen** ajustar; enfocar; contratar; parar

**Einstellplatz** m aparcamiento

**Einstieg nur mit Fahrausweis** no subir sin billete

**Eintopf** m potaje; cocido

**eintreten** entrar

**Eintritt** m entrada; (en un club) ingreso; **Eintritt frei** entrada gratis; **kein Eintritt, Eintritt verboten** prohibida la entrada

**Eintrittsgeld** nt precio de entrada

**Eintrittskarte(n)** f (para el teatro etc) entrada

**einverstanden!** ¡de acuerdo!

**Einwand** m objeción

**einwerfen** (una carta) echar; (una moneda) introducir

**einwickeln** envolver

**Einwohner** m habitante

**Einwurf** m ranura; **Einwurf 2 Mark/Euro** introducir 2 marcos/euros

**einzahlen** (dinero) ingresar

**Einzahlung** f (en una cuenta) ingreso; depósito

**Einzahlungsschein** m resguardo de ingreso

**Einzelbett** nt cama individual;

**zwei Einzelbetten** camas gemelas

**Einzelfahrschein** m billete sencillo

**Einzelheit** f detalle

**Einzelkabine** f camarote individual

**einzeln** individual; por separado

**Einzelreisende(r)** f(m) persona que viaja sola

**Einzelzimmer** nt habitación individual

**einzig** solo(a); único(a)

**einzigartig** único(a)

**Eis** nt helado; hielo; **Eis am Stiel** polo

**Eisbahn** f pista de patinaje sobre hielo

**Eisbecher** m copa de helado

**Eisbein** nt lacón

**Eiscreme** f helado

**Eisen** nt hierro

**Eisenbahn** f ferrocarril

**Eisenbahnfähre** f transbordador de trenes

**Eisenwaren** pl artículos de ferretería

**Eisenwarenhändler** m ferretero

**Eiskaffee** m café con helado y nata

**Eistüte** f cornete

**Eiswürfel** m cubito de hielo

**eitel** vanidoso(a)

**Eiter** m pus

**eitern** supurar

**ekelhaft** asqueroso(a)

**Ekzem** nt eczema

**Elastikbinde** f venda elástica

**elegant** elegante

**Elektriker** m electricista

**elektrisch** eléctrico(a)

**Elektrizität** f electricidad

**Elektrogeschäft** nt, **Elektrohandlung** f tienda de electrodomésticos

**Element** nt elemento; unidad

**elf** once

**Elfenbein** nt marfil

**elfte(r/s)** undécimo(a)

**Ell(en)bogen** m codo

**Eltern** *pl* padres
**E-mail** *f* correo electrónico
**Emaille** *nt* esmalte
**Empfang** *m* recibimiento; recepción
**empfangen** recibir
**Empfänger** *m* destinatario
**Empfängerabschnitt** *m* resguardo para el receptor
**empfängnisverhütend** anticonceptivo(a)
**Empfangschef** *m* recepcionista
**Empfangsdame** *f* recepcionista
**Empfangsschein** *m* recibo
**empfehlen** recomendar
**empfehlenswert** recomendable
**empfindlich** sensible
**empfohlen** recomendado(a)
**Ende** *nt* final; fin; *(de una cuerda)* extremo
**enden** terminar
**endlich** finalmente; por fin
**Endstation** *f* terminal
**Energie** *f* energía
**eng** estrecho(a); ajustado(a)
**enorm** enorme
**Ensemble** *nt* conjunto
**entdecken** descubrir
**Ente** *f* pato
**enteisen** descongelar
**Entenbrust** *f* pechuga de pato
**entfernen** quitar
**entfernt** alejado(a); lejano(a); **30 Kilometer entfernt** a 30 kilómetros
**Entfernung** *f* distancia
**Entfernungsmesser** *m* telémetro
**entfrosten** descongelar
**entgegengesetzt** opuesto(a)
**Enthaarungscreme** *f* crema depilatoria
**enthalten** incluir; contener; **sich enthalten** *(en una votación)* abstenerse; **Frühstück, Service und MWSt enthalten** desayuno, servicio e IVA incluidos
**entlang** a lo largo de; **die Straße entlang** a lo largo de la calle
**Entlastungszug** *m* tren

adicional
**Entnahme** *f* toma
**entnehmen** sacar
**entrahmte Milch** *f* leche desnatada
**entschädigen** indemnizar
**sich entscheiden** decidirse
**Entscheidung** *f* decisión
**sich entschließen** decidirse
**entschlossen** firme; decidido(a)
**entschuldigen** disculpar; **sich entschuldigen** disculparse
**Entschuldigung** *f* disculpa; **Entschuldigung!** ¡perdón!; ¡con permiso!
**sich entspannen** relajarse
**entsprechend** correspondiente
**enttäuscht** decepcionado(a)
**entweder ... oder ...** o ... o ...
**Entwerter** *m* cancelador de billetes
**entwickeln** desarrollar
**entzückend** encantador(a)
**entzückt** encantado(a)
**Entzündung** *f* inflamación
**Enzian** *m* genciana; licor de genciana
**Epilepsie** *f* epilepsia
**er** él; **er ist es** es él
**sich erbrechen** vomitar
**Erbse(n)** *f* guisante
**Erbsensuppe** *f* sopa de guisantes
**Erdbeere(n)** *f* fresa
**Erde** *f* tierra; suelo
**Erdgeschoss** *nt* planta baja
**Erdnuss(-nüsse)** *f* cacahuete
**Ereignis** *nt* evento; acontecimiento
**erfahren** *vb* (llegar a) saber; enterarse de; *adj* experimentado(a)
**Erfahrung** *f* experiencia
**erfinden** inventar
**Erfindung** *f* invento; invención
**Erfolg** *m* éxito
**erfolgreich** afortunado(a); con éxito
**erforderlich** necesario(a)
**erfreut: über etwas erfreut sein**

alegrarse por algo
**Erfrischungen** pl refrescos
**Ergebnis** nt resultado
**erhalten** recibir
**erhältlich** disponible
**sich erholen** recuperarse; descansar
**erinnern** recordar; **sich erinnern an** acordarse de
**Erinnerung** f memoria; recuerdo
**sich erkälten** resfriarse
**Erkältung** f resfriado
**erkennen** reconocer
**erklären** explicar; declarar
**Erklärung** f explicación; declaración
**sich erkundigen** informarse; preguntar; **sich nach dem Preis erkundigen** preguntar (por) el precio
**erlauben** permitir
**Erlaubnis** f permiso
**Erläuterung siehe Rückseite** ver comentario al dorso
**Erlebnis** nt experiencia
**erledigen** despachar; hacer
**Erleichterung** f alivio
**ermäßigter Preis** precio rebajado
**Ermäßigung** f descuento
**ernähren** alimentar
**erneuern** renovar
**ernst** serio(a)
**erreichen** (el tren etc) llegar a tomar; alcanzar
**Ersatz** m suplente; repuesto
**Ersatzrad** nt rueda de repuesto/recambio
**Ersatzteil** nt pieza de repuesto
**erscheinen** aparecer
**erschöpft** agotado(a)
**erschrecken** asustar; alarmar
**sich erschrecken** asustarse
**ersetzen** sustituir; **etwas durch etwas anderes ersetzen** reemplazar algo por otra cosa
**erstaunlich** asombroso(a)
**erste(r/s)** primer, primero(a); **Erste Hilfe** primeros auxilios; **im ersten Gang** en primera

(marcha); **der erste Zug** el primer tren
**Erste-Hilfe-Ausrüstung** f botiquín
**erstklassig** de primera (categoría)
**ertragen** soportar; aguantar
**erwachsen** adulto(a)
**Erwachsene(r)** f(m) adulto(a)
**erwähnen** mencionar
**erwarten** (tener expectativas) esperar
**erzählen** (un cuento etc) contar
**Erzeugnis** nt producto
**es** ello; **ich bin es** soy yo; **es regnet** llueve; **es gibt** hay
**Esel** m burro
**essbar** comestible
**essen** comer
**Essen** nt comida
**Essig** m vinagre
**Esslöffel** m cuchara
**Esszimmer** nt comedor
**Etage** f planta; piso
**Etagenbetten** pl literas
**Etappe** f etapa
**Etikett** nt etiqueta
**etwa** aproximadamente; acaso
**etwas** algo; **etwas Brot** un poco de pan; **können Sie etwas sehen?** ¿puede ver (Ud) algo?; **etwas Größeres** algo más grande
**EU** f UE
**euch** a vosotros(as); os; **mit euch** con vosotros(as)
**euer(e)** vuestro(a); vuestros(as)
**eure(r/s)** (el/la) vuestro(a); (los/las) vuestros
**Euro** m euro
**Europa** nt Europa
**europäisch** europeo(a)
**Euroscheck** m eurocheque
**eventuell** posiblemente
**Exemplar** nt ejemplar

# F

**Fabrik** f fábrica
**Fach** nt asignatura; compartimento; especialidad

**Facharzt** m (médico) especialista
**Fächer** m abanico
**Fachmann (Fachleute)** m experto
**Faden** m hilo
**fähig** competente; **zu ... fähig** capaz de ...
**Fähigkeit** f talento
**Fahne** f bandera
**Fahrausweis(e)** m billete
**Fahrbahn** f calzada
**Fahrbahnverschmutzung** f suciedad en la calzada
**Fähre** f transbordador; ferry
**fahren** conducir; ir; **können Sie Auto fahren?** ¿sabe (Ud) conducir?; **jemanden in die Stadt fahren** llevar a alguien hasta la ciudad (en coche); **dieses Auto fährt mit Diesel** este coche es un diesel
**Fahrer** m conductor; chófer
**Fahrgast** m pasajero(a)
**Fahrgestell** nt chasis
**Fahrkarte(n)** f billete
**Fahrkartenschalter** m despacho de billetes
**Fahrleistung** f prestaciones
**Fahrplan** m (de trenes etc) horario
**Fahrplanhinweise** pl información sobre horarios
**Fahrpreis(e)** m precio del billete
**Fahrprüfung** f examen de conducir
**Fahrrad(-räder)** nt bicicleta
**Fahrradpumpe** f inflador para bicicleta
**Fahrschein(e)** m billete
**Fahrscheinentwerter** m (transporte público) máquina canceladora de billetes
**Fahrspur(en)** f carril
**Fahrstuhl** m ascensor
**Fahrt** f viaje; **während der Fahrt** durante el viaje; **gute Fahrt!** ¡buen viaje!; **eine Fahrt mit dem Auto machen** salir con el coche
**vor Fahrtantritt** antes de iniciar el viaje

**Fahrtroute** f ruta
**Fahrtunterbrechung** f parada durante el viaje
**Fahrzeug** nt vehículo
**Fahrzeugausstattung** f equipamiento
**Fahrziel** nt destino
**Fall** m caída; caso; **auf jeden Fall** en cualquier caso; **für alle Fälle** por si acaso; **im schlimmsten Fall** en el peor de los casos
**fallen** caer; **fallen lassen** dejar caer
**fällig** pendiente de pago; (intereses) pagadero(a); **gestern war die Zahlung fällig** ayer se cumplió el plazo para pagar
**falls** en caso de que si
**Fallschirm** m paracaídas
**falsch** falso(a); equivocado(a)
**Familie** f familia
**Familienname** m apellido
**Familienstand** m estado civil
**fangen** agarrar; pescar; cazar
**Farbe** f color; pintura
**farbecht** de color resistente
**färben** teñir
**Farbfernsehen** nt televisión en color
**Farbfilm** m película en color; carrete de color
**farbig** de colores
**Farbstoff** m tinte
**Fasan** m faisán
**Fasching** m carnaval
**Faser** f fibra
**Fass** nt tonel; **vom Fass** de barril
**Fassade** f fachada
**Fassbier** nt cerveza de barril
**fast** casi
**Fastnachtsdienstag** m martes de carnaval
**faszinierend** fascinante
**faul** podrido(a); perezoso(a)
**Faust** f puño
**Fausthandschuh(e)** m manopla
**Februar** m febrero
**Feder** f resorte; pluma
**Federball** m bádminton

**Federbett** nt edredón

**fehlen** faltar; **es fehlen einige Seiten** faltan algunas páginas; **meine Mutter fehlt mir** echo de menos a mi madre

**Fehler** m defecto; error

**Fehlzündung** f (de bujías) encendido incorrecto

**feiern** celebrar

**Feiertag** m festivo

**Feige(n)** f higo

**Feile** f lima

**fein** delicado(a); fino(a)

**Feinkostgeschäft** nt tienda de comestibles de primera calidad

**Feinschmecker** m gourmet

**Feinwaschmittel** nt detergente para ropa delicada

**Feldsalat** m rapónchigo

**Felge(n)** f llanta

**Fels** m roca

**Felsblock** m roca

**Felsen** m despeñadero

**Fenchel** m hinojo

**Fenster** nt ventana

**Fensterladen** m postigo

**Fensterplatz** m (en el bús etc) asiento junto a la ventana

**Ferien** pl vacaciones

**Ferienhaus** nt chalet para las vacaciones

**Feriensaison** f temporada de veraneo

**Ferienwohnung** f apartamento para las vacaciones

**fern** lejano(a)

**Ferne** f distancia

**Ferngespräch** nt llamada interurbana

**Fernglas** nt prismáticos

**Fernlicht** nt luz de carretera/larga

**Fernsehen** nt televisión; **im Fernsehen** en televisión

**Fernseher** m televisor

**Fernsprecher** m teléfono

**Fernsteuerung** f control remoto

**Ferse** f talón

**fertig** listo(a); terminado(a); **ich bin gleich fertig** en seguida termino; **sich fertig machen** prepararse; arreglarse; **wenn ich mit meiner Arbeit fertig bin** cuando termine con mi trabajo

**fest** duro(a); sólido(a); **fest schlafen** dormir profundamente

**Fest** nt fiesta

**Festland** nt tierra firme

**festmachen** (a la pared etc) fijar

**festsetzen** convenir

**fett** (comida) graso(a); (persona) gordo(a)

**Fett** nt grasa

**fettarm** con poca grasa

**fettig** grasiento(a)

**feucht** húmedo(a)

**Feuer** nt fuego; **haben Sie Feuer?** ¿tiene fuego?

**feuergefährlich** inflamable

**Feuerlöscher** m extintor

**Feuertreppe** f escalera de incendios

**Feuerwehr** f cuerpo de bomberos

**Feuerwerk** nt fuegos artificiales

**Feuerzeug** nt encendedor

**Fieber** nt fiebre; **Fieber haben** tener fiebre

**Figur** f figura

**Filet** nt solomillo; filete

**Filetsteak** nt solomillo

**Filiale** f filial

**Film** m (de cine) película; (de cámara) carrete

**Filter** m filtro

**Filterpapier** nt papel de filtro

**Filterzigarette(n)** f cigarrillo con filtro

**Filz** m fieltro

**Filzstift** m rotulador

**finden** encontrar

**Finderlohn** m recompensa

**Finger** m dedo

**Firma** f empresa

**Fisch** m pescado; pez

**Fischhändler** m pescadero

**Fischstäbchen** pl palitos de pescado

**Fitnessraum** m gimnasio

**Fitnessstudio** nt gimnasio

**flach** llano(a); poco profundo(a)

**Fläche** f superficie

**flambiert** flambeado(a)

**Flamme** f llama

**Flasche** f botella

**Flaschenbier** nt cerveza en botella

**Flaschenöffner** m abrebotellas

**Flaschenweine** pl vinos embotellados

**Fleck** m mancha; **blauer Fleck** cardenal

**Fleckenmittel** nt, **Fleckenwasser** nt quitamanchas

**Fleisch** nt carne

**Fleischbrühe** f consomé

**Fleischerei** f carnicería

**Fleischkäse** m especie de paté de carne

**Fleischklößchen** nt albóndiga

**Fleischsalat** m ensalada de carne con mayonesa

**Fleischtopf** m puchero

**Fleisch- und Wurstwaren** pl carnicería-charcutería

**flicken** (con parches o remiendos) reparar

**Flickzeug** nt kit de reparación

**Fliege** f mosca; pajarita

**fliegen** volar

**fließen** (río, tráfico etc) fluir

**fließend** (hablar) con fluidez; **fließend warm und kalt Wasser** agua corriente fría y caliente

**Flipper** m (juego recreativo de bolas) pinball

**Flitterwochen** pl luna de miel; **in den Flitterwochen** de luna de miel

**Flohmarkt** m rastro

**Flossen** pl aletas

**Flöte** f flauta

**Flotte** f flota

**Flug (Flüge)** m vuelo

**Flügel** m ala piano de cola

**Fluggast** m (del avión) pasajero

**Fluggesellschaft** f compañía aérea

**Flughafen** m aeropuerto

**Flughafenbus** m bus del aeropuerto

**Flughöhe** f (de vuelo) altura

**Flugkarte** f pasaje de avión

**Flugnummer** f (número de) vuelo

**Flugplan** m horario de vuelos

**Flugplanauskunft** f información de vuelos

**Flugplatz** m aeródromo

**Flugreise** f viaje en avión

**Flugschein(e)** m pasaje de avión

**Flugsteig** m puerta de embarque

**Flugstrecke** f ruta de vuelo

**Flugticket(s)** nt pasaje de avión

**Flugverbindung** f combinación de vuelos

**Flugverkehr** m tráfico aéreo

**Flugzeug** nt avión; **mit dem Flugzeug** en avión

**Fluss (Flüsse)** m río

**flüssig** líquido(a)

**Flüssigkeit** f líquido

**Flusskrebs** m cangrejo de río

**Flut** f marea alta; inundación; **es ist Flut** ha subido la marea

**Flutlicht** nt (de proyectores) iluminación

**Folge** f serie; consecuencia

**folgen** seguir; **jemandem folgen** seguir a alguien

**folgend** siguiente

**Folie** f (lámina de) plástico; **in der Folie** en papel de aluminio

**Föhnen** nt (con secador) secado

**fordern** exigir

**Forelle** f trucha

**Forellenfilet** nt filete de trucha

**Form** f forma; molde

**Format** nt formato

**Formblatt** nt formulario

**Formular** nt formulario

**fort** fuera; desaparecido(a)

**fortfahren** partir

**Fortschritte** pl progreso

**fortsetzen** continuar

**Foto** nt foto; **ein Foto machen** hacer una foto

**Fotoapparat** m cámara fotográfica

**Puntos básicos**

**Fotogeschäft** nt tienda de fotografía

**Fotograf** m fotógrafo

**Foto(grafie)** f foto(grafía)

**fotografieren** fotografiar

**fotokopieren** fotocopiar

**Fracht** f carga; flete

**Frack** m frac

**Frage** f pregunta; **das kommt nicht in Frage** de eso nada; **eine Frage stellen** hacer una pregunta

**Fragebogen** m cuestionario

**fragen** preguntar; **jemanden nach der Uhrzeit fragen** pedir (la) hora a alguien; **sich fragen, ob ...** preguntarse si ...

**Franken** m franco

**Frankenwein** m vino de Franconia

**frankieren** poner un sello

**Frau** f Señora; señora; mujer; esposa

**Frauenarzt** m ginecólogo(a)

**Fräulein** nt señorita

**frech** atrevido(o); insolente

**Frechheit** f desfachatez

**frei** libre; **einen Tag frei** un día libre; **im Freien** (a)fuera; al aire libre

**Freibad** nt piscina descubierta

**freilassen** dejar en libertad; dejar en blanco

**freimachen** poner un sello

**Freitag** m viernes

**Freizeichen** nt (teléfono) tono para marcar

**Freizeit** f tiempo libre; ocio

**Freizeitkleidung** f ropa informal

**Freizeitschuhe** pl calzado informal/deportivo

**Freizeitzentrum** nt (con diversas actividades) centro recreativo

**fremd** extranjero(a); extraño(a); desconocido(a)

**Fremde(r)** f(m) forastero(a); desconocido(a)

**Fremdenführer** m guía turístico

**Fremdenverkehr** m turismo

**Fremdenverkehrsamt** nt oficina de turismo

**Fremdenzimmer** nt habitación para huéspedes

**Fremdsprache** f lengua extranjera

**Freude** f alegría; **eine kleine Freude** un detalle

**sich freuen** alegrarse; **sich freuen auf** esperar con ilusión; **es hat mich gefreut zu hören ...** me ha alegrado saber ...

**Freund** m amigo; novio

**Freundin** f amiga; novia

**freundlich** amistoso(a); amable

**Frieden** m paz

**Friedhof** m cementerio

**frieren** (agua etc) helarse; (persona) tener frío; **frieren Sie?** ¿tiene frío?

**Frikadelle(n)** f hamburguesa; albóndiga

**Frikassee** nt carne con salsa blanca

**frisch** fresco(a); limpio(a); **frisch gestrichen** recién pintado

**Frischhaltebeutel** m bolsa para conservar alimentos

**Frischhaltefolie** f celofán

**Frischkäse** m queso fresco

**Frischwurst** f embutido

**Friseur** m peluquero

**Friseuse** f peluquera

**Frisiercreme** f (para el pelo) crema fijadora

**sich frisieren** arreglarse el pelo

**Frist** f plazo fecha

**Frisur** f peinado

**froh** alegre

**fröhlich** alegre; feliz

**Fronleichnam** m Corpus Christi

**Frosch** m rana

**Froschschenkel** pl ancas de rana

**Frost** m helada

**Frostschutzmittel** nt anticongelante

**Früchte** pl frutas; frutos

**Fruchteis** nt sorbete

**Früchtetee** m infusión de frutas

**Fruchtsaft** m zumo de fruta

*Español-Alemán*

*Alemán-Español*

**Fruchtsaftkonzentrat** nt concentrado de zumo de fruta

**früh** temprano(a); **Sie sind früh dran** ha llegado pronto

**früher** más temprano; antes; **ich habe ihn früher mal gekannt** yo le conocía; **früher oder später** tarde o temprano

**frühere(r/s)** antiguo(a); antiguos(as); anterior(es)

**Frühling** m primavera

**Frühlingsrolle(n)** f rollito de primavera

**Frühlingssuppe** f sopa de verduras

**Frühstück** nt desayuno

**Frühstücksbuffet** nt desayuno-buffet

**(sich) fühlen** sentir(se)

**führen** ir a la cabeza; guiar; dirigir; (un artículo) tener a la venta

**Führer** m dirigente; guía

**Führerschein** m permiso de conducir

**Führung** f visita con guía; **in Führung liegen** estar a la cabeza

**füllen** llenar

**Füller** m (para escribir) pluma

**Füllung** f relleno

**Fundbüro** nt oficina de objetos perdidos

**Fundsachen** pl objetos perdidos

**fünf** cinco

**fünfte(r/s)** quinto(a)

**fünfzehn** quince

**fünfzig** cincuenta

**Funke** m chispa

**funktionieren** funcionar; **das funktioniert nicht** no funciona

**für** para; por; **Benzin für 50 Euro** gasolina por 50 euros

**furchtbar** horrible

**fürchten** temer; **sich fürchten vor** tener miedo de

**fürchterlich** horrible

**Furunkel** m forúnculo

**Fuße (Füße)** m pie; **zu Fuß gehen** ir a pie

**Fußbad** nt baño para los pies

**Fußball** m fútbol

**Fußbalsam** m bálsamo para los pies

**Fußboden** m suelo

**Fußbremse** f freno de pie

**Fußgänger** m peatón

**Fußgängerüberweg** m paso de peatones

**Fußgängerunterführung** f paso subterráneo de peatones

**Fußgängerzone** f zona peatonal

**Fußweg** m sendero; acera

**Futter** nt (para animales) alimento; (lado interior) forro

**füttern** dar de comer; **nicht füttern!** no echar comida

# G

**Gabel** f tenedor

**Gabelung** f bifurcación

**gähnen** bostezar

**Galerie** f galería

**Gang** m plato; pasillo; (de un coche) marcha

**Gangschaltung** f cambio de marchas

**Gans** f ganso

**Gänseleberpastete** f paté de foie-gras

**ganz** entero(a); muy; **den ganzen Tag** todo el día; **ganz und gar nicht** en absoluto

**ganztägig** todo el día; de jornada completa

**gar** (verdura) hecho(a); **nicht gar** poco cocido(a)

**Garage** f garaje

**Garantie** f garantía

**garantieren** garantizar

**Garderobe** f guardarropa; **für Garderobe wird nicht gehaftet** la empresa no responde de los objetos perdidos

**Garn** nt hilo

**Garnele(n)** f gamba; camarón

**Garnelencocktail** f cóctel de gambas

**gar nicht** nada; **das ist gar nicht schlecht** no está nada mal

**Garten** m jardín

**Gartenlokal** nt (restaurante o café) local con terraza

**Gärtner(in)** m(f) jardinero(a)

**Gärtnerei** f (afición) jardinería; (de plantas) vivero

**Gas** nt gas; **Gas geben** acelerar

**Gasflasche** f bombona de gas

**Gaskocher** m (para camping) hornillo de gas

**Gaspedal** nt (pedal del) acelerador

**Gasse** f callejón

**Gast** m cliente; huésped; invitado(a); **zu Gast haben** tener como invitado(a)/huésped; **für Gäste** clientes/huéspedes

**Gästezimmer** nt cuarto de huéspedes/invitados

**Gastfreundschaft** f hospitalidad

**Gastgeber(in)** m(f) anfitrión(ona)

**Gastgeberin** f anfitriona

**Gasthaus** nt fonda

**Gasthof** m fonda

**Gaststätte** f restaurante

**Gaststube** f comedor

**geändert** modificado(a); **geänderte Abfahrtszeiten/Öffnungszeiten** nuevos horarios de salida/de apertura; **geänderte Vorfahrt** preferencia de paso cambiada

**Gebäck** nt (para el té) pastas

**Gebäude** nt edificio

**geben** dar

**Gebiet** nt región; ámbito

**Gebirge** nt montañas

**Gebiss** nt dentadura postiza

**Gebläse** nt ventilador

**geboren** nacido(a); **geborene Schnorr** de soltera Schnorr; **geboren werden** nacer

**gebraten** asado(a); frito(a)

**Gebrauch** nt uso

**gebrauchen** usar

**Gebrauchsanweisung** f instrucciones de uso

**Gebraucht-** de segunda mano

**Gebühr** f tasa; **Gebühr zahlt Empfänger** porte a cargo del

destinatario

**gebührenfrei** exento(a) de tasas; no se cobra porte; (transporte) gratis

**Gebührenordnung** f arancel

**gebührenpflichtig** sujeto(a) a tasas; **gebührenpflichtige Verwarnung** multa; **gebührenpflichtige Brücke** puente de peaje

**Geburtsdatum** nt fecha de nacimiento

**Geburtsort** m lugar de nacimiento

**Geburtstag** m cumpleaños

**Geburtsurkunde** f certificado de nacimiento

**Gedanke** m pensamiento

**Gedeck** nt (de mesa) cubierto

**Geduld** f paciencia

**geduldig** paciente

**gedünstet** al vapor

**geeignet** apropiado(a)

**Gefahr** f peligro

**gefährlich** peligroso(a)

**Gefälle** nt declive

**gefallen** gustar; **er gefällt mir** (él) me gusta

**Gefallen** m favor; **jemandem einen Gefallen tun** hacer un favor a alguien

**Geflügel** nt aves

**Geflügelsalat** m ensalada de pollo/pavo

**gefroren** congelado(a)

**Gefühl** nt sentimiento

**gefüllt** relleno(a)

**gegebenenfalls** dado el caso

**gegen** contra; hacia

**Gegend** f zona; región

**Gegenstand** m objeto

**Gegenteil** nt opuesto; **im Gegenteil** al contrario

**gegenüber** enfrente de; frente a; **das Haus gegenüber** la casa de enfrente

**Gegenverkehr** m tráfico en contra

**gegenwärtig** actual; presente

**Gehacktes** nt carne picada

**Geheimnis** nt secreto; misterio

**gehen** ir; caminar; **wie geht es Ihnen?** ¿cómo está (Ud)?; **es geht mir besser** estoy/me siento mejor; **geht es?** ¿es posible?; **gehen wir** vamos/ vámonos

**Gehirnerschütterung** f conmoción cerebral

**gehorchen** obedecer; **jemandem gehorchen** obedecer a alguien

**gehören** pertenecer; **jemandem gehören** pertenecer a alguien

**Gehsteig** m acera

**Geige** f violín

**geizig** avaro(a)

**gekocht** cocido(a); hervido(a)

**gekühlt** refrigerado(a); (bebida) frío(a)

**gelähmt** paralizado(a); paralítico(a)

**Gelände** nt terreno; recinto

**Geländer** nt pasamano; barandilla

**gelb** amarillo(a); **Gelbe Seiten** Páginas Amarillas

**Gelb** nt ámbar

**Gelbsucht** f ictericia

**Geld** nt dinero; **Geld einwerfen** introducir monedas

**Geldautomat** m cajero automático

**Geldbeutel** m monedero; (de hombre) cartera

**Geldeinwurf** m ranura

**Geldrückgabe** f devolución de monedas

**Geldschein** m (moneda) billete

**Geldstrafe** f multa

**Geldstück** nt moneda

**Geldwechsel** m (de moneda) cambio

**Geldwechselautomat** m, **Geldwechsler** m máquina de dar cambio

**Gelegenheit** f oportunidad; ocasión

**gelegentlich** esporádico(a); de forma esporádica

**Gelenk** nt articulación

**gelingen** salir bien; **es ist ihm gelungen, es zu tun** lo ha logrado

**gelten** valer

**gemahlen** molido(a)

**Gemälde** nt (cuadro) pintura

**gemein** malvado(a); canalla

**Gemeinde** f municipio; parroquia

**gemeinsam** juntos(as)

**gemischt** mezclado(a); surtido(a); **gemischter Salat** ensalada mixta

**Gemüse** nt verdura

**genau** exacto(a); preciso(a); exactamente; **genau hier** aquí precisamente

**Genehmigung** f autorización; permiso

**Genesung** f convalecencia

**genießen** disfrutar

**genug** suficiente

**Genuss** m placer

**geöffnet** abierto(a)

**Gepäck** nt equipaje

**Gepäckaufbewahrung** f consigna

**Gepäckausgabe** f entrega de equipaje

**Gepäcknetz** nt (en el tren) rejilla portaequipajes

**Gepäckschein** m resguardo de la consigna

**Gepäckschließfach** nt consigna automática

**Gepäckträger** m (en bicicleta) portapaquetes; (de estación) mozo

**Gepäckwagen** m (para el equipaje) carrito; furgón de equipajes

**gerade** recto(a); **eine gerade Zahl** un número par; **er ist gerade weggegangen** acaba de marcharse; **ich habe es gerade eben geschafft** acabo de conseguirlo

**geradeaus** recto

**Gerät** nt aparato; dispositivo

**geräuchert** ahumado(a)

**Geräusch** nt ruido; sonido

**gerecht** justo(a)

**Gericht** nt tribunal; (comida) plato

**gering** pequeño(a); escaso(a)

**gern(e)** con mucho gusto; **ich lese gern** me gusta leer; **ich tue es gern** me gusta hacerlo; **ich hätte gern ein Eis** quisiera un helado; **gern haben** tener afecto a; **gern geschehen** no hay de qué

**geröstet** tostado(a); salteado(a); frito(a); **geröstete Mandeln** almendras tostadas

**Geruch** m olor

**gesamt** completo(a); total

**Gesamtgewicht** nt peso bruto

**Geschäft(e)** nt comercio; negocio

**Geschäftsstunden** pl horario comercial; horario de oficina

**geschehen** ocurrir

**Geschenk(e)** nt regalo

**Geschenkartikel** pl artículos de regalo

**Geschenkgutschein** m vale de regalo

**Geschichte** f historia

**Geschick** nt destreza

**geschieden** divorciado(a)

**Geschirr** nt vajilla; (de caballo) arreos

**Geschirrspülmittel** nt lavavajillas

**Geschlecht** nt sexo

**Geschlechtskrankheit** f enfermedad venérea

**Geschlechtsverkehr** m relaciones sexuales

**geschlossen** cerrado(a)

**Geschmack** m gusto; sabor

**geschmacklos** (comida) soso(a); (broma, ropa) de mal gusto

**geschmackvoll** (adornar etc) con buen gusto

**geschmort** asado(a)

**Geschnetzeltes** nt carne estofada en salsa blanca

**Geschwindigkeit** f velocidad

**Geschwindigkeitsbegrenzung** f límite de velocidad

**Geschwindigkeitsüberschreitung** f exceso de velocidad

**Geschwister** pl hermanos

**Geschwür** nt úlcera

**Gesellschaft** f sociedad; **wollen Sie uns nicht Gesellschaft leisten?** ¿no quieren hacernos compañía?

**Gesellschaftsraum** m (en hotel) salón

**Gesetz** nt ley

**gesetzlich** legal; **gesetzlicher Feiertag** fiesta oficial

**gesetzwidrig** ilegal

**Gesicht** nt cara

**Gesichtscreme** f crema facial

**Gesichtswasser** nt tónico facial

**gespannt** tenso(a); **ich bin gespannt, ob ...** tengo curiosidad por ver si ...

**gesperrt** cerrado(a); bloqueado(a)

**Gespräch** nt conversación; charla; llamada telefónica

**gestattet** permitido(a)

**gestehen** confesar

**Gestell** nt chasis; (de gafas) montura; soporte

**gestern** ayer

**gesund** sano(a); **Spinat ist gesund** las espinacas son sanas

**Gesundheit** f salud; **Gesundheit!**; (al estornudar) ¡Jesús!; ¡salud!

**getönt** tintado(a)

**Getränk(e)** nt bebida

**Getränkekarte** f carta de bebidas; carta de vinos

**getrennt** separado(a); por separado

**Getriebe** nt caja de cambios

**Getriebeöl** nt (del cambio) aceite

**getrocknet** (fruta) secado(a)

**Gewächs** nt planta; tumor

**Gewächshaus** nt invernadero

**gewählt** selecto(a); elegante

**Gewähr** f garantía; **ohne Gewähr** sin garantía

**Gewalt** f fuerza; violencia; poder

**Gewalttätigkeit** f violencia

**Gewehr** nt fusil

**Gewicht** nt peso

**Gewinn** m beneficio; premio

**Gewinnchancen** *pl* oportunidades de ganar

**gewinnen** ganar; obtener

**gewiss** cierto(a)

**Gewissen** *nt* conciencia

**Gewitter** *nt* tormenta

**sich gewöhnen an** acostumbrarse a

**Gewohnheit** *f* costumbre

**gewöhnlich** habitual; normal

**Gewürz** *nt* especia; condimento; **Gewürze** especias

**Gewürzgurke(n)** *f* pepinillo en vinagre

**Gewürznelke(n)** *f* clavo

**Gezeiten** *pl* marea

**es gibt** hay

**gierig** ávido(a)

**gießen** regar

**Gift** *nt* veneno

**giftig** venenoso(a)

**Gipfel** *m (de montaña)* pico

**Gipsverband** *m* escayola

**Gitarre** *f* guitarra

**glänzend** brillante

**Glas** *nt* vidrio; cristal; copa; vaso; tarro

**glatt** liso(a); suave; resbaladizo

**Glatteisgefahr** *f* peligro de hielo

**Glaube** *m* fe; creencia

**glauben** creer; **ich glaube schon** creo que sí; **glauben an** creer en

**gleich** igual; ahora mismo; **das gleiche Buch wie** el mismo libro que

**Gleichgewicht** *nt* equilibrio

**gleichmäßig** uniforme; *(homogéneo)* equilibrado(a)

**gleichzeitig** simultáneo(a); al mismo tiempo

**Gleis** *nt (del tren)* vía; **der Zug fährt auf Gleis 3 ab** el tren sale de la vía 3

**gleiten** resbalar; deslizarse

**Glocke** *f* campana

**Glück** *nt* felicidad; suerte; **Glück haben** tener suerte; **viel Glück!** ¡mucha/buena suerte!

**glücklich** feliz; afortunado(a)

**Glückwunsch** *m* felicitación; **herzlichen Glückwunsch!** ¡enhorabuena!

**Glühbirne** *f* bombilla

**glühen** ponerse al rojo vivo

**Glühlampe** *f* lámpara incandescente

**Glühwein** *m* vino tinto caliente y con especias

**Gold** *nt* oro

**Goldfisch** *m* pez dorado

**Golf** *nt* golf

**Golfball** *m* bola de golf

**Golfplatz** *m* campo de golf

**Golfschläger** *m* palo de golf

**Gondelbahn** *f* teleférico

**Gott** *m* Dios; **Gott sei Dank** gracias a Dios

**Gottesdienst** *m (misa evangélica)* servicio religioso

**Grab** *m* tumba

**Grad** *m* grado

**Gramm** *nt* gramo

**Granatapfel** *m* granada

**Grapefruitsaft** *m* zumo de pomelo

**Gras** *nt* hierba

**Gräte** *f (del pescado)* espina

**gratis** gratis

**gratulieren** felicitar

**grau** gris

**Graubrot** *nt* pan de color oscuro hecho con distintos tipos de harina

**grausam** cruel

**greifen** tomar; agarrar; **greifen zu** recurrir a

**Grenze** *f* límite; frontera

**Grenzübergang** *m* paso fronterizo

**Griebenschmalz** *nt* manteca con chicharrones

**Grieß** *m* sémola

**Griff** *m* asa; mango

**Grill** *m* parrilla; **vom Grill** a la parrilla

**grillen** asar a la parrilla

**Grillspieß** *m* brocheta a la parrilla

**Grillteller** *m* plato de

carne/pescado a la parrilla
**Grippe** f gripe
**grob** grueso(a); áspero(a); tosco(a); aproximadamente
**groß** alto(a); grande; extenso(a); **wie groß sind Sie?** ¿cuánto mide (Ud)?
**großartig** magnífico(a)
**Großbuchstabe(n)** m mayúscula
**Größe** f tamaño; altura
**Großmutter** f abuela
**Großstadt** f metrópolis
**Großvater** m abuelo
**großzügig** generoso(a)
**grün** (color, fruta) verde
**Grünanlage** f parque
**Grund** m suelo; razón
**grundlegend** básico(a)
**gründlich** minucioso(a); a fondo
**Gründonnerstag** m Jueves Santo
**Grundstück** nt terreno
**Gruppe** f grupo
**Gruppenreise** f viaje organizado/en grupo
**Gruß** m saludo; **mit freundlichen Grüßen;** (en cartas) (le saluda) atentamente; **viele liebe Grüße von** muchos saludos de; **mit besten Grüßen** un fuerte abrazo
**grüßen** saludar
**Grütze** f: **rote Grütze** jalea de frutas o bayas rojas
**gucken** mirar
**Gulasch** nt estofado de carne
**Gulaschsuppe** f sopa de estofado de carne
**gültig** válido(a); **gültig ab 10. Februar** válido a partir del 10 de febrero
**Gummi** m goma; elástico
**Gummiband** nt cinta elástica
**Gummistiefel** m bota para la lluvia
**günstig** favorable; práctico(a)
**gurgeln** hacer gárgaras
**Gurke(n)** f pepino
**Gürtel** m cinturón
**Gürtelreifen** m neumático radial

**Gürtelrose** f herpes zóster
**Gusseisen** nt hierro fundido
**gut** bueno(a); bien; de acuerdo; **gut im Golf sein** jugar bien al golf; **guten Morgen!** ¡buenos días!; **guten Abend/gute Nacht!** ¡buenas tardes/noches!; **guten Appetit** que aproveche; **alles Gute** que vaya bien; (en cartas) un fuerte abrazo; **sehr gut!** ¡muy bien!
**Güter** pl mercancías
**Güterzug** m tren de mercancías
**Guthaben** nt (saldo activo) haber
**Gutschein** m (para canjear) vale; cupón

# H

**Haar** nt pelo
**Haarbürste** f cepillo para el pelo
**Haare** pl pelo; cabello; **sich die Haare schneiden lassen** cortarse el pelo
**Haarfestiger** m (para el pelo) fijador
**Haarkur** f crema para el pelo
**Haarnadelkurve** f curva muy cerrada
**Haarschnitt** m corte de pelo
**Haarspray** nt laca
**Haartrockner** m secador de pelo
**Haarwaschmittel** nt champú
**Haarwasser** nt loción capilar
**haben** tener; **ich hätte gern ein ...** quisiera un...
**Hackbraten** m asado de carne picada
**Hackfleisch** nt carne picada
**Hacksteak** nt hamburguesa
**Hafen** m puerto
**Hafenrundfahrt** f vuelta por el puerto
**Haferflocken** pl copos de avena
**Haftpflichtversicherung** f seguro de responsabilidad civil
**Haftpulver** nt fijación dental
**Haftung** f responsabilidad
**Haftungsbeschränkung** f limitación de la responsabilidad
**Hagebuttentee** m té de

Puntos básicos

Español-Alemán

Alemán-Español

escaramujo

**Hagel** m granizo

**hageln** granizar; **es hagelt** está granizando

**Hahn** m grifo; gallo

**Hähnchen** nt pollo

**Haken** m anzuelo; (con forma de V) marca de comprobación; gancho

**halb** medio(a); **auf halbem Weg** a medio camino; **eine halbe Stunde** media hora; **halb offen** medio abierto; **zum halben Preis** a mitad de precio

**halbbitter** semiamargo

**halbieren** partir por la mitad

**Halbpension** f media pensión

**Hälfte** f mitad

**Hallenbad** nt piscina cubierta

**hallo** hola

**Hals** m cuello; garganta

**Halsband** nt collar

**Halskette** f collar

**Hals-Nasen-Ohren-Arzt** m otorrino(laringólogo)

**Halsschmerzen** pl dolor de garganta

**halt** alto

**haltbar** conservable; duradero(a)

**halten** sostener; mantener; parar; **Halten verboten** prohibido estacionar; **ich halte nichts von der Idee** la idea no me parece bien; **etwas sauber halten** mantener algo limpio; **Milch hält sich nicht gut** la leche no se conserva por mucho tiempo

**Haltestelle** f (de bús, metro) parada

**Halteverbot** nt estacionamiento prohibido

**Hammelfleisch** nt carne de carnero

**Hammer** m martillo

**Hämorrhoiden** pl hemorroides

**Hand** f mano; **jemandem die Hand geben** dar la mano a alguien; **von Hand** a mano

**Handbremse** f freno de mano

**Handcreme** f crema para las manos

**Handel** m comercio; mercado

**handeln** actuar; comerciar; **es handelt sich um** se trata de

**handgearbeitet** hecho(a) a mano

**Handgelenk** nt muñeca

**handgemacht** hecho(a) a mano

**Handgepäck** nt equipaje de mano

**Handlung** f tienda; (acción) acto; (de una película) argumento

**Handschuhe** pl guantes

**Handschuhfach** nt guantera

**Handtasche** f bolso de mano

**Handtuch** nt toalla

**Handwerker** m artesano

**Hang** m pendiente

**hängen** colgar

**hart** duro(a); **hart gekocht** (huevo) duro(a)

**Hase** m liebre

**Haselnuss(-nüsse)** f avellana

**hässlich** feo(a)

**Haufen** m montón

**häufig** frecuente; común

**Haupt-** principal

**Hauptbahnhof** m estación central

**Haupteingang** m entrada principal

**Hauptgericht(e)** nt plato principal

**hauptsächlich** principalmente

**Hauptsaison** f temporada alta

**Hauptstadt** f capital

**Hauptstraße** f calle principal; calle mayor

**Hauptverkehrszeit** f hora punta

**Haus** nt casa; **zu Hause** en casa; **nach Hause gehen** ir a casa; **im Haus** adentro; **ins Haus** adentro; a domicilio

**hauseigen** (de hotel etc) de la casa

**Haushaltsartikel** pl, **Haushaltswaren** pl artículos domésticos

**Hausmeister** m portero

**Hausnummer** f número de la ...

casa/calle

**Hausordnung** f reglamento interno

**Hausschlüssel** m llave de casa

**Hausschuhe** pl zapatillas

**Haustier** nt animal doméstico

**Haustür** f (de entrada) puerta de la casa

**Haut** f piel

**Hautarzt** m dermatólogo

**Hautausschlag** m sarpullido

**Hautbalsam** m bálsamo

**Haxe** f pata

**Hebel** m palanca

**Hecht** m lucio

**Heckscheibe** f (del coche) luneta

**Heckscheibenheizung** f calefacción de la luneta

**Heckscheibenwischer** m limpialunetas

**Hecktür** f portón trasero

**Hecktürmodell** nt modelo con portón trasero

**Hefe** f levadura

**Heft** nt cuaderno

**Heftpflaster** nt tirita

**Heilbutt** m rodaballo

**heilen** curar; curarse

**heilig** sagrado(a)

**Heiligabend** m Nochebuena

**Heilmittel** nt remedio

**Heilpraktiker** m curandero

**Heim** nt hogar; asilo; residencia

**Heimatadresse** f dirección del domicilio principal

**Heimatmuseum** nt museo de historia local

**Heimreise** f viaje de regreso (a casa)

**Heimweh** nt nostalgia; **Heimweh haben** (desear volver al propio país o ciudad) sentir nostalgia

**Heimwerkerbedarf** m artículos de bricolaje

**heiraten** casarse

**heiser** ronco(a)

**heiß** caliente

**heißen** llamarse; **wie heißen Sie?** ¿cómo se llama (Ud)?

**heißlaufen** recalentarse

**Heißwassergerät** nt calentador de agua

**Heizdecke** f manta eléctrica

**Heizgerät** nt calefactor

**Heizkörper** m radiador

**Heizung** f calefacción

**helfen** ayudar

**hell** claro(a); luminoso(a)

**hellbraun** marrón claro

**Helm** m casco

**Hemd(en)** nt camisa

**herab** (hacia) abajo

**herauf** (hacia) arriba

**heraus** (hacia) afuera

**herausgehen** salir

**herausziehen** sacar

**herb** seco(a)

**Herbst** m otoño

**Herd** m (electrodoméstico) cocina

**herein** adentro; **herein!** ¡pase!

**Hering** m arenque; estaquilla

**Heringstopf** m ensalada de arenques

**Herr** m Señor (Sr.); caballero; amo; **mein Herr** señor; **"Herren"** "Caballeros"

**Herrenbekleidung** f ropa de caballero

**Herrentoilette** f aseo para caballeros

**herrlich** maravilloso(a)

**herstellen** fabricar; producir

**herüber** hacia aquí

**herum** alrededor; **hier herum** por aquí

**herunter** (hacia) abajo

**Herz** nt corazón

**Herzanfall** m ataque cardíaco

**herzlich** cordial

**Herzmuschel(n)** f berberecho

**heulen** aullar; llorar

**Heuschnupfen** m fiebre del heno

**heute** hoy; **heute Abend** esta noche

**heutzutage** hoy (en) día

**hier** aquí

**hierher** (hacia) aquí; **kommen Sie hierher** venga aquí

**hiesig** de aquí

**Hilfe** f ayuda; **Hilfe!** ¡socorro!

**Himbeere(n)** f frambuesa

**Himbeergeist** m aguardiente de frambuesa

**Himmel** m cielo

**hin** (hacia) allá

**hinab** (hacia) abajo

**hinauf** arriba

**hinaufgehen** subir

**hinaus** (a)fuera

**hinausgehen** salir

**Hindernis** nt obstáculo

**hinein** (hacia) adentro

**hineingehen** entrar

**hineinstecken** meter; introducir

**hingehen** ir; **er ist hingegangen** se fue (para allá)

**hinken** cojear

**hinlegen** poner; **sich hinlegen** acostarse

**hinten** detrás; **nach hinten** hacia atrás

**hinter** detrás de; **hinter der Mauer** detrás del muro

**Hinter-** trasero(a)

**Hinterachse** f eje trasero

**hintere(r/s)** trasero(a); **das hintere Ende** (de una sala etc) el final

**hinterlassen** dejar; **eine Nachricht hinterlassen** dejar un mensaje

**hinterlegen** depositar

**Hinterrad** nt rueda trasera

**Hinterradantrieb** m tracción trasera

**hinüber** (pasar) al otro lado; allí enfrente

**Hin- und Rückfahrt** f viaje de ida y vuelta

**hinunter** (hacia) abajo

**hinuntergehen** bajar

**Hinweis** m indicación

**Hinweisschild** nt letrero indicador

**hinzufügen** añadir

**Hirn** nt sesos

**Hirsch** m ciervo

**Hitze** f calor

**hoch** alto(a); **6 Meter hoch** de 6 metros de altura

**Hoch** nt anticiclón; hurra

**Hoch-** alto(a); de arriba

**hochachtungsvoll** (en cartas) atentamente

**Hochaltar** m altar mayor

**Hochglanz** m (foto) brillo

**Hochsaison** f temporada alta

**Hochspannung** f alta tensión

**Höchst-** máximo

**höchstens** como mucho

**Höchstgeschwindigkeit** f velocidad máxima

**Hochwasser** nt (de un río) crecida; marea alta

**Hochzeit** f boda

**Hof** m patio; granja

**hoffen** esperar

**hoffentlich** ojalá; **hoffentlich nicht** espero que no

**höflich** amable

**Höhe** f altura; altitud

**Höhensonne** f lámpara de rayos ultravioleta

**höher** más alto(a); superior; **höher stellen** (volumen etc) subir

**hohe(r/s)** alto(a); **mit hohen Absätzen** con tacones (altos)

**hohl** hueco(a)

**Höhle** f cueva

**holen** ir a buscar; llamar; (a alguien de la cama) sacar; recoger; **sich holen** (un catarro) coger

**Holz** nt madera

**hölzern** de madera

**homogenisiert** homogeneizado(a)

**Honig** m miel

**Honigmelone** f melón

**hören** escuchar; oír; **ich höre Sie nicht** no le oigo

**Hörer** m auricular

**Hörgerät** nt audífono

**Horn** nt cuerno

**Hörnchen** nt croissant

**Höschenwindeln** pl pañales de usar y tirar

**Hose** f pantalones; **kurze Hose**

pantalones cortos

**Hosenanzug** m *(para señora)* traje chaqueta-pantalón

**Hosenträger** pl tirantes

**Hotel** nt hotel

**Hotelführer** m guía hotelera

**Hotel garni** nt hotel con desayuno

**Hotelreservierung** f reserva de hotel

**Hotelverzeichnis** nt lista de hoteles

**Hubraum** m cilindrada

**hübsch** guapo(a)

**Hubschrauber** m helicóptero

**Hüfte(n)** f cadera

**Hügel** m colina

**hügelig** con colinas

**Huhn** nt pollo

**Hühnerauge** nt callo

**Hühnerbrühe** f caldo de pollo

**Hühnerbrust** f pechuga de pollo

**Hühnerfrikassee** nt pollo en salsa (blanca)

**Hühnerkeule** f muslo de pollo

**Hühnersuppe** f sopa de pollo

**Hummer** m langosta

**Hummercocktail** m cóctel de langosta

**Humor** m humor; **Sinn für Humor** sentido del humor

**Hund** m perro

**hundert** cien; **hundert Leute** cien personas; **Hunderte von Büchern** cientos de libros

**hundertste(r/s)** centésimo(a)

**Hunger** m hambre; **Hunger haben** tener hambre

**hungrig** hambriento(a)

**Hupe** f *(del coche)* bocina

**hupen** tocar la bocina

**Husten** m tos

**husten** toser

**Hustenbonbons** pl caramelos contra la tos

**Hustensaft** m jarabe para la tos

**Hustentee** m infusión para la tos

**Hustentropfen** pl jarabe contra la tos

**Hut (Hüte)** m sombrero

**Hütte** f cabaña

**Hüttenkäse** m tipo de requesón

**hygienisch** higiénico(a)

# I

**ich** yo; **ich bin es** soy yo

**IC-Zuschlag** m suplemento del Intercity

**Idee** f idea

**Idiotenhügel** m *(esquí)* pista para principiantes

**ihm** le; a él; **geben Sie es ihm** déselo a él

**ihn** le; a él

**ihnen** les; a ellos(as); **er sprach mit ihnen** habló con ellos(as)

**Ihnen** le(s); a usted(es)

**ihr** le; a ella; vosotros(as); **geben Sie es ihr** déselo a ella

**ihr(e)** *(de ella)* su(s); *(de ellos(as))* su(s)

**Ihr(e)** *(de Ud/Uds)* su(s)

**ihre(r/s)** *(de ellos(as))* (el/la) suyo(a); (los/las) suyos(as)

**Ihre(r/s)** *(de Ud(s))* (el/la) suyo(a); (los/las) suyos(as)

**Illustrierte** f revista

**im** en el/la; **im Mai** en mayo; **im Zug** en el tren; **im Fernsehen** en (la) televisión

**Imbiss** m piscolabis; snack

**Imbissstube** f snack-bar

**immer** siempre

**impfen** vacunar

**Impfpass** m carnet de vacunas

**Impfung** f vacuna(ción)

**in** en; **er wird in 2 Tagen zurück sein** volverá dentro de dos días; **in der Stadt** en la ciudad; **in der Schweiz** en Suiza; **in der Schachtel** en la caja; **in der Schule** en la escuela; **in Frankfurt anhalten** parar en Frankfurt; **in die Schweiz** a Suiza; **in die Schule/Stadt** a la escuela/ciudad

**inbegriffen** incluido(a)

**Industriegebiet** nt zona industrial

**Informationszentrum** nt

centro de información
**Ingwer** m jengibre
**Inhalt** m contenido
**Inhaltsverzeichnis** nt *(índice)* contenido
**inklusive** inclusive
**Inklusivpreise** pl precios con todo incluido
**Inland** nt país
**Inlandsgespräch** nt llamada nacional
**innen** dentro
**Innen-** interior
**Innenraum** m (espacio) interior; *(vehículo)* habitáculo
**Innenstadt** f centro de la ciudad
**innere(r/s)** interior; interno(a)
**innerhalb** dentro de; **er hat es innerhalb von 2 Tagen gemacht** lo ha hecho en dos días
**innerlich** interior; por dentro; **innerlich anzuwenden** uso interno
**Insassen(unfall)versicherung** f seguro para los ocupantes
**Insekt** nt insecto
**Insektenbekämpfungsmittel** nt insecticida
**Insektenschutzmittel** nt repelente contra insectos
**Insel** f isla
**insgesamt** en total
**Inspektion** f inspección
**Instrument** nt instrumento
**Instrumententafel** f tablero de instrumentos
**interessant** interesante
**Interesse** nt interés
**interessieren** interesar; **sich interessieren für** interesarse por
**international** internacional
**Internist** m internista
**inzwischen** mientras tanto
**irgendein(e)** algún, alguno(a)
**irgendetwas** cualquier cosa
**irgendjemand** cualquiera; **kann' irgendjemand von euch singen?** ¿sabe cantar alguno de vosotros?; **können Sie irgendjemanden sehen?**

¿puede (Ud) ver a alguien?
**irgendwo** en alguna parte
**sich irren** equivocarse
**Irrtum** m error
**Ischias** m ciática

# J

**ja** sí
**Jacht** f yate
**Jacke** f chaqueta
**jagen** cazar; perseguir
**Jägerschnitzel** nt filete de carne con champiñones
**Jahr** nt año
**Jahreszeit** f *(del año)* estación
**Jahrgang** m *(año)* cosecha generación
**Jahrhundert** nt siglo
**jährlich** anual; anualmente
**Jahrmarkt** m feria
**Jakobsmuschel(n)** f vieira
**Jalousie** f persiana
**Januar** m enero
**Jeansstoff** m tela vaquera
**jede(r/s)** cada; cada uno/una
**jedenfalls** en todo caso
**jedoch** sin embargo; **er ist jedoch glücklich** es feliz a pesar de todo
**jemals** alguna vez
**jemand** alguien
**jenseits** al otro lado; más allá de
**jetzt** ahora
**Jod** nt yodo
**Joghurt** m yogur
**Johannisbeere(n)** f grosella; **rote Johannisbeere** grosella roja; **schwarze Johannisbeere** grosella negra
**Jubiläum** nt aniversario
**jucken** picar
**Juckreiz** m picor
**Jude** m judío
**Jüdin** m judía
**jüdisch** judío(a)
**Jugend** f juventud
**Jugendherberge** f albergue juvenil
**Jugendherbergsausweis** m

**Puntos básicos**

(para jóvenes) carnet de alberguista
**Jugendliche(r)** f(m) adolescente
**Juli** m julio
**jung** joven
**Junge** m chico; muchacho
**Junggeselle** m soltero
**Juni** m junio
**Juwelier** m joyero

# K

**Español-Alemán**

**Kabel** nt cable
**Kabeljau** m bacalao
**Kabine** f cabina; camarote
**Kabinenbahn** f teleférico
**Kabriolett** nt descapotable
**Käfer** m escarabajo
**Kaffee** m café
**Kaffeekanne** f cafetera
**Kaffeemaschine** f cafetera eléctrica
**Kaffeepause** f pausa (del café)
**Kahn** m (barca) bote
**Kai** m (en la costa) muelle
**Kaiser** m emperador
**Kajüte** f camarote
**Kakao** m cacao
**Kalb** nt ternero
**Kalbfleisch** nt carne de ternera
**Kalbsleber** f hígado de ternera
**Kalbsrückensteak** nt lomo de ternera
**Kalbsschnitzel** nt filete de ternera
**Kaldaunen** pl callos
**Kalender** m calendario
**kalt** frío(a); **mir ist kalt** tengo frío
**Kamera** f cámara
**Kamillentee** m (infusión) manzanilla
**Kamin** m chimenea
**Kamm** m peine; cresta
**kämmen** peinar
**kämpfen** luchar
**Kanal** m canal
**kandiert** escarchado(a)
**Kandis(zucker)** m azúcar cande

**Kaninchen** nt conejo
**Kanister** m bidón
**Kännchen Kaffee** nt jarrita de café
**Kanone** f cañón
**Kanu** nt canoa
**Kanzler** m canciller
**Kapelle** f capilla; orquesta
**Kapern** pl alcaparras
**Kapitän** m capitán
**Kappe** f gorro
**Kapsel** f cápsula
**kaputt** roto(a); estropeado(a)
**Kapuze** f capucha
**Karaffe** f garrafa
**Karfreitag** m Viernes Santo
**kariert** a cuadros
**Karneval** m carnaval
**Karo** nt (baraja) diamantes
**Karosserie** f carrocería
**Karotten** pl zanahorias
**Karpfen** m carpa
**Karte** f tarjeta; billete; mapa; (del menú) carta
**Kartenvorverkauf** m venta anticipada de localidades
**Kartoffel(n)** f patata
**Kartoffelbrei** m puré de patatas
**Kartoffelpuffer** m fritura de patatas
**Kartoffelsalat** m ensalada de patatas
**Karussell** nt tiovivo
**Käse** m queso
**Käsekuchen** m tarta de queso
**Käseplatte** f (plato de) quesos variados
**Kasse** f caja; taquilla
**Kasserolle** f cacerola
**Kassette** f casete
**Kassettenrekorder** m magnetófono
**Kassierer(in)** m cajero(a)
**Kassler** nt carne de cerdo ahumada
**Kastanie** f castaña
**Katalog** m catálogo
**Katalysator** m catalizador
**Katastrophe** f desastre

**Español-Alemán**

**Alemán-Español**

**Kater** m gato; resaca
**Katze** f gato
**kauen** masticar
**kaufen** comprar
**Käufer** m comprador
**Kaufhaus** nt grandes almacenes
**Kaugummi** nt chicle
**kaum** apenas
**Kaution** f depósito
**Kaviar** m caviar
**Kefir** m kéfir
**Kegelbahn** f bolera
**Kegeln** nt bolos
**Keilriemen** m correa trapezoidal
**kein(e)** ningún, ninguna; ni un(a); **wir haben kein Brot** no tenemos pan
**keine(r/s)** nadie; ningún, ninguno(a); **wir haben keinen/keine/keines** no tenemos ninguno/ninguna
**keineswegs** en absoluto
**Keks(e)** m galleta
**Keller** m sótano
**Kellner(in)** m(f) camarero(a)
**kennen** conocer (a)
**kennen lernen** (ver por primera vez) conocer (a)
**Kenner** m experto
**Kenntnis** f conocimiento
**Kennzeichen** nt señal; (de coche) matrícula; **besondere Kennzeichen** rasgos distintivos
**Keramik** f cerámica
**Kerze** f vela
**Kette** f cadena; (montañas) sierra
**Keuchhusten** m tos ferina
**Keule** f (de pollo etc) muslo
**Kilo** nt kilo; **8 Mark/5 Euro das Kilo** 8 marcos/5 euros el kilo
**Kilogramm** nt kilogramo
**Kilometer** m kilómetro; **Kilometer pro Stunde (km/h)** kilómetros por hora (km/h)
**Kilometerzähler** m cuentakilómetros
**Kind(er)** nt niño(a); hijo(a)
**Kinderarzt** m pediatra
**Kinderfahrkarte** f (con descuento) billete para niños

**Kinderlähmung** f polio(mielitis)
**Kindersicherung** f (a prueba de niños) cierre de seguridad
**Kinderteller** m (comida) plato para niños
**Kinderwagen** m cochecito de niño
**Kinn** nt barbilla
**Kino** nt cine
**Kinoprogramm** nt cartelera
**Kiosk** m quiosco
**Kirche** f iglesia
**Kirchturm** m campanario
**Kirsche(n)** f cereza
**Kirschkuchen** m pastel de cerezas
**Kirschlikör** m licor de cereza
**Kirschwasser** nt (aguardiente de cereza) kirsch
**Kissen** nt cojín; almohada
**Kiste** f caja
**Klage** f queja
**Klappe** f tapa
**Klappstuhl** m silla plegable
**Klapptisch** m mesa plegable
**klar** claro(a); claramente; evidente(mente); nítido(a); **klare Brühe** caldo; **Klarer** aguardiente
**Klasse** f clase; categoría; (primaria) curso; **ein Fahrschein zweiter Klasse** un billete de segunda clase
**klassisch** clásico(a)
**klatschen** caer (haciendo ruido); aplaudir; cotillear
**Klavier** nt piano
**kleben** (adherir) pegar
**Klebestreifen** m cinta adhesiva
**klebrig** pegajoso(a)
**Klebstoff** m pegamento
**Kleid(er)** nt vestido
**Kleider** pl ropa
**Kleiderbügel** m percha
**Kleiderbürste** f cepillo para la ropa
**Kleiderschrank** m armario
**Kleidung** f ropa
**Kleidungsstück** nt prenda
**klein** pequeño(a); bajo(a)

**Kleinbus** m microbús

**Kleingeld** nt (dinero) cambio

**Kleinkind** nt niño(a) pequeño(a)

**Klettern** nt escalada

**klettern** escalar; trepar

**Klima** nt clima

**Klimaanlage** f aire acondicionado

**klimatisiert** climatizado(a)

**Klinge** f cuchilla

**Klingel** f timbre

**klingeln** tocar el timbre; (teléfono) sonar

**Klinik** f clínica

**Klinke** f picaporte

**klopfen** golpear; **klopfen an** (la puerta) tocar en

**Kloß** m albóndiga

**Kloster** nt monasterio; convento

**klug** listo(a); astuto(a)

**Klumpen** m grumo

**Knäckebrot** nt panecillo sueco

**knapp** escaso(a); escasamente; conciso(a); de forma concisa; ajustado(a)

**Knäuel** nt ovillo

**kneifen** pellizcar

**Kneipe** f especie de pub

**Knie** nt rodilla

**Knoblauch** m ajo

**Knoblauchwurst** f salchicha de ajo

**Knoblauchzehe** f diente de ajo

**Knöchel** m tobillo

**Knochen** m hueso

**Knödel** m albóndiga de patatas o miga de pan

**Knopf** m botón

**Knoten** m nudo; (medicina) bulto

**knusprig** crujiente

**Koch** m cocinero

**kochen** hervir; cocinar

**Kocher** m hornillo

**Kochgelegenheit** f posibilidad de cocinar

**Köchin** f cocinera

**Kochtopf** m olla; cazuela

**Köder** m cebo

**koffeinfrei** descafeinado(a)

**Koffer** m maleta

**Kofferanhänger** m (para equipaje) etiqueta

**Kofferkuli** m carrito para el equipaje

**Kofferraum** m maletero

**Kohl** m col

**Kohle** f carbón

**Kohlrabi** m colinabo

**Kohlroulade** f hoja de col rellena de carne

**Kohlrübe** f nabo

**Koje** f litera

**Kokosnuss** f coco

**Kolben** m pistón

**Kölnischwasser** nt (agua de) colonia

**Kölsch** nt cerveza (de Colonia)

**Kombi(wagen)** m coche familiar

**Komiker** m cómico

**komisch** gracioso(a); raro(a)

**kommen** venir; **wieder zu sich kommen** recobrar el conocimiento; **wie kommen wir dorthin?** ¿cómo llegamos hasta allí?; **auf eine Straße kommen** llegar a una carretera

**Komödie** f comedia

**Kompass** m brújula

**Kompliment** nt cumplido

**kompliziert** complejo(a); complicado(a)

**Komponist** m compositor

**Kompott** nt compota de frutas

**Kondensmilch** f leche condensada

**Konditorei** f pastelería; café

**Kondom** nt condón

**Konfektions-** de confección

**Konfession** f (religión) confesión

**Konfitüre** f confitura

**König** m rey

**Königin** f reina

**Königinpastete** f (pastelillo de hojaldre) volován

**königlich** real

**Königsberger Klopse** pl albóndigas con salsa de alcaparras

**können** poder; *(un idioma etc)* saber; **ich kann** yo puedo/sé; **Sie können** Ud(s) puede(n)/sabe(n); **etwas tun können** poder hacer algo; **es könnte regnen** podría empezar a llover; **wir könnten es tun** podríamos hacerlo; **könnte ich ... haben?** ¿podría darme ...?

**Konserven** *pl* conservas

**Konservierungsmittel** *nt* conservante

**Konsulat** *nt* consulado

**Kontaktlinsen** *pl* lentes de contacto

**Konto (Konten)** *nt (bancaria)* cuenta

**Kontrollabschnitt** *m* talón

**Kontrolle** *f* control

**Kontrolleur** *m (en tren etc)* revisor

**kontrollieren** controlar; inspeccionar

**Konzert** *nt* concierto

**Konzertsaal** *m* sala de conciertos

**Kopf** *m* cabeza

**Kopfhörer** *pl* auriculares

**Kopfkissen** *nt* almohada

**Kopfsalat** *m* lechuga

**Kopfschmerzen** *pl* dolor de cabeza; **Kopfschmerzen haben** tener dolor de cabeza

**Kopfstütze** *f* reposacabezas

**Kopie** *f* copia

**Kopierer** *m* fotocopiadora

**Koralle** *f* coral

**Korb** *m* cesta; cesto

**Kordsamt** *m* pana

**Korinthe(n)** *f* pasa de Corinto

**Kork** *m* corcho

**Korken** *m* corcho

**Korkenzieher** *m* sacacorchos

**Korn** *m* aguardiente (de trigo)

**Körper** *m* cuerpo

**körperbehindert** incapacitado(a)

**körperlich** físico(a)

**Körperlotion** *f* loción corporal

**korrekt** correcto(a)

**Korrektur** *f* corrección

**Kosmetika** *pl* cosméticos

**Kosmetiktücher** *pl* pañuelos multiuso

**Kost** *f* comida; **Kost und Logis** comida y alojamiento

**Kosten** *pl* costos; costes; gastos

**kosten** costar; **wie viel kostet das?** ¿cuánto cuesta?

**kostenlos** gratis

**köstlich** delicioso(a)

**Kostüm** *nt* disfraz; *(teatro)* traje; traje chaqueta

**Kotelett** *nt* chuleta

**Koteletten** *pl* patillas

**Kotflügel** *m* guardabarros

**Krabben** *pl* gambas; cangrejos de mar

**Krabbencocktail** *m* cóctel de gambas

**Krach** *m* choque; bronca; ruido

**Kräcker** *m* galleta salada

**Kraft** *f* fuerza

**Kraftbrühe** *f* consomé

**Kraftfahrzeugbrief** *m* cédula del vehículo

**Kraftfahrzeugkennzeichen** *nt (de vehículo)* matrícula

**Kraftfahrzeugschein** *m* permiso de circulación

**kräftig** robusto(a); *(persona)* fuerte; *(voz)* potente; con fuerza

**Kraftstoff** *m* combustible

**Kragen** *m* cuello

**Krampf** *m* calambre

**Krampfadern** *pl* varices

**krank** enfermo(a)

**Krankenhaus** *nt* hospital

**Krankenkasse** *f* caja del seguro

**Krankenschein** *m* volante del seguro médico

**Krankenschwester** *f* enfermera

**Krankenwagen** *m* ambulancia

**Krankheit** *f* enfermedad

**kratzen** rascar

**Kraulen** *nt* crol

**Kräuter** *pl* hierbas

**Kräuterbutter** *f* mantequilla con hierbas

**Kräuterlikör** *m* licor estomacal

**Kräutertee** m tisana
**Krautsalat** m ensalada de repollo
**Krawatte** f corbata
**Krebs** m cangrejo; cáncer
**Kreditkarte** f tarjeta de crédito
**Kreide** f tiza
**Kreis** m círculo
**Kreislaufstörung** f problema circulatorio
**Kreisverkehr** m rotonda
**Krepp** m crespón
**Kresse** f berro
**Kreuz** nt cruz; naipe de trébol
**Kreuzfahrt** f crucero
**Kreuzschlüssel** m *(para rueda de coche)* llave de cruz
**Kreuzung** f cruce
**Kreuzworträtsel** nt crucigrama
**Krevetten** pl camarones
**kriechen** arrastrarse; reptar
**Kriechspur** f carril para vehículos lentos
**Krieg** m guerra
**Kristall** nt cristal
**kritisieren** criticar
**Krokant** m crocante
**Krokette(n)** f croqueta
**Krone** f corona
**Krug** m jarra
**Krümel** m miga
**krumm** torcido(a)
**Kruste** f costra
**Küche** f cocina; **warme/kalte Küche** cocina fría/caliente
**Kuchen** m pastel
**Kugel** f bola; esfera
**Kugellager** nt rodamiento de bolas
**Kugelschreiber** m bolígrafo
**Kuh** f vaca
**kühl** fresco(a)
**kühlen** enfriar
**Kühler** m radiador
**Kühlschrank** m nevera; frigorífico
**Kühlung** f sistema de refrigeración
**Kühlwasser** nt agua del radiador
**kultiviert** culto(a); refinado(a)

**Kulturbeutel** m neceser
**Kümmel** m comino; aguardiente de comino
**sich kümmern um** ocuparse de
**Kunde** m cliente
**Kundendienst** m servicio postventa
**Kunst** f arte
**Kunst-** sintético(a)
**Kunstausstellung** f exposición de arte
**Kunstfaser** f fibra sintética
**Kunstgalerie** f galería de arte
**Künstler** m artista
**künstlich** artificial
**Kunststoff** m plástico
**Kunstwerk** nt obra de arte
**Kupfer** nt cobre
**Kuppel** f cúpula
**Kupplung** f embrague
**Kurbel** f manivela
**Kurbelwelle** f cigüeñal
**Kürbis** m calabaza
**Kurfestiger** m reparador y fijador de pelo
**Kurort** m balneario
**Kurpackung** f kit de productos reparadores del cabello
**Kurs** m rumbo; curso; cotización
**Kursbuch** nt guía de ferrocarriles
**Kurswagen** m vagón directo
**Kurve** f curva
**kurz** corto(a); breve; brevemente
**Kurze(r)** m copita de aguardiente
**kürzlich** hace poco
**Kurzschluss** m cortocircuito
**kurzsichtig** miope
**Kurzwaren** pl artículos de mercería
**Kurzwelle** f onda corta
**Kurz(zeit)parken** nt aparcamiento de corta duración
**Kuss** m beso
**küssen** besar; **sich küssen** besarse
**Küste** f costa; orilla del mar
**Küstenwache** f guardacostas
**Kutteln** pl callos

# L

**Lächeln** *nt* sonrisa
**lachen** reír
**lächerlich** ridículo(a)
**Lachs** *m* salmón
**Lack** *m* laca; pintura; barniz
**Lackleder** *nt* charol
**Laden** *m* tienda
**Ladendiebstahl** *m* robo en tiendas
**Lage** *f* posición; situación; lugar
**Lager** *nt* campamento; almacén; *(técnica)* cojinete
**lagern** almacenar
**Lähmung** *f* parálisis
**Lakritze** *f* regaliz
**Lamm** *nt* cordero
**Lammkeule** *f* pierna de cordero
**Lammrücken** *m* lomo de cordero
**Lampe** *f* lámpara
**Lampenschirm** *m* pantalla
**Land** *nt* país; tierra; **auf dem Land** en el campo; **an Land gehen** desembarcar
**Landebahn** *f* pista de aterrizaje
**landen** aterrizar
**Landjäger** *m* salchicha prensada y ahumada
**Landkarte** *f* mapa
**ländlich** rural
**Landschaft** *f* paisaje; campo
**Landstraße** *f* carretera
**Landung** *f* aterrizaje
**Landwein** *m* vino de mesa
**lang** largo(a); **eine Stunde lang laufen** caminar durante una hora
**lange** mucho tiempo; **wie lange dauert das Programm?** ¿cuánto tiempo dura el programa?
**Länge** *f* longitud
**Langlauf** *m* esquí de fondo
**Langlaufski** *m* esquí de fondo
**langsam** lento(a); lentamente; **langsamer fahren** conducir más despacio
**Languste** *f* langosta
**sich langweilen** aburrirse; **ich langweile mich** estoy aburrido
**langweilig** aburrido(a)

**Langwelle** *f* onda larga
**Langzeitparkplatz** *m* aparcamiento a largo plazo
**Lappen** *m* trapo
**Lärm** *m* ruido
**lassen** dejar; permitir; **lassen Sie mich nur machen** déjeme hacerlo a mí; **lassen Sie Ihren Mantel hier** deje su abrigo aquí; **etwas machen lassen** mandar hacer algo; **jemanden etwas tun lassen** dejar a alguien hacer algo
**Last** *f* carga
**lästig** *(molesto)* pesado(a)
**Lastwagen** *m* camión
**Laterne** *f* farola
**Latzhose** *f* pantalones de peto
**Lauch** *m* puerro
**laufen** correr; **wann läuft der Film?** ¿cuándo ponen la película?
**Laufmasche** *f (en una media)* carrera
**Laugenbrezel** *f* rosquilla salada
**Laune** *f* humor; **guter Laune** de buen humor; **schlechter Laune** de mal humor
**laut** ruidoso(a); en voz alta
**läuten** sonar
**lauter** solamente; **sprechen Sie bitte lauter** hable más alto, por favor
**Lautsprecher** *m* altavoz
**Lautstärke** *f (de sonido)* volumen
**Lawine** *f* avalancha
**Lawinengefahr** *f* peligro de avalancha
**Leben** *nt* vida
**leben** vivir
**lebend** vivo(a)
**lebendig** vivo(a)
**Lebensgefahr** *f* peligro de muerte
**Lebensmittel** *pl* alimentos
**Lebensmittelgeschäft** *nt* tienda de comestibles
**Lebensmittelvergiftung** *f* intoxicación alimenticia
**Leber** *f* hígado
**Leberkäse** *m* paté de carne

**Leberknödel** m albóndiga de hígado

**Leberpastete** f foie-gras

**Leberwurst** f embutido de hígado

**lebhaft** animado(a); animadamente; *(ojos etc)* vivo(a)

**Lebkuchen** m pastelillo con especias

**lecken** gotear; lamer

**Leder** nt cuero; piel

**Lederwaren** pl artículos de peletería

**ledig** soltero(a)

**leer** vacío(a); *(batería)* descargado(a) en blanco

**leeren** vaciar

**Leerlauf** m punto muerto

**Leerung** f *(de correos)* recogida

**legen** poner; **sich in die Sonne legen** tenderse al sol

**Lehm** m barro

**lehnen** estar apoyado(a); **sich gegen etwas lehnen** apoyarse en algo

**Lehnstuhl** m butaca

**leicht** ligero(a); fácil; fácilmente

**Leid** nt pena; **es tut mir Leid** lo siento

**Leidenschaft** f pasión

**leider** por desgracia; **leider nicht** me temo que no

**leihen** alquilar; prestar; tomar prestado(a)

**Leihgebühr** f alquiler

**Leinen** nt lino

**leise** *(hablar)* en voz baja; sin hacer ruido; *(volumen etc)* bajo(a); **leiser stellen** bajar el volumen

**leisten** *(hacer)* lograr; *(ayuda)* prestar; **das kann ich mir nicht leisten** no me lo puedo permitir

**Leistung** f rendimiento; prestación

**Leiter** f escalera

**Leitplanke** f valla protectora

**Leitung** f tubería; cable; línea; dirección

**Leitungswasser** nt agua del grifo

**Lendchen** nt lomo de cerdo

**Lendenschnitten** pl lonchas de lomo

**lenken** manejar; conducir; *(la atención etc)* dirigir

**Lenkrad** nt volante

**Lenkradschloss** nt (cerradura de) bloqueo del volante

**Lenksäule** f columna de dirección

**Lenkstange** f manillar

**Lenkung** f dirección

**lernen** aprender; estudiar

**lesen** leer

**letzte(r/s)** último(a); final; **letzte Nacht/Woche** anoche/la semana pasada; **in letzter Zeit** últimamente

**Leuchtturm** m *(en la costa)* faro

**Leute** pl gente

**Licht** nt luz; **die Lichter anmachen** *(del coche)* encender las luces

**Lichthupe** f *(encender un momento las luces largas del coche)* avisador óptico

**Lichtmaschine** f alternador

**Lichtschalter** m interruptor de la luz

**Lichtschutzfaktor** m factor de protección

**Lidschatten** m sombra de ojos

**lieb** *(agradable)* cariñoso(a); querido(a)

**Liebe** f amor

**lieben** querer

**liebenswürdig** amable

**lieber** *(para denotar preferencia)* mejor; **ich würde lieber ins Kino gehen** preferiría ir al cine

**Liebesknochen** m dulce con forma alargada relleno de crema y cubierto de azúcar o chocolate

**Lieblings-** favorito(a)

**Lied** nt canción

**Lieferung** f entrega

**Lieferwagen** m furgoneta

**liegen** estar acostado(a); *(pueblo, ciudad)* estar situado(a)

**Liegestuhl** m tumbona

**Liegewiese** f césped (en el que

uno puede tumbarse)
**Lift** m *(telesquí)* ascensor
**Likör** m licor
**Limonade** f gaseosa
**Limone** f lima; limón
**Lindenblütentee** m tila
**Linie** f línea
**Linienflug** m vuelo regular
**linke(r/s)** izquierdo(a)
**links** (a la) izquierda; **links abbiegen** torcer a la izquierda
**Linse** f lente
**Linsen** pl lentejas
**Linzer Torte** f tarta de mermelada
**Lippe** f labio
**Lippenstift** m pintalabios
**Liste** f lista
**Liter** m litro
**LKW** m camión
**LKW-Fahrer** m camionero
**Loch** nt agujero
**Locke** f rizo
**locker** flojo(a); suelto(a)
**lockig** rizado(a)
**Löffel** m cuchara
**Loge** f palco
**lohnend** que vale la pena
**Loipe** f pista de esquí de fondo
**Lokal** nt local; pub; restaurante
**Lokomotive** f locomotora
**Lorbeer** m laurel
**los** suelto(a); **was ist los?** ¿qué pasa?
**Los** nt sorteo; billete de lotería
**löschen** *(fuego)* apagar; borrar
**lösen** resolver; *(entradas)* sacar
**Lösung** f solución
**Lotterie** f lotería
**Lücke** f *(olvido)* laguna; hueco
**Luft** f aire
**luftdicht** hermético(a)
**Luftdruck** m presión del aire
**lüften** ventilar
**Luftfilter** m filtro de aire
**Luftfracht** f flete por avión
**Luftmatratze** f *(de aire)* colchoneta

**Luftpost** f correo aéreo; **per Luftpost** por avión
**Luftpostbrief** m carta por avión
**Luftpumpe** f inflador
**lügen** mentir
**Lunge** f pulmón
**Lungenentzündung** f pulmonía
**Lust** f deseo; ganas; placer; **ich habe Lust auf ein Bier** tengo ganas de tomarme una cerveza
**lustig** divertido(a); **sich über jemanden lustig machen** burlarse de alguien
**Lutscher** m piruleta
**Luxus** m lujo
**Lyoner** f embutido

# M

**machen** hacer; **das macht nichts** no importa; **macht nichts** no pasa nada; **eine Prüfung machen** hacer un examen
**Mädchen** nt chica
**Mädchenname** m nombre de chica; apellido de soltera
**Magen** m estómago
**Magenbeschwerden** pl problemas de estómago
**Magenbitter** m licor digestivo
**Magen-Darm-Tee** m infusión contra la gastritis
**Magenschmerzen** pl dolor de estómago
**Magenverstimmung** f (pequeña) indigestión
**mager** *(carne)* magro(a)
**Magnet** m imán
**Magnetband** nt cinta magnética
**mahlen** moler
**Mahlzeit** f comida
**Mai** m mayo
**Maifeiertag** m *(día festivo)* primero de mayo
**Mais** m maíz
**Maiskolben** m mazorca
**Maismehl** nt maicena
**Majonäse** f mayonesa
**Majoran** m mejorana
**Makkaroni** pl macarrones
**Makrele** f caballa

Puntos básicos

Español-Alemán

Alemán-Español

**Mal** nt vez; **das erste Mal** la primera vez

**malen** pintar

**Maler** m pintor

**malerisch** pintoresco(a)

**Malventee** m té de malvas

**Malz** nt malta

**Malzbier** nt cerveza de malta

**man** se; uno(a); **man sollte ...** se debería ...; uno(a) debería ...; **man sagt, dass ...** dicen que ...

**manche(r/s)** algunos(as)

**manchmal** a veces

**Mandarine** f mandarina

**Mandel** f almendra

**Mandelentzündung** f amigdalitis

**Maniküre** f manicura

**Mann (Männer)** m hombre; marido

**Mannequin** nt modelo

**männlich** masculino(a)

**Mannschaft** f equipo; tripulación

**Manschettenknopf** m (para puño de camisa) gemelo

**Mantel** m abrigo

**Märchen** nt cuento

**Margarine** f margarina

**marineblau** azul marino

**mariniert** adobado(a)

**Mark**[1] f (moneda) marco

**Mark**[2] nt médula

**Marke** f marca; ficha

**Markt** m mercado

**Marktplatz** m plaza del mercado

**Markttag** m día de mercado

**Marmelade** f mermelada

**Marmor** m mármol

**März** m marzo

**Marzipan** nt mazapán

**Maschine** f máquina

**Masern** pl sarampión

**Maserung** f (en la madera) vetas

**Maß** nt medida

**Massage** f masaje

**Maßband** nt cinta métrica

**Maße** pl medidas

**maßgeschneidert** (hecho) a medida

**Maßstab** m norma; (de un mapa) escala

**Material(ien)** nt material

**Matetee** m (té) mate

**Matjeshering** m arenque salado

**Matratze** f colchón

**Matrose** m marinero

**Matte** f esterilla; colchoneta

**Mauer** f muro

**Maultaschen** pl (especialidad suaba) especie de raviolis grandes

**Maus** f ratón

**Mayonnaise** f mayonesa

**Mechaniker** m mecánico

**Medien** pl medios de comunicación

**Medikament** nt medicamento

**medizinisch** médico(a)

**Meer** nt mar

**Meeresfische** pl peces de mar

**Meeresfrüchte** pl marisco(s)

**Meeresspiegel** m nivel del mar

**Meerrettich** m rábano picante

**Mehl** nt harina

**mehr** más; **wir haben keine Milch mehr** no nos queda leche; **mehr oder weniger** más o menos

**mehrere** varios(as)

**Mehrfahrtenkarte** f (metro etc) tarjeta para varios viajes

**mehrsprachig** multilingüe

**Mehrwertsteuer** f impuesto sobre el valor añadido

**Meile** f milla

**mein(e)** mi(s); **mein Vater** mi padre; **meine Mutter** mi madre; **meine Brüder/Schwestern** mis hermanos/hermanas

**meine(r/s)** (el/la) mío(a); (los/las) míos(as)

**meinetwegen** por mí; por mi culpa

**Meinung** f opinión; **meiner Meinung nach** en mi opinión; **seine Meinung ändern** cambiar de opinión

**meiste(r/s): die meisten Leute** la mayoría de la gente; **er hat das meiste** él es quien más

tiene
**melden** informar de; notificar
**Melone** f melón; sombrero hongo
**Menge** f cantidad; muchedumbre; **eine große Menge X** una gran cantidad de X
**Mensch** m persona; **die Menschen** la gente
**menschlich** humano(a)
**Menthol-** mentolado(a)
**Menü** nt menú
**merken** notar; **sich etwas merken** recordar algo
**merkwürdig** (raro) curioso(a)
**Messe** f feria; misa
**messen** medir
**Messer** nt cuchillo
**Messgerät** nt instrumento de medición
**Messing** nt latón
**Metall** nt metal
**Meter** m metro
**Metzger** m carnicero(a)
**Metzgerei** f carnicería
**mich** me; a mí; **für mich** para mí; **ich wusch mich** me lavé
**Miederwaren** pl corsetería
**Miesmuschel(n)** f mejillón
**Mietdauer** f duración del alquiler
**Miete** f alquiler; arrendamiento
**mieten** alquilar
**Mieter** m inquilino
**Mietfahrzeug** nt coche de alquiler
**Mietgebühr** f (tarifa) alquiler
**Mietvertrag** m contrato de alquiler
**Mietwagen** m coche de alquiler
**Migräne** f migraña
**Mikrowellenherd** m horno microondas
**Milch** f leche
**Milchbrötchen** nt pan a cuya masa se le ha añadido leche
**Milchkaffee** m café con leche
**Milchmixgetränk** nt batido de leche
**Milchpulver** nt leche en polvo
**Milchreis** m arroz con leche
**mild** suave; (clima) templado(a)

**Milliarde** f mil millones
**Millimeter** m milímetro
**Million** f millón
**minderjährig** menor de edad
**minderwertig** inferior; de mala calidad
**Mindest-** mínimo(a)
**Mindestalter** nt edad mínima requerida
**mindestens** por lo menos
**Mindestpreis** m precio mínimo
**Mineralbad** nt balneario; baño de aguas minerales
**Mineralwasser** nt agua mineral
**minus** menos; **bei 2 Grad minus** a 2 (grados) bajo cero
**Minute(n)** f minuto
**Minze** f menta
**mir** me; a mí; **geben Sie es mir** démelo
**Mirabelle(n)** f ciruela amarilla
**Mischbrot** nt pan de centeno y trigo
**Mischung** f mezcla
**Missbrauch** m abuso; **vor Missbrauch wird gewarnt** no abusar
**mit** con
**mitbringen** traer (consigo)
**Mitglied** nt socio; **Mitglied werden von** hacerse socio de; afiliarse a
**Mitgliedsausweis** m, **Mitgliedskarte** f carnet de socio/afiliado
**mitnehmen** llevar (consigo); **zum Mitnehmen** para llevar
**Mittag** m mediodía
**Mittagessen** nt almuerzo
**mittags** a mediodía
**Mitte** f medio; mitad; centro
**mitteilen** comunicar
**Mitteilung** f aviso
**Mittel** nt medios; **ein Mittel gegen** un remedio contra
**Mittelalter** nt Edad Media
**mittelmäßig** mediocre
**Mittelmeer** nt Mediterráneo
**Mittelohrentzündung** f otitis (media)

**Puntos básicos**

**Mittelstreifen** m *(autopista)* franja central
**Mittelwelle** f onda media
**mitten** en medio de; **mitten in der Nacht** a plena noche
**Mitternacht** f medianoche
**mittlere(r/s)** central; mediano(a)
**Mittwoch** m miércoles
**Mixer** m batidora
**Möbel** pl muebles
**Möbelstück** nt mueble
**Mode** f moda
**Modell** nt modelo
**modern** moderno(a)
**Modeschmuck** m bisutería
**Modeschöpfer** m diseñador (de moda)
**modisch** moderno(a); a la moda
**Mofa** nt motocicleta

**Español-Alemán**

**mögen** gustar; **möchten Sie eine Tasse Kaffee?** ¿le gustaría una taza de café?; **ich möchte gehen** quisiera irme
**möglich** posible; **alles Mögliche tun** hacer todo lo posible; hacer de todo
**Möglichkeit** f posibilidad
**Mohn** m (semilla de) amapola
**Mohnbrötchen** nt pan cubierto con semillas de amapola
**Möhre(n)** f, **Mohrrübe(n)** f zanahoria
**Moment** m momento
**Monat** m mes
**monatlich** mensual(mente)
**Monatskarte** f abono mensual
**Mond** m luna
**Montag** m lunes
**Moped** nt ciclomotor
**Morcheln** pl colmenilla
**morgen** mañana
**Morgen** m mañana
**Morgenrock** m bata
**Moselwein** m vino del Mosela
**Motor** m motor
**Motorboot** nt lancha motora
**Motorhaube** f capó
**Motorjacht** f yate con motor

**Alemán-Español**

**Motorrad** nt motocicleta
**Motorradfahrer** m motociclista
**Motorroller** m escúter
**Motorschaden** m avería del motor
**Motorsport** m motorismo
**Motte(n)** f polilla
**Möwe(n)** f gaviota
**Mücke(n)** f mosquito
**müde** cansado(a)
**Mühe** f esfuerzo; molestia; **machen Sie sich bitte keine Mühe** por favor, no se moleste; **sich mit etwas viel Mühe geben** esforzarse mucho en algo
**Mull** m gasa
**Müll** m basura
**Mullbinde** f venda de gasa
**Mülleimer** m cubo de basura
**Müllerinart** forma de cocinar pescado rebozándolo en harina y friéndolo en mantequilla
**Mumps** m paperas
**München** nt Múnich
**Mund** m boca
**mündlich** oral(mente)
**Mundwasser** nt agua dentífrica
**Münster** nt catedral
**Münze(n)** f moneda
**Münzfernsprecher** m teléfono público de monedas
**Münzwechsler** m máquina de dar cambio
**Muscheln** pl mejillones
**Museum** nt museo
**Musik** f música
**Musikbox** f (en local) máquina tocadiscos
**Musiker** m músico(a)
**Muskatnuss** f nuez moscada
**Muskel** m músculo
**müssen** tener que; **ich muss gehen** tengo que irme; **sie muss es tun** (ella) tiene que hacerlo; **er müsste gewinnen** tendría que ganar
**Muster** nt muestra; modelo
**Mut** m *(corage)* valor
**mutig** valiente
**Mutter** f madre

**Mütze** f gorro
**MWSt** f IVA

# N

**nach** después de; *(conforme a)* según; hacia; **nach Frankfurt fahren** ir a Frankfurt; **nach Frankreich** a Francia; **nach Berlin abreisen** salir para Berlín
**Nachbar** m vecino
**nachdem** después de; **nachdem wir weggegangen waren** después de que nos fuéramos
**nachdenken** pensar
**nacheinander** uno(a) tras otro(a); sucesivamente
**nachgehen** *(la pista)* seguir; *(reloj)* ir atrasado; **meine Uhr geht nach** mi reloj va atrasado
**nachher** luego
**Nachmittag** m tarde
**nachmittags** de la tarde; por la tarde
**per Nachnahme** contra reembolso
**Nachname** m apellido
**Nachricht** f *(recado)* nota; noticia
**Nachrichten** pl noticias
**Nachsaison** f: **in der Nachsaison** en temporada baja
**nachsehen** ir a ver; consultar
**nachsenden** reexpedir
**Nachspeise** f postre
**nächste(r/s)** próximo(a); **der nächste Verwandte** el pariente más cercano
**Nacht** f noche; **von einer Nacht** *(estancia)* por una noche; **über Nacht bleiben** pasar la noche
**Nachtcreme** f crema de noche
**Nachtdienst** m turno de noche
**Nachthemd** nt camisón
**Nachtisch** m postre
**Nachtleben** nt vida nocturna
**Nachtlokal** nt club nocturno
**Nachtportier** m portero de noche
**Nachtschalter** m ventanilla nocturna
**Nachtzug** m tren nocturno

**nachzahlen** pagar posteriormente; pagar extra
**Nackenrolle** f almohadilla para la nuca
**nackt** desnudo(a); descubierto(a)
**Nadel** f aguja
**Nagel** m uña; clavo
**Nagelbürste** f cepillo de uñas
**Nagelfeile** f lima de uñas
**Nagellack** m esmalte de uñas
**Nagellackentferner** m quitaesmalte
**nah** cerca; cercano(a)
**nahe** cerca
**Nähe** f proximidad; **in der Nähe des Hauses** cerca de la casa; **in der Nähe von** cerca de; **in der Nähe** cerca
**nähen** coser
**sich nähern** acercarse
**Nahverkehrsnetz** nt red viaria de cercanías
**Nahverkehrszug** m tren de cercanías
**Name** m nombre; apellido; **im Namen von** en (el) nombre de
**Narbe** f cicatriz
**Narkose** f anestesia
**Nase** f nariz
**Nasenbluten** nt hemorragia nasal
**nass** mojado(a)
**Nationalitätenkennzeichen** nt *(en vehículo)* distintivo del país
**Natur** f naturaleza
**Natur-** natural
**natürlich** natural(mente)
**Nebel** m niebla
**Nebelscheinwerfer** f faros antiniebla
**Nebelschlussleuchte** f *(trasero)* piloto antiniebla
**neben** junto a; al lado de; además de
**Nebenstraße** f carretera secundaria
**neblig** con niebla
**Necessaire** nt neceser
**Negativ** nt *(de foto)* negativo(a)
**nehmen** coger; tomar; **nehmen**

**Sie sich** sírvase Ud mismo; **nehmen Sie Zucker?** ¿quiere azúcar?

**nein** no

**Nelke(n)** f clavel; clavo

**nennen** llamar; denominar; mencionar

**Neonbeleuchtung** f luces de neón

**Neonröhre** f lámpara fluorescente

**Nerv** m nervio

**Nervenarzt, Neurologe** m neurólogo

**Nervenzusammenbruch** m ataque de nervios

**Nerz** m visón

**Nest** nt nido

**nett** amable

**Netto-** neto(a)

**Nettogewicht** nt peso neto

**Netz** nt red

**neu** nuevo(a)

**neueste(r/s)** reciente

**Neu(e)ste(s)** nt últimas noticias

**neugierig** curioso(a)

**Neujahrstag** m día de Año Nuevo

**neulich** el otro día

**neun** nueve

**neunte(r/s)** noveno(a)

**neunzehn** diecinueve

**neunzig** noventa

**nicht** no; **Sie kennen ihn, nicht wahr?** Ud le conoce, ¿no?

**nicht-** no; in-

**Nichtraucher** m no fumador

**Nichtraucherabteil** nt compartimento de no fumadores

**nichts** nada; **ich kann nichts sehen** no veo nada; **ich kann nichts dafür** no es mi culpa

**Nichtschwimmer** m no nadador

**nie** nunca

**Niederlande** pl Países Bajos

**niedrig** reducido(a); bajo(a)

**Niedrigwasser** nt marea baja

**niemand** nadie; **ich sehe niemanden** no veo a nadie

**Niere(n)** f riñón

**Nieren-Blasen-Tee** m infusión para los riñones y la vejiga

**Nierenentzündung** f nefritis

**Nieselregen** m llovizna

**Niesen** nt estornudo

**niesen** estornudar

**nirgends** en ninguna parte; **ich kann es nirgends sehen** no lo veo en ninguna parte

**Nizzasalat** m ensalada de Niza

**noch** aún; todavía; **sogar noch schneller** incluso más rápido; **ist noch Suppe da?** ¿queda sopa?; **noch nicht** todavía no; **ich möchte noch etwas** quisiera algo más; **noch einmal** otra vez; **noch ein Bier, bitte** otra cerveza, por favor

**Nockenwelle** f árbol de levas

**Norden** m norte

**nördlich** al norte; septentrional

**Nordosten** m noreste

**Nordpol** m polo norte

**Nordsee** f Mar del Norte

**Nordwesten** m noroeste

**Norm** f norma

**normal** normal; regular

**Normal-** normal

**Normal(benzin)** nt (gasolina) normal

**normalerweise** normalmente

**Notarzt** m médico de urgencias

**Notausgang** m salida de emergencia

**Notbremse** f freno de emergencia

**Notfall** m emergencia

**notieren** anotar

**nötig** necesario(a)

**Notlandung** f aterrizaje forzoso

**Notruf** m llamada de socorro; teléfono de urgencias

**Notrufsäule** f poste de socorro

**Notsignal** nt señal de socorro

**notwendig** indispensable

**November** m noviembre

**nüchtern** en ayunas; **auf nüchternen Magen** en ayunas

**Nudeln** pl pasta

**Null** f cero
**Nummer** f número
**nummerieren** numerar
**Nummernschild** nt (de vehículo) matrícula
**nur** sólo; **nicht nur** no sólo; **es war nur ein Fehler** sólo ha sido un error; **nur zu!** ¡ánimo!
**Nuss (Nüsse)** f nuez
**nützlich** útil
**nutzlos** inútil

# O

**ob** (en pregunta indirecta) si; **so tun, als ob** hacer como si
**oben** arriba; de arriba; **oben sehen Sie ...** arriba pueden ver ...; **dort oben** allí arriba
**Ober** m camarero
**obere(r/s)** de arriba; superior
**Obst** nt fruta
**Obstkuchen** m pastel de frutas
**Obstler** m, **Obstwasser** nt aguardiente de frutas
**Obstsalat** m ensalada de frutas
**obwohl** aunque
**Ochsenschwanzsuppe** f sopa de rabo de buey
**oder** o; **er ist nicht gekommen, oder?** no ha venido, ¿o sí?; **er kommt noch, oder?** va a venir, ¿no?
**Ofen** m horno
**offen** abierto(a); **offene Weine** (de botella ya abierta) vinos servidos en vaso
**offensichtlich** evidente(mente); por lo visto
**öffentlich** público(a)
**Öffentlichkeit** f público
**öffnen** abrir
**Öffnungszeiten** pl horarios de apertura
**oft** a menudo
**ohne** sin
**Ohnmacht** f desmayo; **in Ohnmacht fallen** desmayarse
**Ohr(en)** nt oreja; oído
**Ohrenschmerzen** pl dolor de oídos

**Ohrentropfen** pl gotas para los oídos
**Ohrring(e)** m pendiente
**Oktanzahl** f octanaje
**Oktober** m octubre
**Öl** nt aceite
**Ölfilter** nt filtro de aceite
**Olive(n)** f aceituna; oliva
**Olivenöl** nt aceite de oliva
**Ölmessstab** m varilla indicadora del nivel de aceite
**Ölstand** m nivel de aceite
**Ölstandsanzeiger** m indicador del nivel de aceite
**Ölverbrauch** m consumo de aceite
**Ölwechsel** m cambio de aceite
**Omelett** nt tortilla
**Onkel** m tío
**Oper** f ópera
**Operation** f operación
**Optiker** m óptico
**orange** naranja
**Orange(n)** f naranja
**Orangeade** f naranjada
**Orangensaft** m zumo de naranja
**Orchester** nt orquesta
**ordentlich** (persona) ordenado(a); como es debido; **er machte es ganz ordentlich** lo hizo como es debido
**ordnen** ordenar
**Ordnung** f orden; **er ist in Ordnung** (él) es un buen tipo; **das ist in Ordnung** está bien
**Orgel** f (instrumento) órgano
**Original** nt original
**Ort** m lugar; **an Ort und Stelle** a su debido tiempo
**Orthopäde** m ortopeda
**örtlich** local
**Ortschaft** f población; ciudad; **innerhalb geschlossener Ortschaften** dentro de las poblaciones
**Ortsgespräch** nt llamada urbana
**Ortszeit** f hora local
**Osten** m este; **nach Osten** hacia el este
**Osterei** nt huevo de Pascua

**Ostermontag** m Lunes de Pascua
**Ostern** nt Pascua; **zu Ostern** en la Pascua
**Österreich** nt Austria
**österreichisch** austriaco(a)
**Ostersonntag** m Domingo de Pascua
**östlich** oriental

## P

**Paar** nt par; pareja; **ein Paar Schuhe** un par de zapatos; **ein paar** un par de; algunos(as); **ein paar Äpfel** algunas manzanas
**Päckchen** nt (pequeño) paquete
**packen** agarrar; **seinen Koffer packen** hacer la maleta
**Packung** f paquete; caja
**Page** m botones
**Paket** nt paquete
**Paketannahme** f, **Paket-ausgabe** f recepción y entrega de paquetes
**Paketkarte** f tarjeta de envío
**Palast** m palacio
**Palmsonntag** m Domingo de Ramos
**Pampelmuse(n)** f pomelo
**paniert** empanado(a)
**Panne** f avería
**Pannenhilfe** f servicio de averías en carretera
**Papier** nt papel; **Papiere** documentación
**Papierkorb** m papelera
**Papiertaschentuch** nt pañuelo de papel
**Pappe** f cartón
**Paprika** m pimiento; pimentón
**Paprikaschote** f pimiento
**Parfüm** nt perfume
**Parfümerie** f perfumería
**Park** m parque
**Parkdeck** nt planta de aparcamiento
**parken** aparcar; **Parken verboten** prohibido aparcar
**Parkett** nt platea; parqué
**Parkhaus** nt parking
**Parklichter** pl luces de

estacionamiento
**Parkmöglichkeit** f posibilidad de aparcamiento
**Parkplatz** m aparcamiento
**Parkscheibe** f disco de estacionamiento
**Parkschein** m ticket de estacionamiento
**Parkuhr** f parquímetro
**Parkverbot** nt zona de prohibido aparcar
**Partei** f partido
**Partnerstädte** pl ciudades hermanadas
**Pass** m pasaporte; puerto de montaña
**Passage** f bulevar
**Passagier** m pasajero(a); **nur für Passagiere** sólo pasajeros
**Passagierschiff** nt barco de pasajeros
**passen** caber; (convenir) venir bien; **passen zu** (armonizar) pegar con; **es passt (mir) gut** (me) queda bien; **passt Ihnen Donnerstag?** ¿le va bien el jueves?
**passend** apropiado(a)
**passieren** ocurrir; **was ist ihm passiert?** ¿qué le ha pasado?
**Passkontrolle** f control de pasaportes
**Pastete** f paté; (pastelillo de hojaldre) volován
**pasteurisiert** pasteurizado(a)
**Pastille(n)** f pastilla
**Patient** m paciente
**Patrone** f cartucho
**Pauschale** f, **Pauschalpreis** m importe global
**Pauschalreise** f viaje organizado
**Pause** f pausa; recreo; intermedio
**Pech** nt mala suerte
**Pedal** nt pedal
**Pellkartoffeln** pl patatas cocidas con piel
**Pelz** m piel
**Pelzwaren** pl artículos de peletería
**Pendelverkehr** m tráfico diario de los que trabajan fuera de la

ciudad; servicio de ida y venida

**Pendler(in)** *m(f)* viajero(a) diario(a)

**Penizillin** *nt* penicilina

**Pension** *f* pensión

**Periode** *f* período; menstruación

**Perle(n)** *f (de collar)* cuenta; perla

**Person** *f* persona

**Personal** *nt* personal

**Personalausweis** *m* carnet de identidad

**Personalien** *pl* datos personales

**Personenzug** *m* tren de pasajeros

**persönlich** personal(mente); en persona; **persönlich bekannt** conocido(a) personalmente

**Perücke** *f* peluca

**Petersilie** *f* perejil

**Petersilienkartoffeln** *pl* patatas con perejil

**Pfad** *m* camino

**Pfand** *nt (en garantía)* prenda; dinero por el envase

**Pfandflasche** *f* botella retornable

**Pfanne** *f* sartén

**Pfannengerichte** *pl* frituras

**Pfannkuchen** *m* crepe; bollo relleno de mermelada

**Pfeffer** *m* pimienta

**Pfefferkuchen** *m* pastelillo con especias

**Pfefferminz** *nt* menta

**Pfefferminzlikör** *m* crema de menta

**Pfefferminztee** *m* té de menta

**Pfeffersteak** *m* bistec con pimienta

**Pfeife** *f* pipa; pífano

**Pfeil** *m* flecha

**Pfennig** *m (moneda)* pfennig

**Pferd** *nt* caballo

**Pferderennen** *nt* carrera de caballos

**Pfifferlinge** *pl (setas)* cantarelas

**Pfingsten** *nt* Pentecostés

**Pfingstmontag** *m* Lunes de Pentecostés

**Pfingstsonntag** *m* Domingo de Pentecostés

**Pfirsich(e)** *m* melocotón

**Pflanze** *f* planta

**Pflaster** *nt* esparadrapo; tirita

**Pflaume(n)** *f* ciruela

**pflegen** cuidar; *(a un enfermo)* atender

**Pflicht** *f* obligación

**Pförtner** *m* portero

**Pfund** *nt* libra

**Pfütze** *f* charco

**Photo** *ver* **Foto**

**Pickel** *m* grano

**Picknick** *nt* merienda; **ein Picknick machen** ir de picnic

**Pier** *m* muelle

**Pik** *nt (baraja)* picas

**pikant** picante

**Pille** *f* píldora; **die Pille nehmen** tomar la píldora

**Pilot** *m* piloto

**Pils** *nt,* **Pilsner** *nt* cerveza (tipo Pilsen)

**Pilz(e)** *m* hongo; seta

**Pinsel** *m* pincel

**Pinzette** *f* pinzas

**Piste** *f* pista de aterrizaje; pista de esquí

**Pizza** *f* pizza

**Plakat** *nt* cartel

**Plakette** *f* placa

**Plan** *m* plan; plano

**planen** planear

**planmäßig** *(llegada etc)* previsto(a); como estaba previsto

**Planschbecken** *nt* piscina para niños

**Plastik¹** *nt* plástico

**Plastik²** *f* escultura

**Plastiktüte** *f* bolsa de plástico

**Platin** *nt* platino

**Platte** *f* plancha de metal; tabla; bandeja; *(música)* disco

**Plattenspieler** *m* tocadiscos

**Plattfuß** *m* pie plano; *(de neumático)* pinchazo

**Platz** *m* asiento; espacio; lugar; plaza; *(de tenis)* pista; *(de fútbol*

*etc)* campo; **Platz nehmen** tomar asiento

**Plätzchen** *nt* galleta

**Platzkarte** *f* reserva de asiento

**Platzreservierungen** *pl* reservas de asiento

**Plombe** *f* empaste

**plombieren** empastar

**plötzlich** de repente; repentino(a)

**plus** más

**pochiert** escalfado

**Pocken** *pl* viruela

**Podium** *nt* estrado

**Pol** *m* polo

**Police** *f* póliza

**Politik** *f* política

**Polizei** *f* policía

**Polizeiauto** *nt* coche patrulla

**Polizeibeamte(r)** *m* agente de policía

**Polizeiwache** *f* comisaría

**Polizist** *m* policía

**Polizistin** *f* mujer-policía

**Pommes frites** *pl* patatas fritas

**Pony**[1] *nt* poney

**Pony**[2] *m* flequillo

**Porree** *m* puerro

**Portier** *m (del hotel)* portero

**Portion** *f* porción; ración

**Portmonnee** *nt* monedero

**Porto** *nt* franqueo

**Portwein** *m* vino de Oporto

**Porzellan** *nt* porcelana

**Post** *f* (oficina de) Correos; **mit der Post schicken** mandar por correo

**Postamt** *nt* oficina de Correos

**Postanweisung** *f* giro postal

**Postfach** *nt* apartado de correos

**Postgirokonto** *nt* cuenta corriente postal

**Postkarte** *f* (tarjeta) postal

**postlagernd** en lista de correos

**Postleitzahl** *f* código postal

**Postwertzeichen** *nt (de correos)* sello

**Poulardenbrust** *f* pechuga de pollo

**praktisch** práctico(a); prácticamente; **praktischer Arzt** médico general

**Pralinen** *pl* bombones

**Präservativ** *nt* preservativo

**Praxis** *f* consulta médica

**Preis** *m* premio; precio

**Preisänderungen vorbehalten** *(en el precio)* reservado el derecho a cambios

**Preiselbeere(n)** *f* arándano

**Premiere** *f* estreno

**Presse** *f* prensa

**prima** estupendo

**Prinzessbohnen** *pl* judías verdes

**Prise** *f (de sal etc)* pizca

**privat** particular; privado(a); privadamente

**Privatgrundstück** *nt* terreno privado

**Privatweg** *m* camino privado

**pro** por; **pro Stunde** por hora; **zweimal pro Tag** dos veces al día; **pro Kopf** por persona

**Probe** *f* muestra; prueba

**probieren** probar

**Programm** *nt* programa

**Programmübersicht** *f (de la tele)* programación

**Promenade** *f* paseo

**Propangas** *nt* gas propano

**Prospekt** *m* prospecto

**prost!** ¡salud!

**Proviant** *m* víveres

**Provision** *f* comisión

**provisorisch** provisional(mente)

**Prozent** *nt* tanto por ciento; **20 Prozent** 20 por ciento

**prüfen** *(examinar)* comprobar

**Prüfung** *f* examen

**Psychiater** *m* psiquiatra

**Psychologe** *m* psicólogo

**Publikum** *nt* público

**Pudding** *m* pudin; flan

**Puder** *m* polvo

**Pullover** *m* jersey

**Pulver** *nt* polvo

**Pulverkaffee** *m* café instantáneo

**Pumpe** f *(de agua etc)* bomba
**pünktlich** sin retraso; puntual
**pur** solo(a)
**Püree** nt puré
**Pute** f *(hembra del pavo)* pava
**Putenschnitzel** nt filete de pavo
**Puter** m pavo
**putzen** limpiar; fregar; **sich die Nase putzen** sonarse la nariz

## Q

**Quadrat** nt cuadrado
**Quadratmeter** m metro cuadrado
**Qualität** f calidad
**Qualle** f medusa
**Quarantäne** f cuarentena
**Quark** m especie de requesón
**Quarktasche** f dulce relleno de requesón
**Quarz** m cuarzo
**Quatsch** m tonterías
**Quelle** f *(de agua, de información)* fuente
**quer** transversalmente; **wir fuhren quer durch Frankreich** atravesamos Francia
**Quetschung** f contusión
**Quittung** f recibo

## R

**Rabatt** m descuento
**Raclette** nt *(plato suizo)* raclette
**Rad (Räder)** nt rueda; bicicleta; **Rad fahren** ir en bicicleta
**Radar** nt radar
**Radarfalle** f *(aparato)* control de velocidad por radar
**Radarkontrolle** f control de velocidad por radar
**Radfahrer** m ciclista
**Radfahrweg** m carril para bicicletas
**Radiergummi** m goma de borrar
**Radieschen** nt rabanito
**Radio** nt radio; **im Radio** por la radio
**Radler** m cerveza con limonada;

clara
**Radsport** nt ciclismo
**Radwechsel** m cambio de rueda
**Rahmen** m marco
**Rahmgeschnetzeltes** nt tiras de carne en salsa de crema
**Rallye** f rally
**Rand** m arcén; margen; borde
**Randstreifen** m: **unbefestigter Randstreifen** arcén no transitable
**Rang** m palco; *(estatus)* rango; **der erste Rang** el palco principal; **der zweite Rang** el anfiteatro
**rasch** rápido(a); con rapidez
**Rasen** m césped
**Rasierapparat** m afeitadora eléctrica; maquinilla de afeitar
**Rasiercreme** f crema de afeitar
**sich rasieren** afeitarse
**Rasierklinge** f hoja de afeitar
**Rasierpinsel** m brocha de afeitar
**Rasierschaum** m espuma de afeitar
**Rasierseife** f jabón de afeitar
**Rasierwasser** nt loción para después del afeitado
**Rast** f descanso
**Rastplatz** m área de descanso
**Raststätte** f área de servicios
**Rat** m consejo
**raten** adivinar; aconsejar
**Rathaus** nt ayuntamiento
**Rätsel** nt adivinanza; crucigrama
**Ratskeller** m restaurante en el sótano del ayuntamiento
**Ratte** f rata
**rauben** robar
**Rauch** m humo
**rauchen** fumar
**Raucher** m fumador
**Räucheraal** m anguila ahumada
**Raucherabteil** nt compartimento de fumadores
**Räucherlachs** m salmón ahumado
**Räucherplatte** f plato de pescado ahumado/carne ahumada

**Rauchfleisch** nt carne ahumada
**Raum** m habitación; espacio
**räumen** (nieve etc) quitar; despejar; desalojar
**Räumlichkeiten** pl salas
**Raumspray** nt (spray) ambientador
**Raureif** m escarcha
**Rauschgift** nt estupefaciente
**Ravioli** pl raviolis
**Rebe** f vid
**Rebhuhn** nt perdiz
**Rechnen** nt aritmética
**rechnen** calcular; **rechnen Sie mit 10 Minuten, um dort hinzukommen** cuente con que va a tardar 10 minutos para llegar allí
**Rechner** m calculadora; ordenador
**Rechnung** f cuenta; factura
**Rechnungsbetrag** m importe de la factura
**recht** correcto(a); adecuado(a); bastante
**Recht** nt derecho
**rechte(r/s)** derecho(a)
**rechts** a la derecha; **rechts abbiegen** torcer a la derecha
**Rechtsanwalt** m abogado
**rechtshändig** (no zurdo) diestro(a)
**rechtzeitig** a tiempo; **gerade noch rechtzeitig** justo a tiempo
**Rede** f discurso; **das ist doch nicht der Rede wert** no vale la pena hablar de ello
**reden** hablar; **Unsinn reden** decir tonterías

**Reformationstag** m (31 de octubre) día de la Reforma
**Reformhaus** nt tienda de productos dietéticos y biológicos
**Reformkost** f alimentos dietéticos
**Regal** nt estante; estantería
**Regel** f regla
**regelmäßig** regular(mente)
**regeln** regular
**Regen** m lluvia
**Regenbekleidung** f ropa para

la lluvia
**Regenbogen** m arco iris
**Regenmantel** m gabardina
**Regenschirm** m paraguas
**Regierung** f gobierno
**Regisseur** m (de cine, teatro) director
**regnen** llover; **es regnet** llueve
**regnerisch** lluvioso(a)
**Reh** nt corzo
**Reh(fleisch)** nt carne de corzo
**Rehkeule** f pata de corzo
**Rehrücken** m lomo de corzo
**Reibekuchen** m fritura de patatas ralladas
**reiben** frotar; rallar
**reich** rico(a)
**Reich** nt imperio
**reichen** ser suficiente; (dar un objeto a alguien) pasar; **reicht es?** ¿con eso alcanza?; **reichen Sie mir bitte den Zucker** por favor, páseme el azúcar
**reichlich** amplio(a); abundante; **danke, das ist reichlich** gracias, con eso ya es más que suficiente
**reif** maduro(a)
**Reifen** m neumático
**Reifendruck** m presión de los neumáticos
**Reifenpanne** f (de neumático) pinchazo
**Reihe** f fila; **Sie sind an der Reihe** le toca a usted
**Reihenfolge** f (alfabético etc) orden
**rein** puro(a)
**reinigen** limpiar; **chemisch reinigen** limpiar en seco
**Reiniger** m limpiador
**Reinigung** f limpieza; **chemische Reinigung** tintorería
**Reinigungsmilch** f (desmaquillador) leche limpiadora
**Reis** m arroz
**Reise** f viaje; **gute Reise!** ¡buen viaje!
**Reiseandenken** pl souvenir
**Reisebüro** nt agencia de viajes
**Reiseführer** m guía de viaje

**Reisegepäck** *nt* equipaje
**Reisekrankheit** *f* mareo
**Reiseleiter** *m* guía turístico
**reisen** viajar
**Reisende(r)** *f(m)* viajero(a)
**Reisepass** *m* pasaporte
**Reiseproviant** *m* provisiones
  para el viaje
**Reiseroute** *f* itinerario
**Reisescheck** *m* cheque de viaje
**Reisetasche** *f* bolsa de viaje
**Reiseveranstalter** *m* agencia
  de viajes
**Reisewetterbericht** *m*,
  **Reisewettervorhersage** *f*
  parte meteorológico para
  viajeros
**Reiseziel** *nt* destino
**Reißverschluss** *m* cremallera
**Reiten** *nt* equitación
**reiten** montar (a caballo); **reiten
  gehen** ir a montar a caballo
**Reiz** *m* atractivo
**reizend** encantador(a)
**Reklame** *f* publicidad; anuncio
**reklamieren** reclamar
**Rekord** *m* récord
**Remouladensoße** *f* salsa
  tártara
**Rennbahn** *f* hipódromo; pista de
  carreras
**Rennen** *nt* carrera
**Rennpferd** *nt* caballo de carreras
**Rentner(in)** *m(f)* jubilado(a)
**Reparatur** *f* reparación; **in
  Reparatur** sometiéndose a
  reparación
**Reparaturwerkstatt** *f* taller de
  reparaciones
**reparieren** reparar
**Reserverad** *nt* rueda de
  repuesto/recambio
**reservieren lassen** pedir una
  reserva
**Reservierung** *f* reserva
**Rest** *m* resto; **der ganze Rest**
  todos(as) los/las demás; **der
  Rest ist für Sie!** quédese con el
  cambio
**Restaurant** *nt* restaurante

**Restbetrag** *m* importe por pagar;
  importe remanente
**retten** salvar; rescatar
**Rettich** *m* rábano (largo)
**Rettung** *f* rescate
**Rettungsboot** *nt* bote salvavidas
**Rettungsflugwacht** *f* servico
  aéreo de salvamento
**Rettungsschwimmer** *m*
  socorrista
**Rettungsweste** *m*, **Ret-
  tungsring** *m* salvavidas
**Rezept** *nt* receta
**Rezeption** *f* recepción
**rezeptpflichtig** sólo con receta
  médica
**R-Gespräch** *nt* conferencia a
  cobro revertido
**Rhabarber** *m* ruibarbo
**Rhein** *m* Rin
**Rheinwein** *m* vino del Rin
**Rheuma** *nt* reuma
**Rhythmus** *m* ritmo
**Richtgeschwindigkeit** *f*
  velocidad recomendada
**richtig** correcto(a); correctamente
**Richtigkeit** *f (rectitud)* exactitud;
  autenticidad
**Richtung** *f* dirección; **in
  Richtung X** en la dirección de X
**riechen** oler; **nach Knoblauch
  riechen** oler a ajo
**Riegel** *m* cerrojo; barrita
**Riemen** *m* correa
**riesig** enorme
**Rinderbraten** *m* rosbif
**Rindfleisch** *nt* carne de vacuno
**Ring** *m* anillo
**Ringen** *nt* lucha
**Ringstraße** *f* carretera de
  circunvalación
**Rippchen** *nt (de cerdo)* costilla
**Rippe** *f* costilla
**Risiko** *nt* riesgo
**riskieren** arriesgar
**Risotto** *m* plato de arroz
**Riss** *m* desgarro; grieta
**Ritt** *m* paseo a caballo
**Rizinusöl** *nt* aceite de ricino

**Puntos básicos**

**Rochen** m raya
**Rock** m falda
**Roggenbrot** nt pan de centeno
**Roggenbrötchen** nt panecillo de centeno
**roh** crudo(a)
**Roh-** crudo(a)
**Rohkost** f verdura y fruta crudas
**Rohr** nt tubo
**Rollbraten** m arrollado
**Rolle** f rollo; *(de actor)* rol
**Rollkragen** m *(jersey)* cuello alto
**Rollschuhe** pl patines
**Rollstuhl** m silla de ruedas
**Rolltreppe** f escalera mecánica
**Roman** m novela
**romanisch** románico(a)
**röntgen** hacer una radiografía
**Röntgenaufnahme** f radiografía
**rosa** *(color)* rosa
**Rose** f *(flor)* rosa
**Rosé** m *(vino)* rosado
**Rosenkohl** m col de Bruselas
**Rosenmontag** m lunes de Carnaval
**Rosine(n)** f *(uva)* pasa
**Rost** m herrumbre; parrilla
**Rostbraten** m asado(a)
**Rostbratwürstchen** pl salchichas a la parrilla
**rosten** oxidarse; **nicht rostend** inoxidable
**rostfrei** inoxidable
**Rösti** pl patatas ralladas y salteadas
**rostig** oxidado(a)
**Röstkartoffeln** pl patatas salteadas
**Röstzwiebeln** pl cebollas salteadas
**rot** rojo(a); **rot werden** ponerse rojo(a); **rote Beete** o **Rübe** remolacha; **das Rote Kreuz** la Cruz Roja
**Rotbarsch** m raño
**Röteln** pl rubeola
**rothaarig** pelirrojo(a)
**Rotkohl** m, **Rotkraut** nt col lombarda

**Rotlicht** nt luz roja
**Rotwein** m vino tinto
**Rotzunge** f falsa limanda
**Roulade(n)** f rollo de filete de carne relleno
**Rübe** f nabo
**Rubin** m rubí
**Rücken** m espalda
**Rückenschmerzen** pl dolor de espalda
**Rückfahrkarte** f billete de ida y vuelta
**Rückfahrt** f (viaje de) regreso
**Rückflug** m vuelo de regreso
**Rückfrage** f pregunta; consulta
**Rückgabe** f devolución
**Rückgabeknopf** m botón de devolución (de monedas)
**Rückgrat** nt espina dorsal
**Rückkehr** f retorno
**Rücklicht** nt luz trasera
**Rucksack** m mochila
**Rückseite** f dorso; reverso
**Rücksicht** f consideración; **ohne Rücksicht auf** sin respetar (a)
**Rücksitz** m *(coche)* asiento trasero
**Rückspiegel** m retrovisor
**Rückstrahler** m reflector
**Rücktrittbremse** f freno (de pedal)
**rückwärts** hacia atrás
**Rückwärtsgang** m marcha atrás
**Rückzahlung** f reintegro
**Ruderboot** nt bote de remos
**Rudern** nt *(deporte)* remo
**rudern** remar
**Ruf** m grito; fama
**rufen** *(a alguien)* llamar; gritar
**Rufnummer** f número de teléfono
**Ruhe** f reposo; tranquilidad; **Ruhe!** ¡silencio!
**Ruhetag** m día de descanso
**ruhig** quieto(a); tranquilo(a); tranquilamente
**Rührei** nt huevos revueltos
**Rührkuchen** m bizcocho
**Ruine** f ruina

**Español-Alemán**

**Alemán-Español**

**Rum** m ron
**Rummelplatz** m feria
**Rumpsteak** nt entrecot
**Rumtopf** m conserva de fruta en ron
**rund** redondo(a); **rund um Stuttgart** Stuttgart y alrededores
**Rundfahrt** f (deporte) tour; (excursión) vuelta
**Rundflug** m vuelta en avión
**Rundfunk** m radio
**Rundgang** m excursión
**Rundreise** f gira
**Rundwanderweg** m excursión a pie que termina en el lugar de salida; camino circular
**russisch** ruso(a); **russische Eier** huevos con mayonesa
**Rutschbahn** f tobogán; pista deslizante
**rutschen** resbalar
**rutschig** resbaladizo(a)

## S

**Saal** m sala
**Sache** f cosa; asunto
**Sachen** pl cosas; efectos personales
**Sachertorte** f pastel de chocolate
**Sackgasse** f callejón sin salida
**Saft** m zumo
**saftig** jugoso(a)
**sagen** decir; contar
**Sahne** f nata; **mit/ohne Sahne** con/sin nata; **saure Sahne** nata agria
**Sahnequark** m requesón cremoso
**Sahnetorte** f tarta de nata
**Saison** f temporada; **außerhalb der Saison** fuera de temporada
**Saite** f cuerda
**Sakko** nt (chaqueta) americana
**Salat** m ensalada; **grüner Salat** lechuga
**Salatplatte** f (plato fuerte) ensalada
**Salatsoße** f salsa para ensalada
**Salbe** f pomada; ungüento

**Salbei** m salvia
**Salz** nt sal
**salzig** salado(a)
**Salzkartoffeln** pl patatas cocidas
**Salzstangen** pl palitos salados
**Samen** m semilla
**Sammelfahrschein** m billete de varios viajes; billete para un grupo de viajeros
**sammeln** reunir; coleccionar; **sich sammeln** reunirse
**Sammlung** f colección; recaudación
**Samstag** m sábado
**Samt** m terciopelo
**Sand** m arena
**Sandale(n)** f sandalia
**sanft** suave
**Sänger(in)** m(f) cantante
**Sardelle(n)** f anchoa
**Sardine(n)** f sardina
**Satin** m raso
**satt** (estómago) lleno(a); (hastiado) harto(a); **ich habe es satt** estoy harto(a) de eso
**Sattel** m silla de montar; sillín
**Satteltasche** f bolsa para bicicleta
**Satz** m (de tazas etc) juego; (del café) poso; frase
**sauber** limpio(a); **sauber machen** limpiar
**sauer** ácido(a); agrio(a)
**Sauerbraten** m asado adobado en vinagre
**Sauerrahm** m nata agria
**Sauerstoff** m oxígeno
**saugen** chupar; mamar
**Sauger** m tetina
**saugfähig** absorbente
**Säugling** m lactante
**Säule** f columna
**Sauna** f sauna
**Säure** f ácido
**S-Bahn** f tren suburbano
**SB-Tankstelle** f gasolinera de autoservicio
**Scampi** pl gambas
**schäbig** desgastado(a)

**Schach** *nt* ajedrez
**Schachtel** *f* caja; paquete
**schade** lástima; **wie schade!** ¡qué lástima!
**Schädel** *m* cráneo
**Schaden** *m* daño
**Schadenersatz** *m* indemnización
**schädlich** perjudicial
**schaffen** crear; **es schaffen, etwas zu tun** lograr hacer algo
**Schaffner** *m (de bus)* conductor; *(de tren)* revisor
**schal** desabrido(a)
**Schal** *m* bufanda
**Schale** *f* concha; cáscara; *(para comida)* fuente; plato
**schälen** pelar
**Schalldämpfer** *m* silenciador
**Schallplatte** *f* disco
**Schalotte(n)** *f* chalote
**schalten** cambiar de marcha
**Schalter** *m* interruptor; ventanilla; taquilla
**Schalterhalle** *f* sala de ventanillas
**Schalthebel** *m* palanca de conexión/desconexión; palanca de cambio
**Schaltknüppel** *m* palanca de cambio
**sich schämen** avergonzarse
**Schande** *f* vergüenza
**scharf** picante; afilado(a)
**Schaschlik** *nt* pincho de carne
**Schatten** *m* sombra
**schattig** sombrío(a)
**Schatz** *m* tesoro; querido(a)
**schätzen** valorar; calcular; **zu schätzen wissen** apreciar
**schauen** mirar; parecer
**Schauer** *m* aguacero
**Schaufenster** *nt* escaparate
**Schaum** *m* espuma
**Schaumbad** *nt* baño de espuma
**Schaumfestiger** *m* espuma fijadora
**Schaumkur** *f* espuma reparadora para el cabello
**Schaumwein** *m* vino espumoso
**Schauspiel** *nt* obra de teatro

**Schauspieler** *m* actor
**Schauspielerin** *f* actriz
**Schauspielhaus** *nt* teatro
**Scheck** *m* cheque; **einen Scheck einlösen** cobrar un cheque
**Scheckbuch** *nt*, **Scheckheft** *nt* talonario de cheques
**Scheckkarte** *f* tarjeta bancaria
**Scheibe** *f* cristal; rodaja; rebanada; disco; **in Scheiben schneiden** cortar en rodajas
**Scheibenbremsen** *pl* frenos de disco
**Scheibenwaschanlage** *f* sistema lavaparabrisas
**Scheibenwischer** *m* limpiaparabrisas
**Schein(e)** *m (de banco)* billete; certificado
**scheinen** brillar; parecer
**Scheinwerfer** *m* faro; foco
**Scheitel** *m (del pelo)* raya
**Schellfisch** *m* abadejo
**schenken** regalar
**Schere** *f* tijeras
**Scherz** *m* broma
**Schi-** ver **Ski**
**Schicht** *f* capa; *(de trabajo)* turno
**schick** elegante; moderno(a)
**schicken** enviar
**Schiebedach** *nt* techo corredizo
**schieben** empujar
**Schiedsrichter** *m* árbitro
**Schienbein** *nt (parte de la pierna)* espinilla
**Schiene** *f* carril; tablilla
**Schienen** *pl (del tren)* vía
**Schiff** *nt* barco
**Schifffahrtsgesellschaft** *f* compañía naviera
**Schiffskarte** *f* pasaje de barco
**Schiffsverbindungen** *pl* conexiones por vía marítima
**Schild** *nt* letrero; señal
**Schildkrötensuppe** *f* sopa de tortuga
**Schilling** *m* chelín
**schimpfen** quejarse; *(a alguien)* reñir
**Schinken** *m* jamón; **roher/**

**gekochter/geräucherter Schinken** jamón serrano/York/ahumado

**Schinkenbrot** nt bocadillo de jamón

**Schinkenhäger** m tipo de aguardiente

**Schinkenwurst** f embutido de jamón

**Schirm** m visera; paraguas; sombrilla; pantalla

**Schirmständer** m paragüero

**Schlacht** f batalla

**Schlachterei** f carnicería

**Schlachtplatte** f plato con surtido de embutidos

**Schlaf** m sueño

**Schlafanzug** m pijama

**schlafen** dormir; **schlafen Sie gut!** ¡que duerma bien!

**schlafend** dormido(a)

**Schlaflosigkeit** f insomnio

**Schlafmittel** nt remedio contra el insomnio

**Schlafsaal** m dormitorio

**Schlafsack** m saco de dormir

**Schlaftablette** f somnífero

**Schlafwagen** m coche-cama

**Schlafwagenplatz** m (de coche-cama) litera

**Schlafzimmer** nt dormitorio

**Schlag** m golpe; ataque; (de corazón) latido

**schlagen** golpear; batir; **k.o. schlagen** tirar al suelo; **die Uhr schlug drei** el reloj dio las tres

**Schlager** m (musical) éxito; best-seller

**Schläger** m (de tenis) raqueta; (de ping-pong) pala

**Schlagsahne** f nata batida

**Schlamm** m barro

**Schlange** f cola; serpiente; **Schlange stehen** hacer cola

**sich schlängeln** serpentear

**schlank** delgado(a)

**Schlankheitskur** f cura de adelgazamiento

**Schlauch** m manguera; tubo; cámara de aire

**Schlauchboot** nt bote

neumático

**schlauchlos** sin cámara

**schlecht** malo(a); mal; **mir ist schlecht** me siento mal

**Schleie** f tenca

**Schleife** f lazo

**Schlepplift** m telesquí

**Schleudergefahr** f calzada resbaladiza

**schleudern** derrapar

**Schleuse** f esclusa

**schließen** cerrar

**Schließfach** nt casillero de consigna; caja fuerte

**schließlich** finalmente; al fin y al cabo

**schlimm** malo(a)

**Schlinge** f cabestrillo lazo

**Schlitten** m trineo

**Schlittschuh(e)** m (de hielo) patín; **Schlittschuh laufen** hacer patinaje sobe hielo

**Schlitz** m ranura

**Schloss** nt castillo; cerradura

**Schluck** m trago

**Schluckauf** m hipo

**schlucken** tragar

**Schlüpfer** m bragas

**Schluss** m fin; final

**Schlüssel** m llave; **den Schlüssel abziehen** sacar la llave

**Schlüsselbein** nt clavícula

**Schlüsseldienst** m servicio de cerrajero

**Schlüsselloch** nt ojo de la cerradura

**Schlussleuchte** f luz trasera

**Schlussverkauf** m liquidación; rebajas de fin de temporada

**schmackhaft** sabroso(a)

**schmal** estrecho(a)

**Schmalz** nt manteca; grasa

**schmecken** tener sabor; (comida) gustar; probar

**schmelzen** derretirse

**Schmerz** m dolor

**schmerzend** dolorido(a)

**schmerzhaft** doloroso(a)

**schmerzstillendes Mittel** nt, **Schmerztablette** f (para el

*dolor)* calmante
**Schmetterling** m mariposa
**schmieren** engrasar
**Schmierfett** nt grasa
**Schmierstoff** m lubricante
**sich schminken** maquillarse
**Schmortopf** m cazuela
**Schmuck** m joyas; adorno
**schmücken** adornar
**schmuggeln** hacer contrabando
**Schmutz** m suciedad
**schmutzig** sucio(a)
**Schnalle** f broche
**Schnaps** m aguardiente; licor
**schnarchen** roncar
**Schnecke** f caracol
**Schnee** m nieve
**Schneeball** m bola de nieve
**Schneebrille** f gafas para esquiar
**schneefrei** sin nieve
**Schneeketten** pl cadenas para la nieve
**Schneemann** m muñeco de nieve
**Schneeregen** m aguanieve
**Schneesturm** m tormenta de nieve
**Schneewehe** f remolino de nieve
**schneiden** cortar
**schneien** nevar; **es schneit** está nevando
**schnell** rápido(a); rápidamente; **mach schnell!** ¡date prisa!
**Schnellboot** nt lancha torpedera
**Schnellgang** m sobremarcha
**Schnellimbiss** m snack-bar
**Schnellstraße** f autovía
**Schnellzug** m tren expreso
**Schnittlauch** m cebollino
**Schnittmuster** nt patrón
**Schnittwunde** f corte
**Schnitzel** nt filete; escalope (sin rebozar)
**Schnorchel** m tubo de respiración
**Schnupfen** m constipado
**Schnupftabak** m rapé
**Schnur** f cuerda; cordón; cable

**schnurlos** inalámbrico
**Schnurrbart** m bigote
**Schnürsenkel** pl cordones de los zapatos
**Schokolade** f chocolate
**Scholle** f platija
**schon** ya; **wir kennen uns schon** ya nos conocemos
**schön** bonito(a); **schönes Wetter** buen tiempo; **es war sehr schön** fue muy bonito
**Schönheit** f belleza
**Schonkost** f dieta baja en calorías
**Schöpflöffel** m cucharón
**Schorf** m (en la piel) costra
**Schorle** nt vino con agua mineral; **Schorle süß** vino con gaseosa
**Schottenstoff** m tela a cuadros escoceses
**schräg** inclinado(a); en diagonal
**Schrank** m armario; ropero
**Schranke** f barrera
**Schraube** f tornillo
**Schraubendreher** m destornillador
**Schraubenmutter** f tuerca
**Schraubenschlüssel** m llave inglesa
**Schraubenzieher** m destornillador
**schrecklich** horroroso(a)
**Schrei** m grito
**Schreibblock** m bloc (de notas)
**schreiben** escribir
**Schreibmaschine** f máquina de escribir
**Schreibtisch** m escritorio
**Schreibwarengeschäft** nt papelería
**schreien** gritar; chillar
**schriftlich** por escrito
**Schritt** m paso; **Schritt fahren!** conducir al paso
**Schritttempo** nt velocidad de paso
**Schublade** f cajón
**schüchtern** tímido(a)
**Schuh(e)** m zapato
**Schuhbänder** pl cordones de los

# schwül

zapatos
**Schuhbürste** f cepillo para zapatos
**Schuhcreme** f betún
**Schuhgeschäft** nt zapatería
**Schuhgröße** f número de calzado
**Schuhmacher** m zapatero
**Schuhputzmittel** nt betún
**Schuld** f deuda; culpa; error; **die Schuld geben** echar la culpa
**schuldig** culpable
**schuld sein** tener la culpa
**Schule** f escuela
**Schüler** m alumno; estudiante
**Schulter(n)** f hombro
**Schuppen** pl escamas; caspa
**Schüssel** f (recipiente) fuente; ensaladera
**Schusswaffe** f arma de fuego
**Schuster** m zapatero
**Schutt abladen verboten** prohibido verter escombros
**schütteln** agitar
**Schutz** m protección; vigilante
**Schutzbrille** f gafas protectoras
**schützen** vigilar; proteger
**Schutzhelm** m casco protector
**Schutzhütte** f refugio
**Schutzimpfung** f vacuna
**schwach** débil; flojo(a); **schwächer werden** debilitarse; perder brillo; perder color; atenuarse; **ich fühle mich schwach** me siento débil
**Schwamm** m esponja
**schwanger** embarazada
**Schwangerschaft** f embarazo
**schwanken** oscilar
**Schwanz** m (de animal) cola
**schwarz** negro(a)
**Schwarzbrot** nt pan negro
**Schwarztee** m té negro
**Schwarzwälder Kirschtorte** f (especialidad de la Selva Negra) tarta de nata, chocolate y cerezas
**Schwarzweißfilm** m película en blanco y negro
**schweigen** callar(se)
**Schwein** nt cerdo

**Schweinebraten** m asado de cerdo
**Schweinefleisch** nt carne de cerdo
**Schweinehals** m cuello de cerdo
**Schweinekotelett** nt chuleta de cerdo
**Schweinelendchen** nt lomo de cerdo
**Schweinerippchen** nt costilla de cerdo
**Schweinerückensteak** nt bistec de cerdo
**Schweineschmalz** nt manteca de cerdo
**Schweinshaxe** f pierna de cerdo
**Schweinsleder** nt piel de cerdo
**Schweiß** m sudor
**Schweiz** f Suiza; **in die Schweiz** a Suiza; **in der Schweiz** en Suiza
**schweizerisch** suizo(a)
**Schwellung** f hinchazón
**Schwenkkartoffeln** pl patatas salteadas
**schwer** pesado(a); difícil
**Schwerbehinderte** pl minusválidos graves
**Schwester** f hermana; enfermera; monja
**Schwiegermutter** f suegra
**Schwiegersohn** m yerno
**Schwiegertochter** f nuera
**Schwiegervater** m suegro
**schwierig** duro(a); difícil
**Schwierigkeit** f dificultad; **Schwierigkeiten** problemas
**Schwimmbad** nt, **Schwimmbecken** nt piscina
**schwimmen** nadar; **schwimmen gehen** ir a bañarse
**Schwimmen** nt natación
**Schwimmer** m nadador
**Schwimmflossen** pl aletas
**Schwimmweste** f chaleco salvavidas
**Schwindel** m mareo; vértigo; timo
**schwind(e)lig** mareado(a)
**schwitzen** sudar
**schwül** sofocante

sechs seis
sechste(r/s) sĕxto(a)
sechzehn dieciséis
sechzehnte(r/s)
decimosexto(a)
sechzig sesenta
See¹ f mar
See² m lago
seekrank mareado(a)
Seelachs m abadejo
Seeteufel m rape
Seezunge f lenguado
Segel nt vela
Segelboot nt velero
Segelfliegen nt (deporte) vuelo
sin motor
Segelflugzeug nt planeador
Segeln nt deporte de vela
segeln (a vela) navegar; segeln
gehen hacer vela
sehen ver; zu sehen sein ser
visible; schlecht sehen ver mal
Sehenswürdigkeiten pl
(turismo) monumentos/lugares
para visitar
sehr muy; ich habe es sehr gern
me gusta mucho
Seide f seda
Seidenpapier nt papel de seda
Seife f jabón
Seifenpulver nt jabón en polvo
Seil nt cuerda
Seilbahn f teleférico; funicular

sein ser; ich bin soy; Sie sind Ud
es/Uds son; er ist él es; wir
sind somos; sie sind son; ich/er
war yo/él era; wir sind in Paris
gewesen hemos estado en París;
er ist Arzt él es médico
sein(e) (de él) su(s)
seine(r/s) (de él) (el/la)
suyo(a); (los/las) suyos(as)
seit desde; desde hace; seit er ...
desde que él ...
seitdem desde entonces
Seite f página; lado; die rechte
Seite el lado derecho
Seitenstraße f calle lateral
Seitenstreifen m arcén;
Seitenstreifen nicht befahrbar

prohibido conducir en el arcén
seither desde entonces
Sekt m cava; champán
Sekunde f segundo
selbe(r/s) mismo(a)
selbst yo, tú, él ... mismo(a);
nosotros(as), vosotros(as)...
mismos(as)
Selbstbedienung f autoservicio
Selbstbedienungsrestaurant
nt restaurante self service
Selbstbeteiligung f (suma de
dinero) retención propia
selbsttanken (autoservicio en
gasolinera) repostar uno mismo
Selbstversorger m auto-
abastecedor
selbstverständlich por
supuesto
Selbstwählferndienst m
servicio de marcado directo
Sellerie m apio
selten raro(a); raramente
seltsam extraño(a); peculiar
Semmelknödel m albóndiga
(sin carne) de pan, huevos etc
senden emitir; enviar
Sendung f (de televisión)
programa; emisión; envío
Senf m mostaza
September m se(p)tiembre
servieren servir
Serviette f servilleta
Servobremse f servofreno
Servolenkung f dirección
asistida
Sesambrot nt pan de sésamo
Sesambrötchen nt panecillo de
sésamo
Sessel m sillón
Sessellift m telesilla
Set nt bajoplato
setzen colocar; poner; setzen Sie
es auf meine Rechnung
cárguelo a mi cuenta; sich
setzen sentarse; setzen Sie sich
bitte siéntese
sich (a sí mismo) se; sie waschen
sich se lavan
sicher seguro(a); seguramente; er
wird sicher kommen seguro que

viene

**Sicherheit** f seguridad

**Sicherheitsgurt** m cinturón de seguridad

**Sicherheitsnadel** f imperdible

**Sicherung** f fusible

**Sicht** f visibilidad; vista

**sichtbar** visible

**Sichtvermerk** m visado

**sie** ella; (a ella) la; ellos/ellas; (a ellos/as) los/las

**Sie** usted(es); los/las

**Sieb** nt colador

**sieben** siete; (con colador) colar

**siebte(r/s)** séptimo(a)

**siebzehn** diecisiete

**siebzehnte(r/s)** decimoséptimo(a)

**siebzig** setenta

**Sieg** m victoria

**Sieger** m ganador

**Silber** nt plata

**Silbergeld** nt moneda de plata

**silbern** (de) plata

**Silvester** nt Nochevieja

**singen** cantar

**sinken** hundirse

**Sinn** m sentido; mente; sentimiento; **Sinn ergeben** (frase) tener sentido

**Sirene** f sirena

**Sirup** m jarabe; melaza; **gelber Sirup** (para cocinar) jarabe

**Sitz** m asiento

**sitzen** estar sentado(a)

**Sitzplatz** m asiento

**Ski(er)** m esquí; **Ski fahren** esquiar

**Skifahren** nt esquí; **Skifahren gehen** ir a esquiar

**Skihose** f pantalones de esquí

**Skiläufer** m esquiador

**Skilehrer** m instructor de esquí

**Skilift** m telesquí

**Skipass** m forfait

**Skipiste** f pista de esquí

**Skischule** f escuela de esquí

**Skistiefel** m bota de esquiar

**Skizze** f croquis

**S-Kurve** f curva doble

**Slip** m slip; bragas

**Slipeinlagen** pl protegeslip

**Smaragd** m esmeralda

**Smoking** m, **Smokingjacke** f esmóquin

**so** así; **so groß wie** tan grande como; **nicht so schnell** no tan rápido; **so froh, dass ...** tan contento (de) que ...; **so viel** tanto(a); **so viel wie** tanto como; **so viele** tantos(as)

**sobald** tan pronto como

**Socken** pl calcetines

**Soda** nt soda

**Sodawasser** nt agua de seltz

**Sodbrennen** nt acidez de estómago

**sofort** en el acto; inmediatamente

**sogar** incluso

**Sohlen** pl suelas

**Sohn** m hijo

**Sojabohnen** pl soja

**Sojabrot** nt pan de soja

**Sojasoße** f salsa de soja

**solang(e) (wie)** (en tanto que) mientras (que)

**solche(r/s)** tal; **ein solches Buch** semejante libro

**sollen** deber; **soll ich es tun?** ¿debo hacerlo?; ¿quieres que lo haga?; **Sie sollen es heute machen** tiene(n) que hacerlo hoy; **wann soll der Zug ankommen?** ¿cuándo está previsto que llegue el tren?; **ich sollte es tun** (yo) debería hacerlo; **was soll's?** ¿qué más da?; **wir sollten es kaufen** deberíamos comprarlo

**Sommer** m verano

**Sommerreifen** pl (no de invierno) neumáticos normales

**Sonder-** especial

**Sonderangebot** nt oferta (especial)

**Sonderausstellung** f exposición especial

**sonderbar** extraño(a)

**Sonderfahrt** f excursión extraordinaria

**Sondermarke** f sello de colección
**sondern** sino; **nicht dies, sondern das** esto no, sino aquello
**Sonderpreis** m precio especial
**Sonderzug** m tren especial
**Sonnabend** m sábado
**Sonne** f sol
**Sonnen-** solar
**Sonnenaufgang** m salida del sol
**Sonnenblende** f parasol
**Sonnenbrand** m quemadura del sol; **einen Sonnenbrand haben** estar quemado por el sol
**Sonnenbräune** f bronceado
**Sonnenbrille** f gafas de sol
**sonnengebräunt** bronceado(a)
**Sonnenhut** m sombrero de playa
**Sonnenmilch** f leche solar
**Sonnenöl** nt aceite bronceador
**Sonnenschein** m sol
**Sonnenschirm** m sombrilla
**Sonnenstich** m insolación
**Sonnenuntergang** m puesta de sol
**sonnenverbrannt** quemado por el sol
**sonnig** soleado(a)
**Sonntag** m domingo
**sonn- und feiertags** domingos y festivos
**sonst** si no más; **sonst nichts** nada más
**sonstig** otro(a)
**sorgen für** (pre)ocuparse de; proporcionar; cuidar de
**sorgfältig** cuidadoso(a); **sorgfältig aufbewahren** guardar en lugar seguro
**Sorte** f tipo; marca
**Soße** f salsa
**soweit** por lo que; **soweit ich weiß** por lo que yo sé
**Spaghetti** pl spaguetti
**Spanien** nt España
**spanisch** español(a)
**Spannung** f tensión; voltaje
**Sparbuch** nt libreta de ahorros

**sparen** ahorrar
**Sparer** m ahorrador
**Spargel** m espárrago
**Spargelcremesuppe** f crema de espárragos
**Spargelspitzen** pl puntas de espárrago
**Sparkasse** f caja de ahorros
**sparsam** económico(a)
**Spaß** m diversión broma; **viel Spaß!** ¡que te diviertas!; **es machte viel Spaß** fue muy divertido
**spät** tarde; **wie spät ist es?** ¿qué hora es?
**später** más tarde
**Spätvorstellung** f sesión de noche
**Spatz** m gorrión
**Spätzle** pl (especialidad suaba) pasta de huevo
**spazieren gehen** dar un paseo
**Spaziergang** m paseo; **einen Spaziergang machen** dar un paseo
**Spazierstock** m bastón
**Speck** m tocino; beicon
**Speise** f plato; comida
**Speiseeis** nt helado
**Speisekarte** f (del menú) carta; **nach der Speisekarte** a la carta
**Speiselokal** nt restaurante
**Speisequark** m requesón; queso fresco
**Speisesaal** m comedor
**Speisewagen** m vagón restaurante
**Spende** f donativo; donación
**Sperre** f barrera
**sperren** cerrar; bloquear
**Spesen** pl (dinero extra por viajes) dietas
**Spezi** nt mezcla de limonada con cola
**Spezialitäten** pl especialidades de la casa
**Spickbraten** m asado con beicon
**Spiegel** m espejo
**Spiegelei** nt huevo frito
**spiegeln** (en espejo, agua) reflejar

**Spiegelreflexkamera** f cámara réflex

**Spiel** nt juego; baraja; **auf dem Spiel stehen** estar en juego

**Spielautomat** m tragaperras

**Spielbank** f casino

**spielen** jugar; **den Hamlet spielen** interpretar/representar a Hamlet; **Fußball spielen** jugar a fútbol; **Geige spielen** tocar el violín

**Spielfilm** m largometraje

**Spielkarte** f naipe

**Spielplan** m (de teatro) cartelera

**Spielplatz** m parque infantil

**Spielwarenladen** m juguetería

**Spielzeug** nt juguete

**Spieß** m brocheta; pincho moruno; **am Spieß** en brocheta

**Spinat** m espinaca

**Spinne** f araña

**Spirituosen** pl licores

**Spiritus** m (de quemar) alcohol

**Spirituskocher** m hornillo de alcohol

**Spitze** f encaje; punta; cumbre; **Spitze!** ¡genial!

**Splitt** m grava

**Splitter** m astilla; esquirla

**Sport(arten)** m deporte

**Sportartikel** pl artículos de deporte

**Sportjackett** nt cazadora

**Sportkleidung** f ropa de deporte

**Sportplatz** m campo deportivo

**Sportwagen** m coche deportivo; (para niños) cochecito

**Sprache** f lengua; lenguaje

**Sprachführer** m manual de conversación

**Spraydose** f (envase) aerosol

**sprechen** hablar; **sprechen Sie Deutsch?** ¿habla Ud alemán?

**Sprechstunde** f hora de consulta

**Sprechzimmer** nt consultorio

**Spritzdüse** f tobera

**Spritze** f inyección; jeringa

**spritzen** salpicar; rociar

**Sprudel** m agua con gas

**Sprühdose** f spray

**Sprung** m salto; grieta; **einen Sprung in ein Glas machen** rajar un vaso

**Sprungbrett** nt trampolín

**spülen** tirar de la cadena; (platos) fregar; enjuagar

**Spülmaschine** f lavaplatos

**Spülmittel** nt (líquido) lavavajillas

**Spülung** f acondicionador (de pelo); (de baño) cisterna

**Spur** f pista; huella; (de la calzada) carril

**Staatsangehörigkeit** f nacionalidad

**Stäbchen** pl palillos

**Stachelbeere(n)** f grosella

**Stadion** nt (de fútbol) estadio

**Stadium** nt fase

**Stadt (Städte)** f ciudad

**städtisch** urbano(a); municipal

**Stadtmitte** f centro de la ciudad

**Stadtplan** m plano (urbano)

**Stadtrand** m periferia; afueras

**Stadtrundfahrt** f paseo turístico por la ciudad

**Stadtteil** m barrio

**Stadtzentrum** nt centro de la ciudad

**Stahl** m acero

**Stand** m puesto; (de taxis) parada; **auf den neuesten Stand bringen** actualizar

**ständig** permanente(mente); continuo(a); continuamente

**Standlicht** nt luz de posición

**Standort** m ubicación; emplazamiento

**Stange** f vara; barra

**Stangenbohnen** pl judías

**Stangenbrot** nt barra de pan

**Stangensellerie** m apio

**Stangenspargel** m espárrago entero

**stark** fuerte; intenso(a); **es riecht stark** huele de forma intensa

**starren** mirar fijamente; **auf jemanden starren** clavar la mirada en alguien

Puntos básicos
Español-Alemán
Alemán-Español

**Start** m salida; inicio; arranque; lanzamiento

**Starthilfekabel** nt cables para cargar la batería

**Station** f estación; parada; *(en hospital)* unidad

**Stativ** nt trípode

**statt** en lugar de

**stattfinden** tener lugar

**Stau** m atasco

**Staub** m polvo

**staubig** polvoriento(a)

**Staubsauger** m aspiradora

**Staudensellerie** m apio

**Staugefahr** f posibilidad de atascos

**Steak** nt filete; bistec

**stechen** picar; pinchar

**Stechmücke** f mosquito

**Steckdose** f *(en la pared)* enchufe

**Stecker** m enchufe

**Stecknadel** f alfiler

**Steckschlüssel** m llave tubular

**stehen** estar de pie; *(estar)* encontrarse; **dieser Hut steht Ihnen gut** este sombrero le queda bien; **stehen bleiben** pararse; detenerse

**stehlen** robar; **jemandem etwas stehlen** robar algo a alguien

**Stehplätze** pl *(sin asiento)* localidad para estar de pie

**steif** rígido(a)

**steigen** subir; aumentar; trepar; **steigen auf** subirse/montarse a

**Steigung** f elevación

**steil** escarpado(a)

**Stein** m piedra

**Steinbutt** m rodaballo

**steinig** pedregoso(a)

**Steinpilz** m *(seta)* boleto comestible

**Steinschlag** m desprendimiento de piedras

**Stelle** f sitio; lugar; punto; **an der richtigen Stelle** en el lugar más adecuado; **nicht an der richtigen Stelle** en el lugar menos adecuado; **undichte Stelle** *(de gas etc)* fuga

**stellen** ajustar; poner; **eine**

**Frage stellen** hacer una pregunta

**Stempel** m sello

**stempeln** poner un sello (en)

**Steppdecke** f edredón

**sterben** morir

**Stern** m estrella

**Sternwarte** f observatorio

**Steuer**[1] nt volante

**Steuer**[2] f impuesto

**steuerfrei** exento de impuestos

**steuern** conducir; controlar

**steuerpflichtig** sujeto a impuestos

**Steuerung** f mandos

**Steward** m auxiliar de vuelo

**Stewardess** f azafata

**Stich** m picadura; punzada; **jemanden im Stich lassen** dejar a alguien en la estacada

**Stickerei** f bordado

**Stiefel** pl botas

**Stil** m estilo

**still** silencioso(a); callado(a)

**Stille** f silencio

**Stimme** f voz; voto

**Stimmung** f humor; ambiente

**Stirn** f frente

**Stirnhöhlenentzündung** f sinusitis

**Stock** m caña; palo; piso; planta; **der erste Stock** el primer piso

**Stockwerk** nt piso; planta

**Stoff** m tela; material

**stolpern** tropezar

**stolz** orgulloso; **stolz auf** orgulloso de

**stoppen** parar

**Stoppuhr** f cronómetro

**Stöpsel** m tapón

**Stör** m esturión

**stören** interrumpir; **bitte nicht stören** no molestar

**stornieren** cancelar

**Störung** f embotellamiento; interferencias; molestia; *(medicina)* desorden

**Stoß** m golpe; abolladura

**Stoßdämpfer** m amortiguador

**Teelöffel** m cucharilla
**Teer** m alquitrán
**Teesieb** nt colador de té
**Teetasse** f taza de té
**Teich** m estanque
**Teig** m masa
**Teil** m parte
**teilen** dividir; compartir; **8 durch 4 teilen** dividir 8 entre 4
**Teilkaskoversicherung** f seguro a riesgo parcial
**teilnehmen** participar
**teilweise** parcialmente
**Teint** m tez
**Telefon** nt teléfono; **er ist am Telefon** está hablando por teléfono
**Telefonanruf** m llamada telefónica
**Telefonauskunft** f información (telefónica)
**Telefonbuch** nt guía telefónica
**Telefongespräch** nt llamada telefónica
**telefonieren** hablar/llamar por teléfono
**telefonisch** por teléfono
**Telefonnummer** f número de teléfono
**Telefonzelle** f cabina de teléfono
**Telegramm** nt telegrama
**Teleobjektiv** nt teleobjetivo
**Teller** m plato
**Temperatur** f temperatura; **jemandes Temperatur messen** tomar la temperatura a alguien
**Temperaturanzeige** f indicación de la temperatura
**Tempo** nt velocidad; **in einem Tempo von** a una velocidad de
**Tennis** nt tenis
**Tennishalle** f cancha de tenis cubierta
**Tennisplatz** m pista/cancha de tenis
**Tennisschläger** m raqueta (de tenis)
**Teppich** m alfombra
**Teppichboden** m moqueta

**Termin** m fecha; plazo; cita
**Terminal** nt terminal
**Terminkalender** m agenda
**Terrasse** f terraza
**Tesafilm®** m cinta adhesiva
**testen** hacer una prueba a
**teuer** caro(a)
**Textilien** pl productos textiles; tejidos
**Theater** nt teatro; lío; **Theater machen** armar un escándalo
**Theaterkasse** f (en teatro) taquilla
**Theaterstück** nt obra de teatro
**Theaterveranstaltungen** pl (de teatro) cartelera
**Theke** f barra
**Thema** nt tema; asunto
**Thermometer** nt termómetro
**Thermosflasche** f termo
**Thunfisch** m atún
**Thymian** m tomillo
**tief** profundo(a); bajo(a)
**Tief** nt (atmosférica) depresión
**Tiefe** f profundidad
**Tiefgarage** f aparcamiento subterráneo
**Tiefkühltruhe** f congelador
**Tier** nt animal
**Tiergarten** m, **Tierpark** m (jardín) zoológico
**Tinte** f tinta
**Tintenfisch** m sepia; calamar
**Tisch** m mesa; **den Tisch decken** poner la mesa
**Tischdecke** f mantel
**Tischtennis** nt ping-pong
**Tischtuch** nt mantel
**Tischwein** m vino de mesa
**Titel** m título
**Toast** m tostada
**Toastbrot** nt pan para tostar
**Toaster** m tostadora
**Tochter** f hija
**Tod** m muerte
**tödlich** mortal
**Toilette** f aseo
**Toiletten** pl servicios
**Toilettenartikel** pl artículos de

tocador

**Toilettenpapier** nt papel higiénico

**Tollwut** f (enfermedad) rabia

**Tomate** f tomate

**Tomatenmark** nt concentrado de tomate

**Tomatensaft** m zumo de tomate

**Ton** m sonido; tono; arcilla

**Tonband** nt (magnetofónica) cinta

**tönen** colorear

**Tonic** nt tónica

**Tonne** f tonelada

**Tönung** f tinte; (baño de color para el pelo) tono

**Topf** m olla; cazuela

**Töpferei** f alfarería

**Tor** nt puerta; gol

**Torte** f tarta

**Tortelett** nt base para pastel

**tot** muerto(a)

**töten** matar

**Tour** f excursión; **auf Touren bringen** (vehículo) poner al máximo de revoluciones; (persona) poner a cien/hacer rabiar

**Tourismus** m turismo

**Tourismusbüro** nt oficina de turismo

**Tourist** m turista

**Touristenklasse** f clase turista

**Tracht** f traje

**Tradition** f tradición

**tragbar** portátil

**Trage** f camilla

**tragen** (ropa, maleta etc) llevar

**Tragetasche** f (de la compra) bolsa

**Trainer** m entrenador

**trainieren** entrenar

**Training** nt entrenamiento

**Trainingsanzug** m chándal

**trampen** hacer autostop

**Träne** f lágrima; **in Tränen aufgelöst** hecho un mar de lágrimas

**Transithalle** f sala de espera para pasajeros en tránsito

**Transitvisum** nt visado de

tránsito

**Transport** m transporte

**transportieren** transportar

**Trauben** pl uvas

**Traubensaft** m mosto; jugo de uva

**Traubenzucker** m glucosa

**Traum** m sueño

**träumen** soñar; **träumen von** soñar con

**traurig** triste

**treffen** encontrar(se); **eine Entscheidung treffen** tomar una decisión

**Treffpunkt** m lugar de encuentro

**trennen** separar

**Trennwand** f tabique

**Treppe** f escalera

**Treppenhaus** nt (caja de la) escalera

**Tresor** m caja fuerte

**Tretboot** nt (barca) patín a pedales

**treten** pasar; dar un paso; dar una patada a

**trinkbar** potable

**trinken** beber; **auf jemanden trinken** brindar por alguien

**Trinkgeld** nt propina

**Trinkwasser** nt agua potable

**trocken** seco(a)

**trocknen** secar

**Trompete** f trompeta

**tropfen** gotear

**Tropfen** m gota

**tropfnass aufhängen** colgar chorreando

**trotz** a pesar de

**trotzdem** sin embargo

**trüb** (día, tiempo) gris

**Trüffel** f trufa

**Trumpf** m (de baraja) as

**Truthahn** m pavo

**tschüs** ¡chao!

**Tube** f tubo

**Tuch** nt paño; bufanda; toalla; chal

**tüchtig** eficiente

**Tulpe(n)** f tulipán

tun hacer; meter

Tunnel *m* túnel

Tür *f* puerta

türkis turquesa

Türklingel *f* timbre

Türklinke *f (de la puerta)* tirador; pomo

Turm *m* torre

Turnen *nt* gimnasia

Turnhalle *f* gimnasio

Turnschuhe *pl* zapatillas de deporte

Tüte *f* bolsa

Typ *m* tipo; modelo

typisch típico(a)

# U

u.A.w.g. *(se ruega contestación)* s.r.c.

U-Bahn *f* metro

U-Bahnhof *m* estación de metro

übel malo(a); **mir ist übel** me siento mal

Übelkeit *f* náuseas

üben practicar

über sobre; encima de; **über Bonn fahren** viajar vía Bonn; **über etwas sprechen** hablar sobre algo; **über die Straße gehen** cruzar la calle

überall en/por todas partes

überbacken gratinar

überbelichtet *(foto)* sobreexpuesto(a)

Überblick *m* visión general

übereinander uno encima del otro

überfahren atropellar; *(semáforo, señal)* saltarse

Überfahrt *f* travesía

Überfall *m* asalto

überfallen atacar; atracar

überfällig con retraso

überflüssig superfluo(a)

Überführung *f* traslado; puente

überfüllt repleto(a)

Übergabe *f* entrega

übergeben dar; entregar; **sich übergeben** vomitar

Übergewicht *nt* exceso de peso; exceso de equipaje

überhaupt en general; en realidad; después de todo

überholen adelantar

Überholspur *f* carril de adelantamiento

Überholverbot *nt* adelantamiento prohibido

überleben sobrevivir

überlegen reflexionar

übermorgen pasado mañana

übernachten pasar la noche

Übernachtung *f* pernoctación; **übernachtung mit Frühstück** habitación y desayuno

Übernachtungsmöglichkeit *f* alojamiento

überprüfen comprobar

überqueren atravesar

Überraschung *f* sorpresa

überreden persuadir

überschreiten sobrepasar

übersetzen traducir

Übersetzung *f* traducción

übertragbar transferible; contagioso(a)

übertreiben exagerar

überwachen vigilar; supervisar

überweisen *(dinero)* transferir; *(a un enfermo)* mandar

Überweisung *f* transferencia

Überzelt *nt (tienda de campaña)* techo doble

überzeugen convencer

üblich habitual

übrig restante; **es war etwas übrig** sobró algo; **übrig bleiben** sobrar; **mir bleibt nichts anderes übrig** no me queda más remedio

übrigens por cierto

Übung *f* ejercicio; práctica

Ufer *nt* orilla; *(del río)* margen

Uhr *f* reloj; **um 3 Uhr** a las 3 (en punto)

Uhrmacher *m* relojero

um alrededor de; **um Weihnachten herum** hacia Navidades; **um 4 Uhr** a las 4; **um etwas zu tun** para hacer

algo
**umadressieren** *(una carta)* mandar a otra dirección (postal)
**umbuchen** cambiar la reserva; pasar a otra cuenta
**Umdrehungen** *pl (por minuto)* revoluciones
**Umgebung** *f* alrededores; vecindad
**Umgehungsstraße** *f* carretera de circunvalación
**umgekehrt** al revés; **in umgekehrter Richtung** en sentido contrario
**umkehren** dar la vuelta
**Umkleidekabine** *f (en piscina etc)* cabina de vestuarios
**umleiten** desviar
**Umleitung** *f* desviación
**Umrechnungskurs** *m* tipo de cambio
**Umschlag** *m (de carta)* sobre
**sich umsehen** mirar a su alrededor
**umsonst** gratis; en vano
**Umstände** *pl* circunstancias; molestia(s)
**Umstandskleid** *nt* vestido de embarazada
**umsteigen** hacer transbordo
**umtauschen** cambiar
**Umweg** *m (desvío)* rodeo
**Umwelt** *f* medio ambiente
**Umweltverschmutzung** *f* contaminación medioambiental
**umziehen** mudarse; **sich umziehen** cambiarse de ropa
**Umzug** *m* desfile; mudanza

**unabhängig** independiente
**unangenehm** desagradable
**unanständig** indecente
**unaufgefordert** voluntaria- mente; espontáneamente
**unbedingt** sin falta; de modo indispensable; **etwas unbedingt wollen** querer algo a toda costa
**Unbefugte(r)** *f(m)* persona no autorizada
**unbegrenzt** ilimitado(a)
**unbequem** incómodo(a)
**und** y; **und so weiter** etcétera

**unecht** de imitación
**unentschlossen** indeciso(a)
**unerlässlich** imprescindible
**unerträglich** insoportable
**unerwünscht** indeseado(a); no deseado(a)
**unfähig** incapaz; incompetente
**Unfall** *m* accidente
**Unfallarzt** *m* médico de urgencias
**Unfallhilfsstelle** *f* puesto de socorro
**unfreundlich** antipático(a); poco amable
**ungeduldig** impaciente
**ungefähr** aproximado(a); aproximadamente; **ungefähr DM 50/50 Euro** unas 50 marcos/ euros
**ungefüttert** sin forro
**ungerade** impar
**ungern** de mala gana
**ungesund** poco sano(a)
**ungewiss** incierto(a)
**ungewöhnlich** insólito(a)
**unglaublich** increíble
**Unglück** *nt* desgracia; accidente
**unglücklich** desdichado(a); triste
**ungültig** no válido; **ungültig werden** caducar
**ungünstig** inoportuno(a)
**unhöflich** descortés
**Unkosten** *pl* gastos
**unmöglich** imposible
**unnötig** innecesario(a)
**unordentlich** descuidado(a)
**Unordnung** *f* desorden; **etwas in Unordnung bringen** poner algo en desorden
**unpassend** inoportuno(a)
**unpraktisch** poco práctico
**Unrecht haben** estar equivocado
**unregelmäßig** irregular
**unreif** *(no maduro)* verde
**uns** nos; a nosotros(as)
**unschuldig** inocente
**unser(e)** nuestro(a); nuestros(as)

**unsere(r/s)** (el/la) nuestro(a); (los/las) nuestros(as)

**unsicher** inseguro(a); incierto

**unten** abajo; **nach unten** hacia abajo

**unter** debajo de; bajo; **unter dem/den Tisch** debajo de la mesa; **unter einem Kilometer** menos de un kilómetro; **mein Zimmer liegt unter seinem** mi cuarto está debajo del suyo

**unterbelichtet** *(foto)* subexpuesto(a)

**Unterbodenschutz** m *(del coche)* protección anticorrosiva de los bajos

**unterbrechen** interrumpir

**Unterbrecherkontakte** pl platinos

**unterbringen** alojar

**untere(r/s)** bajo(a); inferior

**Unterführung** f paso subterráneo

**Untergeschoss** nt planta baja

**unterhalten** entretener

**Unterhaltung** f entretenimiento; mantenimiento; conversación

**Unterhaltungsmusik** f música amena

**Unterhemd** nt camiseta

**Unterhose** f calzoncillos

**unterirdisch** subterráneo

**Unterkunft** f alojamiento

**Unterleib** m abdomen

**unternehmen** realizar; hacer

**unterrichten** enseñar; informar

**Unterrock** m enaguas

**unterscheiden** distinguir

**Unterschied** m diferencia

**unterschiedlich** distinto(a)

**unterschreiben** firmar

**Unterschrift** f firma

**Untersetzer** m platillo; posavasos

**unterste(r/s)** el/la más bajo(a); el/la de abajo

**unterstreichen** subrayar

**Unterstützung** f respaldo; *(económico etc)* apoyo

**untersuchen** examinar

**Untersuchung** f examen; *(médico, inspección)* investigación

**Untertasse** f platillo

**Untertitel** m subtítulo

**Unterwäsche** f ropa interior

**unterwegs** en camino

**unterzeichnen** firmar

**Unterzeichnete(r)** f(m) signatario(a)

**ununterbrochen** ininterrumpidamente

**unverändert** inalterado(a)

**unverbindlich** sin compromiso

**unverbleit** sin plomo

**unverschämt** sinvergüenza

**unwahrscheinlich** poco probable

**Unwetter** nt tormenta

**unwohl** indispuesto(a); **sich unwohl fühlen** no estar a gusto

**unzufrieden** insatisfecho(a)

**Urlaub** m vacaciones; **auf Urlaub** de vacaciones

**Urlauber** m turista; veraneante

**Urlaubsort** m lugar de vacaciones

**Urologe** m urólogo

**Ursache** f causa

**Ursprung** m origen

**ursprünglich** originariamente

**Ursprungsland** nt país de origen

**Urteil** nt juicio; sentencia

**usw.** *(= und so weiter)* etc

# V

**Vanille** f vainilla

**Vanilleeis** nt helado de vainilla

**Vanillesoße** f salsa de vainilla

**Vanillinzucker** m vainillina

**Varietévorführung** f espectáculo de variedades

**Vase** f florero

**Vaseline** f vaselina

**Vater** m padre

**V-Ausschnitt** m cuello en pico

**Vegetarier** m vegetariano

**vegetarisch** vegetariano(a)

**Vene** f vena

**Ventil** nt válvulva

Puntos básicos

**Venusmuschel(n)** f almeja
**verabreden** *(fijar)* convenir; **sich verabreden** citarse
**Verabredung** f cita
**verändern** cambiar
**Veränderung** f cambio
**veranlassen** causar
**veranstalten** organizar
**Veranstalter** m organizador
**Veranstaltungen** pl espectáculos; eventos
**Veranstaltungskalender** m agenda de espectáculos
**Veranstaltungsprogramm** nt programa de espectáculos
**verantwortlich** responsable
**Verantwortung** f responsabilidad
**Verband** m asociación; venda
**Verbandskasten** m, **Verbandszeug** nt botiquín
**verbessern** mejorar; corregir
**Verbesserung** f mejora
**verbieten** prohibir; **jemandem verbieten, etwas zu tun** prohibir a alguien hacer algo
**verbinden** conectar; unir; **verbinden Sie mich bitte mit Herrn X** póngame con el señor X
**Verbindung** f conexión; comunicación; **in Verbindung mit** junto con; en relación con; en contacto con; **sich in Verbindung setzen mit** contactar con
**verbleit** con plomo
**Verbot** nt prohibición
**verboten** prohibido
**Verbrauch** m consumo
**Verbrechen** nt crimen
**verbrennen** quemar; **ich habe mir den Arm verbrannt** me he quemado el brazo
**Verbrennung** f quemadura
**verbringen** *(el tiempo)* pasar
**verbrühen** escaldar
**verdaulich** digestible
**verderben** echarse a perder; estropear
**verdienen** merecer; ganar; **Geld verdienen** ganar dinero

Español-Alemán

Alemán-Español

**verdorben** estropeado
**verdünnen** diluir
**Verein** m club
**vereinbaren** acordar
**Verfallsdatum** nt fecha de caducidad
**Verfassung** f constitución; *(física, mental)* condición
**Verfügung** f disposición; **zur Verfügung** a su disposición
**vergangene(r/s)** pasado(a)
**Vergangenheit** f pasado
**Vergaser** m carburador
**vergebens** en vano
**vergehen** *(transcurrir)* pasar
**vergessen** olvidar
**vergleichen** comparar
**Vergnügen** nt placer; gusto; **viel Vergnügen!** ¡que lo pase bien!
**Vergnügungsdampfer** m barco
**Vergnügungspark** m parque de atracciones
**vergoldet** chapado en oro
**vergriffen** *(artículo)* agotado(a)
**vergrößern** agrandar
**Vergrößerung** f ampliación
**verhaften** arrestar
**Verhältnis** nt relación; proporción; **über seine Verhältnisse** por encima de sus posibilidades
**verheiratet** casado(a)
**verhindern** impedir
**Verhütungsmittel** nt anticonceptivo
**sich verirren** perderse
**Verkauf** m venta
**verkaufen** vender
**Verkäufer(in)** m(f) dependiente(a)
**Verkaufsautomat** m distribuidor automático
**Verkehr** m tráfico
**verkehren** *(transporte público)* circular
**Verkehrsampel** f semáforo
**Verkehrsbüro** nt oficina de turismo
**Verkehrsführung geändert** dirección del tráfico cambiada

**Verkehrsinsel** f isleta

**Verkehrspolizist** m guardia urbano

**Verkehrsstau** m (de tráfico) atasco

**Verkehrszeichen** nt señal de tráfico

**verkehrt** equivocado(a); **verkehrt herum** al revés

**verlangen** exigir

**verlängern** (pasaporte) renovar; (suscripción) prolongar

**verlassen** abandonar; **sich verlassen auf** confiar en

**sich verlaufen** perderse

**verlegen** avergonzado(a)

**Verleih** m empresa de alquiler; servicio de préstamo

**verletzen** herir

**Verletzung** f herida; ofensa

**verliebt** enamorado(a)

**verlieren** perder

**verlobt** prometido(a)

**Verlobte(r)** f(m) prometido(a)

**Verlust** m pérdida

**vermeiden** evitar

**Vermerk** m (apunte) nota

**vermieten** alquilar; **zu vermieten** en alquiler

**vermissen** echar de menos/en falta

**vermisst** desaparecido(a)

**Vermittler** m intermediario

**Vermittlung** f centralita

**vermuten** suponer

**vermutlich** presumiblemente

**vernünftig** razonable; sensato(a)

**verpacken** envolver

**Verpackung** f envoltorio

**Verpflegung** f comida

**Verrechnungsscheck** m cheque cruzado

**verreisen** salir de viaje

**Verrenkung** f torcedura

**verrückt** loco(a)

**versagen** fallar

**Versagen** nt fallo; **bei Versagen** en caso de avería

**Versammlung** f reunión

**versäumen** (tren, oportunidad) perder

**verschieben** aplazar

**verschieden** diverso(a); diferente

**Verschleiß** m desgaste

**verschreiben** recetar

**verschreibungspflichtig** sólo con receta médica

**verschwinden** desaparecer

**verschwunden** desaparecido(a)

**Versehen** nt descuido; **aus Versehen** por error

**Versicherer** m asegurador

**versichern** asegurar

**Versicherung** f seguro

**Versicherungsbedingungen** pl condiciones del seguro

**Versicherungskarte** f tarjeta del seguro; **grüne Versicherungskarte** carta verde

**Versicherungspolice** f póliza del seguro

**versorgen** abastecer; **jemanden mit etwas versorgen** proveer a alguien de algo

**sich verspäten** retrasarse

**Verspätung** f retraso; **der Zug hat Verspätung** el tren lleva retraso

**versprechen** prometer

**verständigen** avisar; **sich verständigen** entenderse

**Verstärker** m amplificador

**verstauchen** (tobillo etc) torcer

**verstecken** esconder

**verstehen** entender

**verstopfen** atascarse; obturar

**Verstopfung** f atasco; **Verstopfung haben** tener estreñimiento

**Versuch** m intento

**versuchen** intentar

**verteilen** repartir

**Verteiler** m (en coche) distribuidor

**Vertrag** m contrato

**Vertrauen** nt confianza; **im Vertrauen** confidencialmente

**verunglücken** sufrir un accidente

**Verwaltung** f administración
**Verwandte(r)** f(m) pariente
**verwechseln** confundir
**verwenden** usar
**Verwendung** f uso
**verwirrt** confuso(a)
**verwitwet** viudo(a)
**verwöhnen** mimar
**verzehren** consumir
**Verzeichnis** nt lista
**verzeihen** perdonar
**Verzeihung!** perdón; con permiso
**verzögern** retrasar
**verzollen** (en aduana) declarar; **nichts zu verzollen** nada que declarar
**Videoband** nt cinta de vídeo
**Videokamera** f cámara de video
**Videokassette** f videocasete
**Videorekorder** m aparato de vídeo
**viel** mucho(a); **nicht viel** no mucho; **viel besser** mucho mejor
**viele** muchos(as); **zu viele Bücher** demasiados libros; **es gibt ziemlich viele** hay bastantes
**vielleicht** tal vez; posiblemente
**vier** cuatro
**vierte(r/s)** cuarto(a)
**Viertel** nt cuarto; **(ein) Viertel vor 4** las 4 menos cuarto; **(ein) Viertel nach 4** las 4 y cuarto
**Viertelstunde** f cuarto de hora
**vierzehn** catorce; **vierzehn Tage** dos semanas
**vierzig** cuarenta
**violett** morado(a)
**Visum** nt visado
**Vitamin** nt vitamina
**Vogel** m pájaro
**Völkerkundemuseum** nt museo etnológico
**Volkslied** nt canción popular
**Volkstanz** m baile folklórico
**voll** lleno(a); **voll von** lleno de; **voll tanken** (de gasolina) llenar (el tanque)
**vollendet** perfecto(a); **nach**

**vollendetem 6. Lebensjahr** a los 6 años cumplidos (de vida)
**völlig** completamente
**Vollkaskoversicherung** f seguro a todo riesgo
**vollkommen** perfecto(a)
**Vollkornbrot** nt pan integral
**Vollmacht** f (poderes) autorización
**Vollmilchschokolade** f chocolate con leche
**Vollpension** f pensión completa
**vollständig** completo(a)
**Vollwaschmittel** nt detergente para cualquier temperatura
**von** de; **von einer Mauer fallen** caerse de un muro; **ein Freund von mir** un amigo mío; **3 von ihnen** 3 de ellos(as)
**vor** antes; **vor Mittag** antes del mediodía; **vor dem Haus** delante de la casa; **etwas vor sich sehen** ver algo delante (de uno mismo); **rot vor Wut** colorado de la rabia; **vor 4 Jahren** hace 4 años
**vorankommen** avanzar
**Voranzeige** f (de película) tráiler; (de un libro) presentación
**voraus** delante; **im Voraus** de antemano
**voraussichtlich** probablemente; previsto(a)
**vorbei** pasado(a)
**vorbereiten** preparar
**vorbestellen** reservar
**Vorbestellung** f reserva
**Vorderachse** f eje delantero
**Vorderrad** nt rueda delantera
**Vorderradantrieb** m tracción delantera
**Vorderseite** f parte delantera
**Vordruck** m impreso
**Vorfahrt** f prioridad de paso; **die Vorfahrt beachten** ceder el paso
**Vorführung** f presentación; (de una película) proyección
**vorgehen** ir delante; adelantar; **meine Uhr geht vor** mi reloj va adelantado
**vorgekocht** precocinado

**vorgestern** anteayer

**vorhaben** tener (la) intención (de); **haben Sie für heute abend etwas vor?** ¿tiene algún plan para esta noche?

**vorhanden** disponible

**Vorhänge** pl cortinas

**Vorhängeschloss** nt candado

**vorher** antes; **am Tag vorher** el día anterior

**Vorhersage** f pronóstico

**vorläufig** provisional(mente)

**vorletzte(r/s)** penúltimo(a)

**Vormittag** m (antes del mediodía) mañana

**vormittags** por la mañana

**vorn** delante

**Vorname** m nombre de pila

**vorne** delante

**vornehm** distinguido(a)

**Vorort** m barrio de las afueras

**Vorortbahn** f tren de cercanías

**Vorrat** m existencias; provisiones

**Vorsaison** f temporada baja

**Vorschau** f avance

**Vorschlag** m propuesta; sugerencia

**vorschlagen** proponer; sugerir

**Vorschrift** f (reglamento) prescripción

**Vorsicht** f cuidado; precaución; **Vorsicht!** ¡cuidado!; **Vorsicht, Stufe!** cuidado con el escalón

**Vorspeise** f (comida) entrada

**vorstellen** presentar; **sich etwas vorstellen** imaginar(se) algo

**Vorstellung** f (social) presentación; (de teatro) función

**Vorteil** m ventaja; provecho

**vorteilhaft** ventajoso(a)

**Vortrag** m conferencia

**vorüber** pasado(a)

**vorübergehend** provisionalmente

**Vor- und Zuname** m nombre y apellido

**Vorurteil** nt prejuicio

**Vorverkauf** m venta anticipada

**Vorverkaufskasse** f, **Vorverkaufsstelle** f taquilla de

ventas anticipadas

**Vorwahl(nummer)** f prefijo

**Vorwand** m pretexto

**vorwärts** (hacia) adelante

**vorziehen** preferir

# W

**Waage** f balanza

**wach** despierto(a)

**Wacholder** m enebro

**Wachs** nt cera

**Wachsbohnen** pl alubias blancas

**wachsen** crecer

**Wachtel** f codorniz

**Wackelpeter** m flan

**Waffel** f barquillo; gofre

**Wagen** m coche; carro

**wagen** atreverse

**Wagenheber** m (para coche) gato

**Wagenrückgabe** f devolución del vehículo

**Wagentyp** m modelo (de coche)

**Wagenwäsche** f lavado del coche

**Waggon** m vagón

**Wahl** f elección; **engere Wahl** selección

**wählen** (un número) marcar; escoger; elegir; votar

**wahr** (verdadero) cierto(a)

**während** durante; mientras

**Wahrheit** f verdad

**wahrscheinlich** probable(mente)

**Währung** f moneda

**Wahrzeichen** nt símbolo

**Wald** m bosque; selva

**Waldlehrpfad** m circuito forestal

**Waldorfsalat** m ensalada de apio, manzana, nueces y mayonesa

**Waldpilze** pl setas silvestres

**Walnuss(-nüsse)** f nuez

**Walzer** m vals

**Wand** f pared

**Wandern** nt excursionismo

**wandern gehen** hacer excursionismo

**Wanderung** f excursión a pie

**Wanderweg** m sendero
**Wange** f mejilla
**wann** cuándo
**Wanze** f chinche; micrófono oculto
**Waren** pl mercancías
**Warenhaus** nt grandes almacenes
**Warenmuster** nt, **Warenprobe** f (de mercancía) muestra
**Warensendung** f envío de mercancías
**warm** caliente; caluroso; **mir ist warm** tengo calor; **warme Getränke** bebidas calientes
**wärmen** calentar
**Wärmflasche** f bolsa de agua caliente
**Warndreieck** nt triángulo de reflectante
**warnen** advertir; **jemanden vor etwas warnen** advertir a alguien de algo
**Warnlichtanlage** f luces de advertencia
**Warnung** f aviso; advertencia
**Wartehalle** f sala de espera
**Warteliste** f lista de espera
**warten** esperar; **auf jemanden warten** esperar a alguien
**Wartesaal** m sala de espera
**Wartung** f inspección de mantenimiento
**warum** por qué
**Warze** f verruga
**was** qué; **machen Sie, was ich Ihnen sage** haga lo que le digo; **was für eine Unordnung!** ¡qué desorden!; **was wollen Sie?** ¿qué quiere?
**waschbar** lavable
**Waschbecken** nt lavabo
**Wäsche** f ropa de cama; ropa para lavar; **schmutzige Wäsche** ropa sucia; **die Wäsche waschen** lavar la ropa
**waschecht** resistente a los lavados
**Wäscheklammer** f pinza para colgar la ropa
**waschen** lavar; **Waschen und Legen** lavar y marcar

**Wäscherei** f lavandería
**Waschlappen** m manopla
**Waschmaschine** f lavadora
**Waschmittel** nt detergente
**Waschpulver** nt detergente en polvo
**Waschraum** m aseos
**Waschsalon** m (de autoservicio) lavandería
**Wasser** nt agua; **Wasser undurchlässig** impermeable
**Wasseranschluss** m toma de agua
**wasserdicht** impermeable; resistente al agua
**Wasserfall** m cascada
**Wassermelone** f sandía
**Wasserski laufen** hacer esquí acuático
**Watt** nt vatio
**Watte** f algodón
**Wechsel** m cambio
**Wechselgeld** nt cambio
**Wechselkurs** m tipo de cambio
**wechseln** cambiar; dar cambio
**Wechselstube** f oficina de cambio
**Weckdienst** m (central telefónica) servicio de despertador
**wecken** despertar
**Wecker** m despertador
**weder ... noch** ni ... ni
**Weg** m camino; carril; **auf dem Weg nach** en camino hacia; **im Weg stehen** estorbar
**weg** fuera; **von zu Hause weg** lejos de casa
**wegen** a causa de
**weggehen** salir
**wegnehmen** llevar(se); quitar; **er hat es mir weggenommen** me lo ha quitado
**wegschicken** enviar; mandar fuera
**Wegweiser** m poste indicador
**wehtun** doler; hacer daño; **sich wehtun** lastimarse
**weiblich** femenino(a)
**weich** blando(a)
**Weichkäse** m queso blando

**Weihnachten** *nt* Navidad

**Weihnachts(feier)tag** *m*: **1. Weihnachtstag** día de Navidad; **2. Weihnachtstag** día de San Esteban

**weil** porque

**Weile** *f* rato; tiempo

**Wein** *m* vino

**Weinberg** *m* viñedo

**Weinbergschnecken** *pl* caracol de viñedo

**Weinbrand** *m* brandy

**weinen** llorar

**Weinglas** *nt* copa de vino

**Weinkeller** *m* bodega

**Weinkraut** *nt* col agria

**Weinprobe** *f* cata de vinos

**Weinstube** *f* taberna

**Weintrauben** *pl* uvas

**weise** sabio(a)

**Weise** *f* manera; **auf eine andere Weise** de un modo distinto

**weiß** blanco(a)

**Weißbier** *nt* cerveza de trigo

**Weißbrot** *nt* pan blanco

**Weißkohl** *m*, **Weißkraut** *nt* repollo

**Weißwein** *m* vino blanco

**Weißwurst** *f* salchicha blanca

**weit** lejos; suelto(a); **am weitesten** (lo) más lejos; **bei weitem** con mucho (de diferencia); **wie weit ist es nach ...?** ¿a qué distancia está ...?; **das ist weit** está lejos

**weiter** además; **und so weiter** etcétera; **weiter tun** continuar haciendo; **weitere Fahrer** otros conductores

**Weiterflug** *m* (aeropuerto) tránsito

**weitergehen** continuar

**weitermachen** continuar

**weitsichtig** con hipermetropía

**Weitwinkelobjektiv** *nt* objetivo gran angular

**Weizen** *m* trigo

**Weizenbier** *nt* cerveza de trigo

**welche(r/s)** que qué cuál; **welches Buch?** ¿qué libro?; **ich weiß nicht, welches ich**

**nehmen soll** no sé con cuál quedarme

**Welle** *f* ola; onda

**Welt** *f* mundo

**wem** a quién; **ich weiß, wem das gehört** sé a quién le pertenece; **wem gehört dieses Buch?** ¿de quién es este libro?

**Wende** *f* (en U) viraje

**wenden** dar la vuelta; **wenden Sie sich an ...** diríjase a/hacia ...

**Wendeplatz** *m*, **Wendefläche** *f* (con coche) lugar de giro

**wenig** poco(a); **ein wenig** un poco; **etwas zu wenig haben** (tiempo, dinero) no tener suficiente de algo; **er hat weniger** él tiene menos; **weniger als** menos que; **das wenigste Geld** la menor cantidad dinero; **er hat am wenigsten** él es el que menos tiene

**wenige** pocos(as); **es gibt nur wenige** sólo hay unos pocos

**wenigstens** por lo menos

**wenn** si; cuando; **wenn wir nicht kommen** si no venimos

**wer** quien, quién; **wer von Ihnen?** ¿quién de Uds?

**Werbung** *f* publicidad

**werden** ponerse; volverse; **schlecht werden** echarse a perder; **Profi werden** hacerse profesional; **sie würde kommen, wenn ...** ella vendría si ...; **ich werde es tun** lo haré; **er wird es tun** lo hará; **müde werden** cansarse; **erwachsen werden** hacerse adulto

**werfen** lanzar

**Werft** *f* astillero

**Werk** *nt* (fábrica) planta; obra

**Werkstatt** *f* taller

**Werktag** *m* día laborable

**werktags** los días laborables

**Werkzeug** *nt* herramienta

**Wermut** *m* vermut

**Wert** *m* valor

**wert**: **5 DM/Euro wert sein** valer 5 marcos/euros; **es ist der Mühe wert** vale la pena

**Wertangabe** f declaración del valor
**Wertgegenstände** pl objetos de valor
**wertlos** sin valor
**wertvoll** valioso(a)
**Wertzeichen** nt (de correo) sello
**wessen** de quién; del que
**Weste** f chaleco
**Westen** m oeste; **nach Westen** hacia el oeste
**westlich** occidental
**Wetter** nt (meteorológico) tiempo
**Wetterbericht** m parte meteorológico
**Wetterveränderung** f (meteorológico) cambio del tiempo
**Wettervorhersage** f predicción del tiempo
**Wettkampf** m competición
**Whisky** m whisky; **ein Whisky Soda** un whisky con soda
**wichtig** importante
**Wickelraum** m cuarto para cambiar al bebé
**widerrechtlich: widerrechtlich geparkte Fahrzeuge werden kostenpflichtig abgeschleppt** los vehículos aparcados en zona prohibida serán retirados. Costes de grúa a cargo del propietario
**widersprechen** contradecir
**widerstandsfähig** resistente
**wie** como; cómo; **wie war es?** ¿qué tal ha ido?; **wie lange?** ¿cuánto tiempo?; **wie viel?** ¿cuánto(a)?; **wie viele?** ¿cuántos(as)?; **wie geht's?** ¿qué tal?; **wie ist es?** ¿qué se siente?; **wie heißt es?** ¿cómo se llama eso?
**wieder** de nuevo
**wiederholen** repetir; **könnten Sie das wiederholen?** ¿puede repetirlo?
**Wiederholung** f repetición
**auf Wiedersehen** adiós
**wiegen** pesar
**Wien** nt Viena
**Wiener Würstchen** nt salchicha de Frankfurt

**Wiese** f prado
**Wild** nt caza; venado
**wild** feroz; salvaje; silvestre
**Wildleder** nt ante
**Wildschwein** nt jabalí
**willkommen** bienvenido(a)
**willkürlich** arbitrario
**Wimpern** pl pestañas
**Wimperntusche** f rímel
**Wind** m viento
**Windbeutel** m (buñuelo con nata) profiterol
**Windel** f pañal
**windig** ventoso(a)
**Windpocken** pl varicela
**Windschutzscheibe** f parabrisas
**Windstärke** f fuerza del viento
**windsurfen** hacer (wind)surf
**Windsurfing** nt (wind)surf
**winken** (con la mano, con pañuelo) hacer señas
**Winter** m invierno
**Winterausrüstung** f (neumáticos de invierno y cadenas para la nieve) equipamiento de invierno
**Winterreifen** pl neumático de invierno
**Wintersport** m deportes de invierno
**Wintersportwetterbericht** m parte meteorológico para practicar deportes de invierno
**wir** nosotros(as); **wir sind's** somos nosotros
**wirken** surtir efecto
**wirklich** real(mente)
**wirksam** eficaz
**Wirkung** f efecto
**Wirt(in)** m(f) (de un restaurante) dueño/a
**Wirtschaft** f economía; restaurante
**wirtschaftlich** económico(a)
**Wirtshaus** nt (rústico) restaurante
**wischen** fregar
**wissen** saber
**Wissenschaft** f ciencia
**Witwe** f viuda

**Witwer** m viudo

**Witz** m chiste

**wo** donde; dónde

**Woche** f semana

**Wochenende** nt fin de semana

**Wochenendpauschale** f tasa global de fin de semana

**Wochenendtarif** m tarifa de fin de semana

**Wochenkarte** f billete para una semana

**Wochenpauschale** f tasa global semanal

**Wochentag** m día (de la semana)

**wöchentlich** semanal(mente)

**Wodka** m vodka

**woher** de dónde; **woher kommen Sie?** ¿de dónde es Ud?

**wohin** adónde; adonde; **ich bringe Sie, wohin Sie wollen** le llevo adonde Ud quiera; **wohin gehen Sie?** ¿adónde va?

**wohl** bien; **sich wohl fühlen** sentirse bien/a gusto; **zum Wohl!** (al brindar) ¡salud!

**Wohn-** residencial

**Wohnadresse** f domicilio

**wohnen** vivir; alojarse

**Wohnheim** nt (de estudiantes etc) residencia

**Wohnmobil** nt (coche) caravana

**Wohnort** m, **Wohnsitz** m domicilio

**Wohnung** f piso; vivienda

**Wohnwagen** m (coche) caravana

**Wohnzimmer** nt cuarto de estar

**Wolke** f nube

**wolkig** nublado(a)

**Woll-** de lana

**Wolldecke** f manta de lana

**Wolle** f lana

**wollen** querer; **etwas tun wollen** querer hacer algo; **was wollen Sie?** ¿qué desea?; **er will weggehen** quiere irse

**Wollwaschmittel** nt detergente para lana

**worauf** sobre el/la cual; sobre qué; **worauf warten wir?** ¿a qué estamos esperando?

**Wort** nt palabra; **Wort für Wort**

palabra por palabra

**Wörterbuch** nt diccionario

**Wörterverzeichnis** nt índice de vocabulario

**Wortschatz** m vocabulario

**Wrack** nt chatarra; barco naufragada; (persona deteriorada) ruina

**Wunde** f herida

**wunderbar** maravilloso(a)

**Wunsch** m deseo

**wünschen** desear; **ich wünschte, ich könnte ...** quisiera poder ...; **sich etwas wünschen** pedir un deseo

**Würfel** m dado; cubo

**würfeln** jugar a los dados; **eine Sechs würfeln** (con los dados) sacar un seis

**Wurm** m gusano

**Wurst** f salchicha

**Würstchen** nt salchicha

**Wurstplatte** f plato con surtido de embutidos

**Wurstsalat** m ensalada de embutido

**Württemberger Wein** m vino de la región de Stuttgart

**würzen** condimentar

**würzig** muy condimentado

**Würzmischung** f condimentos

**Wut** f rabia

**wütend** furioso(a)

# YZ

**Yachthafen** m puerto deportivo

**zäh** (carne) duro(a)

**Zahl** f número

**zahlbar** pagadero(a)

**zahlen** pagar; **zahlen, bitte** la cuenta, por favor

**zählen** (objetos, personas) contar; **bis 10 zählen** contar hasta 10

**Zähler** m contador

**Zahlung** f pago

**zahm** manso(a)

**Zahn** m diente

**Zahnarzt** m dentista

**Zahnbürste** f cepillo de dientes

**Zahncreme** f pasta de dientes

**Puntos básicos**

**Zähne** pl dientes
**Zahnfleisch** nt encía(s)
**Zahnfleischbluten** nt sangrado de las encías
**Zahnpasta** f pasta de dientes
**Zahnschmerzen** pl dolor de muelas
**Zahnstocher** m palillo (de dientes)
**Zange** f tenazas
**Zäpfchen** nt supositorio
**Zapfsäule** f surtidor de gasolina
**zart** tierno(a); delicado(a)
**zärtlich** cariñoso(a)
**Zaun** m valla
**z.B.** p. ej.
**Zebrastreifen** m paso (de) cebra
**Zehe(n)** f dedo del pie

**Español-Alemán**

**zehn** diez
**zehnte(r/s)** décimo(a)
**Zeichen** nt signo; señal
**Zeichenerklärung** f (aclaración de símbolos) leyenda
**Zeichentrickfilm** m dibujos animados
**zeichnen** dibujar
**Zeichnung** f dibujo
**zeigen** mostrar; indicar; **auf etwas zeigen** señalar algo
**Zeiger** m (del reloj) aguja
**Zeit** f tiempo; **von Zeit zu Zeit** de vez en cuando
**Zeitabschnitt** m espacio de tiempo
**Zeitansage** f información horaria
**Zeitkarte** f (de metro etc) abono
**Zeitraum** m (de tiempo) período
**Zeitschrift** f revista
**Zeitung** f periódico
**Zeitzone** f huso horario
**Zelt** nt tienda de campaña
**Zeltboden** m lona para dormir sobre el suelo
**zelten** acampar; **zelten gehen** hacer camping
**Zeltpflock** m estaquilla
**Zeltplatz** m lugar de acampada
**Zeltstange** f (de tienda de campaña) palo

**Alemán-Español**

**Zentimeter** m centímetro
**Zentrale** f central; centralita
**Zentralheizung** f calefacción central
**Zentralverriegelung** f cierre centralizado
**Zentrum** nt centro
**zerbrechen** romper
**zerbrechlich** frágil
**zerknittert** arrugado(a)
**zerlassene Butter** f mantequilla derretida
**zerstören** destruir
**Zettel** m nota; trozo de papel
**Zeug** nt (objeto(s)) cosa(s)
**Zeuge** m testigo
**Zeugenaussage** f testimonio
**Zeugin** f testigo
**Zeugnis** nt certificado
**Ziegenleder** nt cabritilla
**ziehen** cultivar; remolcar; (de algo) tirar; **sich einen Zahn ziehen lassen** sacarse una muela
**Ziel** nt destino; meta; objetivo
**Zielbahnhof** m estación de destino
**Zielscheibe** f diana
**ziemlich** bastante; **ziemlich gut** bastante bien/bueno(a); **ziemlich viele** bastantes
**zierlich** delicado(a)
**Ziffer(n)** f cifra
**Zigarette(n)** f cigarrillo
**Zigarettenetui** nt pitillera
**Zigarettenpapier** pl papel de fumar
**Zigarillo(s)** nt purito
**Zigarre(n)** nt puro
**Zigeunersteak** nt filete con pimientos
**Zimmer** nt habitación; **Zimmer frei** habitación libre
**Zimmermädchen** nt camarera de las habitaciones de un hotel
**Zimmernachweis** m información sobre alojamientos
**Zimmerservice** m servicio de habitaciones
**Zimt** m canela
**Zinn** nt estaño; objeto de estaño

**Zirkus** m circo

**Zitrone** f limón

**Zitronenpresse** f exprimidor

**Zitronensaft** m zumo de limón

**zittern** temblar; agitar

**zögern** vacilar

**Zoll** m aduana; derechos de aduana; peaje

**Zollabfertigung** f despacho de trámites aduaneros

**Zollamt** nt aduana

**Zollbeamte(r)** m aduanero

**zollfrei** libre de derechos de aduana

**Zollkontrolle** f control aduanero

**zollpflichtig** sujeto a derechos de aduana

**Zone** f zona

**Zoom** nt (objetivo) zoom

**zu** a; en; demasiado; **ich habe vergessen, ... zu tun** he olvidado hacer ...; **zu sein** (puerta) estar cerrado(a); **er ist zu groß** es demasiado grande; **zu viel** demasiado(a); **zu wenig** demasiado poco; **zu den Zügen** a los andenes

**Zubehör** nt accesorios

**zubereiten** (comida) preparar

**Zubringerservice** m (de taxi, bus etc) servicio de enlace

**Zucchini** pl calabacines

**Zucker** m azúcar

**Zuckerdose** f azucarero

**Zuckerguss** m glaseado

**Zuckerkrankheit** f diabetes

**zuerst** primero

**Zufall** m casualidad

**zufällig** por casualidad; fortuito(a)

**zufrieden** contento(a); satisfecho(a)

**Zug (Züge)** m tren; corriente de aire

**Zugabe** f (en un espectáculo) bis

**Zugang** m acceso

**Zugbegleiter** m revisor; horarios de trenes

**zugehen** (la puerta, ventana) cerrarse

**Zugrestaurant** nt vagón restaurante

**Zuhause** nt hogar

**zuhören** escuchar

**Zukunft** f futuro

**zulassen** permitir

**zulässig** admisible; **zulässiges Gesamtgewicht** peso total autorizado; **zulässige Höchstgeschwindigkeit** velocidad máxima autorizada

**zuletzt** por último

**zumachen** cerrar; abrochar

**Zuname** m apellido

**Zündhölzer** pl cerillas

**Zündkerze(n)** f bujía

**Zündschloss** nt (para arrancar) contacto

**Zündschlüssel** m llave de contacto

**Zündung** f encendido

**Zuneigung** f afecto

**Zunge** f lengua

**zurück** (hacia) atrás; **einmal München und zurück** un billete a Múnich de ida y vuelta

**zurückbringen** devolver

**zurückgeben** devolver

**zurückgehen** volver

**zurückkehren** regresar

**zurückkommen** volver

**zurücklegen** recorrer; poner de nuevo en su sitio

**zurückrufen** (por teléfono) llamar (de vuelta)

**zurückzahlen** reembolsar

**zusagen** (una invitación) aceptar

**zusammen** juntos(as)

**zusammenbrechen** sufrir un colapso

**Zusammenstoß** m colisión

**zusammenstoßen** chocar

**zusätzlich** extra; adicional

**Zuschauer** pl espectadores

**Zuschauerterrasse** f (para espectadores) plataforma de observación

**Zuschlag** m suplemento; adjudicación

**zuschlagpflichtig** con

suplemento
**zuschließen** cerrar con llave
**zusehen** mirar; **bei einem Wettkampf zusehen** mirar una competición
**Zustand** *m (condición)* estado
**zuständig** responsable
**Zustellung** *f* entrega
**zustimmen** estar de acuerdo; **jemandem zustimmen** estar de acuerdo con alguien
**Zutaten** *pl* ingredientes
**Zutritt** *m* entrada
**zuverlässig** cumplidor(a); *(coche)* fiable; *(medicamento)* eficaz
**sich zuziehen** *(una enfermedad)* contraer
**zuzüglich** *(extra)* más
**Zwang** *m* necesidad; fuerza; coacción
**zwanglos** *(fiesta)* informal; **zwanglose Kleidung** ropa informal
**zwanzig** veinte
**Zweck** *m* finalidad; **es hat keinen Zweck** no tiene sentido
**zwei** dos
**Zweibettabteil** *nt* compartimento de dos camas
**Zweibettkabine** *f* camarote doble
**Zweibettzimmer** *nt* habitación con dos camas

**zweieinhalb** dos y medio(a)
**Zweifel** *m* duda; **ohne Zweifel** sin duda (alguna)
**zweifellos** sin duda
**Zweigstelle** *f* sucursal
**zweimal** dos veces
**zweisprachig** bilingüe
**Zweiteiler** *m* biquini; vestido de dos piezas
**zweite(r/s)** segundo(a); **zweiter Stock** segundo piso
**Zwetschge(n)** *f* ciruela
**Zwetschgenwasser** *nt* aguardiente de ciruela
**Zwieback** *m* pan tostado
**Zwiebel(n)** *f* cebolla; bulbo
**Zwiebelsuppe** *f* sopa de cebolla
**Zwillinge** *pl* gemelos
**zwingen** obligar
**zwischen** entre
**Zwischenlandung** *f (de viaje en avión)* escala
**Zwischenstecker** *m* adaptador
**Zwischensumme** *f* suma parcial
**zwölf** doce
**zwölfte(r/s)** duodécimo(a)
**Zylinder** *m* cilindro
**Zylinderkopfdichtung** *f* junta de culata

2390